高等职业教育“十四五”系列教材 财会类

U0894263

Excel在会计和财务中的应用

（第二版）

主　编　罗瑞雪　李传芳　蒋洁琼
副主编　赵　燕　余　然　魏洪婷
　　　　张　晶　王　颖

微信扫码
查看更多资源

南京大学出版社

图书在版编目(CIP)数据

Excel 在会计和财务中的应用 / 罗瑞雪，李传芳，蒋洁琼主编. — 2 版. — 南京 ：南京大学出版社，2024.7
ISBN 978 - 7 - 305 - 28084 - 9

Ⅰ. ①E… Ⅱ. ①罗… ②李… ③蒋… Ⅲ. ①表处理软件—应用—会计—高等职业教育—教材②表处理软件—应用—财务管理—高等职业教育—教材 Ⅳ. ①F232 ②F275—39

中国国家版本馆 CIP 数据核字(2024)第 098617 号

出版发行 南京大学出版社
社　　址 南京市汉口路 22 号　　邮　编 210093

书　　名 Excel 在会计和财务中的应用
Excel ZAI KUAIJI HE CAIWU ZHONG DE YINGYONG
主　　编 罗瑞雪　李传芳　蒋洁琼
责任编辑 陈　嘉　　编辑热线 025 - 83592315

照　　排 南京南琳图文制作有限公司
印　　刷 南京人民印刷厂有限责任公司
开　　本 787 mm×1092 mm　1/16　印张 15.25　字数 371 千
版　　次 2024 年 7 月第 2 版　2024 年 7 月第 1 次印刷
ISBN 978 - 7 - 305 - 28084 - 9
定　　价 49.80 元

网址：http://www.njupco.com
官方微博：http://weibo.com/njupco
微信服务号：njuyuexue
销售咨询热线：(025) 83594756

前　言

随着会计信息化的发展，在党的二十大精神的指引下，几乎所有的企事业单位都使用财务软件进行日常的财务和会计处理，如用友、新中大、金蝶等。这些软件是根据会计的日常工作需求设计的，具备许多专业功能，使得凭证、账目的处理更为便捷，账簿查询和报表分析也更为高效。这不仅极大地提高了财务工作效率，还让财务工作者从繁重的手工记账中得以解放。尽管财务软件带来了诸多便利，但并不适用于所有的企事业单位。对于大型企业而言，由于其经济业务量较大，这些功能丰富的财务软件能够满足其复杂的财务处理需求。但对于小企业而言，由于其经济业务量较小，且资金有限，它们需要的是功能和结构相对简单、价格适中的通用财务软件。我们应该关注小企业的需求，为其寻找结构相对简单、适用性良好的通用财务软件。这样既能够充分利用现代科技提高工作效率，又能够节约成本，实现可持续发展。

电子表格软件 Excel 2016 是微软 Office 2016 办公套装软件中的成员之一，它具有强大的制表和绘图功能，内置了数学、财务、统计等多种函数，也提供了数据管理与分析等多种方法和工具。Excel 2016 界面友好、功能丰富、使用灵活，因此它成为财务会计人员公认的卓越的信息处理和信息分析工具。

本书将 Excel 2016 的应用与财务会计结合起来，以图文并茂的方式，结合大量实例和详尽的操作步骤进行说明，帮助读者迅速掌握财务会计电算化模型的建立方法，为企业提高经济效益服务。本书首先由浅入深地介绍了 Excel 2016 的应用基础知识，然后以企业的日常经济活动为主线，介绍了如何利用 Excel 2016 进行账务处理核算、企业的日常管理以及财务分析等。各学习情境的具体内容如下：

学习情境一主要是让读者掌握 Excel 2016 的基本操作原理与方法，熟悉它的各种功能和常用函数；学习情境二到学习情境四结合会计工作的账务处理程序，在新会计准则的环境下分别讲解了如何利用 Excel 编制会计凭证、登记账簿和编制会计报表等；学习情境五介绍了 Excel 在工资账务处理流程中的应用，主要包括工资管理系统的建立、数据的查询、汇总分析等；学习情境六介绍了 Excel 在固定资产管理中的应用，主要包括如何计算固定资产的累计折旧、建立固定资产管理系统、制作固定资产卡片等；学习情境七介绍了

Excel 在资金时间价值中的应用，主要包括终值、现值、年金、期数、利率等模型的建立和运用；学习情境八介绍了 Excel 针对编制完成的财务会计报表进行财务分析的应用，主要包括利用 Excel 对企业财务报表进行比率分析、趋势分析、比较分析和综合财务分析等。

本书实例丰富、针对性强，适用于高等职业教育会计专业、财务管理专业及相关专业的教学，还可作为培养会计人员、财务管理人员解决财务会计问题能力的参考书。

本书由罗瑞雪、李传芳、蒋洁琼任主编，赵燕、余然、魏洪婷、张晶、王颖任副主编，最后由罗瑞雪对全书进行统稿和修改。在本书的编写过程中，我们以多年的教学实践经验为基础，又参考了大量相关著作、文献，在此表示感谢，但由于电子信息技术发展迅猛，加之作者水平有限，书中错误难免，请大家不吝赐教。

编　者

2024 年 3 月

目 录

学习情境一　Excel 应用基础

学习目标

学习本情境，全面了解 Excel 的基本功能，熟悉 Excel 的基本操作方法，掌握 Excel 中函数的使用技巧，为后续的专业应用奠定坚实的基础。具体如下：

(1) 熟悉 Excel 的工作界面，认识 Excel 的工作对象——工作簿、工作表和单元格。

(2) 了解 Excel 基本功能，掌握 Excel 基本操作——数据的输入、单元格的格式化。

(3) 掌握 Excel 中几个主要函数的应用及操作。

(4) 掌握 Excel 中数据的排序、筛选、分类汇总，图表，数据透视等功能。

情境导入

日常生活中，我们经常与各式各样的表格打交道，如成绩统计表、员工工资表、销售表、预算表等。表格可以将大量杂乱无序的数据用清晰的方法表现出来，从而使人们更好地认识、处理、利用这些数据。Excel 作为目前最流行的电子表格处理软件之一，具有丰富的数据处理函数，可以实现快速准确的表格数据计算。不管是简单的数据统计，还是复杂的企业会计处理，或专业的计算分析，它都能胜任。目前，比较有代表性的办公软件有两种：微软公司的 Office 和金山公司的 WPS，这两种软件在功能和界面上存在一定的差异，但基本操作方法是相同的。本书所有案例的操作均以微软公司 Office 中的 Excel 2016 为应用环境。

任务一　Excel 2016 概述

一、任务描述

【学习任务 1－1】 认识 Excel 2016，熟悉其工作界面。

二、任务分析

Excel 2016 是 Office 2016 的成员之一，是由微软公司研发的 Windows 环境下的电子表格系统，是目前应用最为广泛的办公表格处理软件之一。Excel 2016 和以前的版本在功能和界面上存在一定的差异，因此，认识 Excel 2016 对后续学习和实际应用都是至关重要的。

三、知识与实施

(一) Excel 的启动

安装 Office 2016 后，可以通过以下几种方法启动 Excel 2016，见表 1 - 1。

表 1 - 1　启动 Excel 2016 的三种方法

方　法	具体操作
通过任务栏上“开始”按钮	单击任务栏上的“开始”命令按钮，选择“所有程序”菜单中的“Excel 2016”命令选项，即可启动，如图 1 - 1 所示
通过桌面快捷方式	如果桌面上建立了快捷方式，双击桌面上的 Excel 2016 快捷图标，即可启动，如图 1 - 2 所示
通过快速启动栏	如果任务栏上有 Excel 2016 启动图标，直接单击即可启动，如图 1 - 3 所示

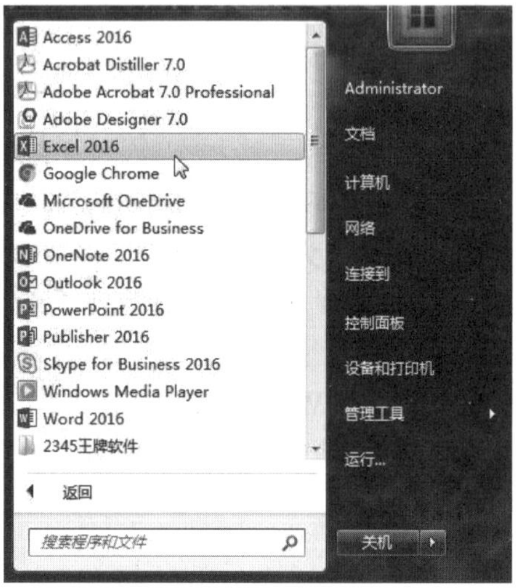

图 1 - 1　通过“开始”菜单启动 Excel 2016

图 1 - 2　双击桌面上的快捷图标启动 Excel 2016

图 1 - 3　单击任务栏上的启动图标启动 Excel 2016

(二) Excel 的工作界面

启动 Excel 后，即可打开 Excel 2016 的工作界面，该界面主要由位于窗口上部的功能区和下部的工作表窗口组成。Excel 2016 的工作界面如图 1-4 所示,其中的内容说明见表 1-2。

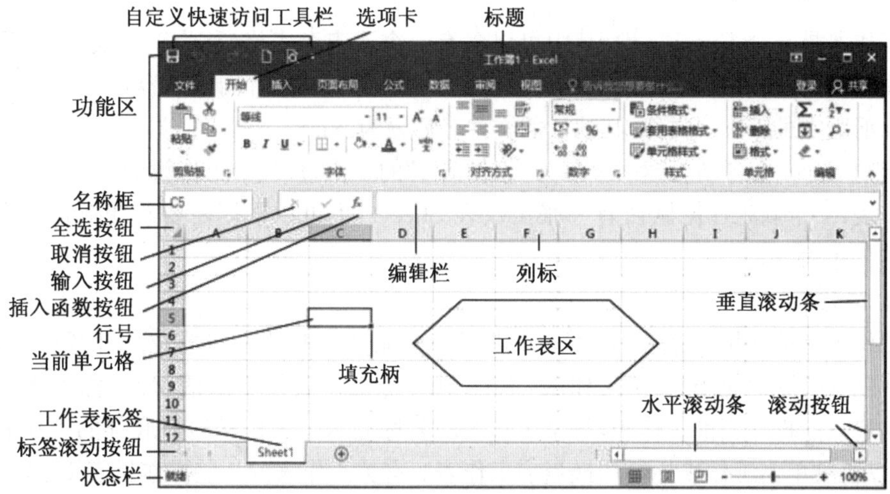

图 1-4　Excel 2016 的工作界面

表 1-2　Excel 2016 的工作界面说明

界面结构	组　件	说　明
功能区	自定义快速访问工具栏	位于功能区顶部左侧,一般包括保存、撤销、恢复、新建、打印预览和打印。也可单击自定义快速访问工具栏最右侧的按钮,进行自定义常用按钮
	工作簿标题	位于功能区顶部正中间,显示当前所使用的程序名称(Excel)和工作簿名
	其他	功能区顶部右侧包括功能区显示选项、最小化、最大化、关闭按钮
	选项卡	功能区包含一组选项卡,各选项卡内均含有若干命令,主要包括文件、开始、插入、页面布局、公式、数据、审阅、视图等
工作表窗口	名称框	显示当前单元格(或单元区域)的地址或名称,在编辑公式时显示的是函数名称
	编辑栏	用来输入或编辑当前单元格的值或公式。在进行单元格编辑时,可使用其左侧的 3 个命令按钮 × ✓ fx ,依次为取消按钮、输入按钮和插入函数按钮
	工作表区	由许多小方格组成,可以输入不同的数据类型,是最能直观显示所有输入内容的区域
	状态栏	位于窗口的底部,用于显示当前窗口操作命令或工作状态的有关信息。右击状态栏可对其进行自定义

（三）工作簿、工作表和单元格

1. 工作簿

工作簿是一个 Excel 文件，其中可以含有一个或多个表格（称为工作表）。它像一个文件夹，将相关的表格或图表存在一起，便于处理。Excel 软件向下兼容，Excel 2016 可以打开以前版本的 Excel 文件，其默认的文件名后缀为. xlsx。

启动 Excel 会自动新建一个名为“工作簿 1”的工作簿，一个工作簿最多可以含有 255 个工作表，一个新工作簿默认有一张工作表 Sheet1，也可以根据需要改变新建工作簿时默认的工作表数。

2. 工作表

工作表是单元格的集合，是 Excel 进行一次完整作业的基本单位。打开一个 Excel 工作簿默认打开的是 Sheet1 工作表，而且 Sheet1 工作表处于激活状态，称为当前工作表。用户只能操作当前工作表，每个工作表的名称显示于工作簿窗口底部的工作表标签上，可以通过单击工作表标签切换当前工作表。有关工作表的一些操作见表 1－3。

表 1－3　针对工作表的操作

操作内容	具体操作
选择工作表	要对一个工作表进行编辑，必须进行工作表的选择，使该工作表成为活动工作表。单击位于工作簿窗口底部的目标工作表的标签，即可选择所要编辑的工作表
移动工作表	在同一工作簿中移动工作表，即改变工作表的顺序，用鼠标拖动工作表标签即可
复制工作表	在工作簿中复制工作表和移动工作表的方法差不多，指针在按住鼠标左键拖动时需要同时按住 Ctrl 键，当拖到合适位置时，再依次松开鼠标左键和 Ctrl 键即可完成，其名称为原工作表名称后加一个带括号的序号，如图 1－5 所示
重命名工作表	方法一：双击工作表标签，其标签变成灰色底纹，输入名称即可，如图 1－6 所示 方法二：对需要命名的工作表单击鼠标右键，弹出窗口选择“重命名”命令，然后输入名称，如图 1－7 所示

图 1－5　复制工作表

图 1－6　重命名工作表(1)

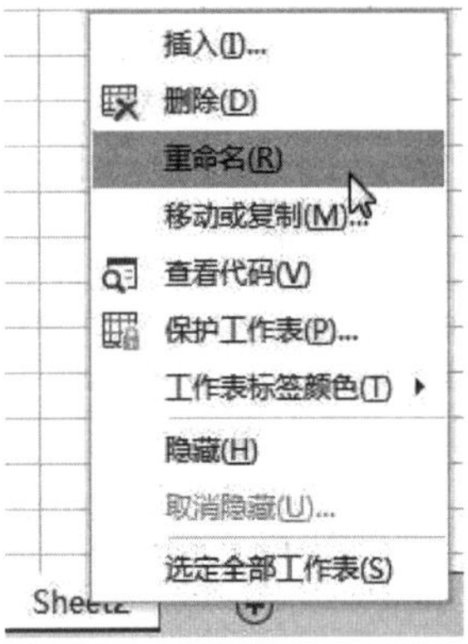

图 1－7　重命名工作表(2)

3. 单元格和单元区域

工作表中行与列交汇所形成的方格称为单元格，简称单元。单元格是工作表最基层的组件，单元格名称也称单元格地址，用列标和行号来表示，列标用大写的英文字母表示，行号用阿拉伯数字表示，每个单元格的地址是唯一的。

单元区域是指若干个单元格组成的矩形范围。单元区域又分为连续区域和不连续区域，具体见表 1-4。

表 1-4　单元区域的分类及操作

单元区域	定　义	具体操作
连续区域	它是指由若干个连续单元组成的区域，如图 1-8 所示。连续区域的表示方法是引用第一个和最后一个单元，中间用冒号连接，如从 A3 到 D8 所组成的一个矩形区域可表示为“A3:D8”	单击区域左上角的单元格，按住鼠标左键并拖动至区域的右下角，释放鼠标左键即可。也可以先选定第一个单元格或单元区域，然后按住 Shift 键，再单击区域中最后一个单元格
不连续区域	它是指由互不相连的单元组成的区域，如图 1-9 所示。不连续区域中单元之间用逗号连接，如“A2:A6，C5:D8”	先选定第一个单元区域，按住 Ctrl 键，然后再选定其他的单元区域
全选区域	它是指当前工作表中所有的单元格，如图 1-10 所示	单击全选按钮，或者按住 Ctrl＋A 组合键

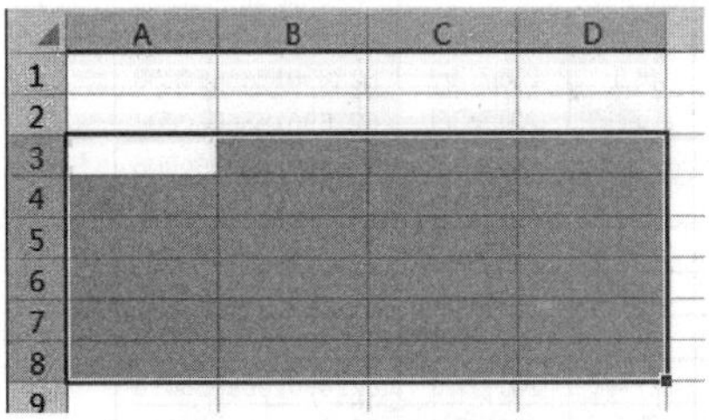

图 1-8　连续区域

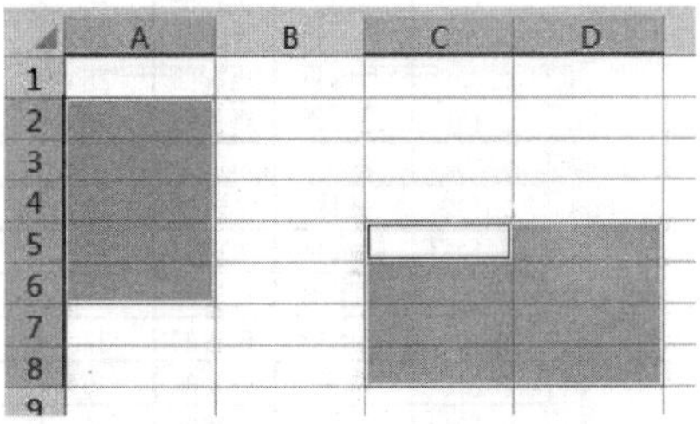

图 1-9　不连续区域

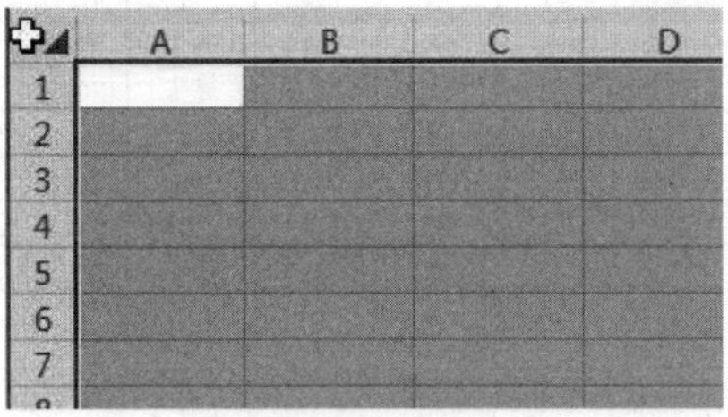

图 1-10　全选区域

（四）Excel 的退出

在退出 Excel 之前，需先保存文件，否则会弹出保存文件的提示窗口。退出 Excel 的方法见表 1-5。

表 1－5　退出 Excel 2016 的三种方法

方　法	具体操作
方法一	单击 Excel 窗口“文件”→“关闭”菜单命令
方法二	单击 Excel 窗口右上角的 ✕ 关闭按钮
方法三	在 Excel 应用程序为当前活动窗口时，按下 Alt＋F4 组合键

任务二　Excel 的基本操作

一、任务描述

【学习任务 1－2】　××公司利用 Excel 2016 软件记录与管理员工基本资料，录入该公司员工的基本信息，如图 1－11 所示。

XX公司员工信息一览表

工号	姓名	部门	年龄	性别	学历	职称	入职时间	银行账号
00101	王铁柱	工程部	28	男	硕士	工程师	2017/3/1	6226901566660001
00201	张立功	开发部	26	女	硕士	工程师	2017/3/1	6226901566660002
00301	方成英	培训部	35	女	本科	高工	2017/3/1	6226901566660003
00401	王新美	销售部	32	男	硕士	工程师	2017/3/1	6226901566660004
00302	徐平	培训部	33	男	本科	工程师	2017/3/1	6226901566660005
00102	钱林	工程部	23	男	博士	助工	2017/3/1	6226901566660006
00103	杨海林	工程部	26	男	本科	工程师	2017/7/1	6226901566660007
00202	黄东海	开发部	31	男	博士	工程师	2017/7/1	6226901566660008
00402	刘丽华	销售部	37	女	本科	高工	2017/7/1	6226901566660009
00203	陈俊	开发部	36	男	硕士	工程师	2017/7/1	6226901566660010
00104	杜明	工程部	35	男	本科	高工	2017/7/1	6226901566660011
00105	李翠翠	工程部	36	女	硕士	高工	2017/10/20	6226901566660012
00106	李祥杰	工程部	32	男	本科	工程师	2017/10/20	6226901566660013
00403	罗松祥	销售部	31	男	本科	工程师	2017/10/20	6226901566660014
00204	钱昱	开发部	25	男	本科	助工	2018/4/10	6226901566660015
00107	孙晓雪	工程部	38	女	硕士	高工	2018/4/10	6226901566660016
00108	王大伟	工程部	30	男	本科	工程师	2018/4/10	6226901566660017
00205	张韩	开发部	34	男	博士	工程师	2018/4/10	6226901566660018
00303	赵甜甜	培训部	33	女	本科	工程师	2018/7/15	6226901566660019
00404	朱亮峰	销售部	42	男	博士	高工	2018/7/15	6226901566660020

员工信息表

图 1－11　××公司员工信息表

二、任务分析

要对××公司员工的基本信息进行管理，首先要将基本的数据输入一个工作簿的某张工作表的各单元格中，这需要进行新建工作表、输入各种类型的数据、使用数据有效性来限制输入的内容和长度、使用“自动填充”功能填充有规律的数据、修改数据、工作表美化等操作。

三、知识与实施

（一）新建工作表

新建一个 Excel 工作簿，并将其重命名为“EXCEL 应用基础. xlsx”。打开该工作簿，将工作表 Sheet1 重命名为“员工信息表”，并在该表中进行编辑。每一个数据项占一个单元格，如“工号”占一个单元格。

（二）输入数据

在单元格中输入数据，一般直接在活动单元格中输入，也可以在“编辑栏”中输入。输入数据一般有以下几种操作，见表 1-6。

表 1-6 数据输入的操作

类　型	具体操作
输入标题	单击 A1 单元格，使它成为活动单元格，输入标题“××公司员工信息一览表”，如图 1-12 所示。注：标题一般应该是在首行首列 A1 单元格中输入，然后再合并居中
输入字符型数据	字符型数据是由字母、汉字或数字和字符的组合组成的数据，一般可直接输入。默认情况下，字符型数据在单元格中靠左对齐，如图 1-13 所示
输入以 0 开始的数据或较长的数字	如果输入的数据是全部由阿拉伯数字组成的字符串，如图 1-11 中的“工号”和“银行账号”，输入时需要在数据前加上英文状态下的单引号“'”，如图 1-14 所示
输入数值型数据	数值型数据是由 0～9 及一些有效符号（如＋、－、％、￥等）组成的字符串，如 60％、￥5 000 等。数值型数据默认在单元格中靠右对齐
输入时间和日期	按年月日顺序输入数字，其间用“/”或“－”进行分隔。如图 1-11 中的“入职时间”就是日期型数据。如果要在单元格中插入当前日期，可以按键盘上的“Ctrl＋;”组合键；如果要在单元格中插入当前时间，则按“Ctrl＋Shift＋;”组合键

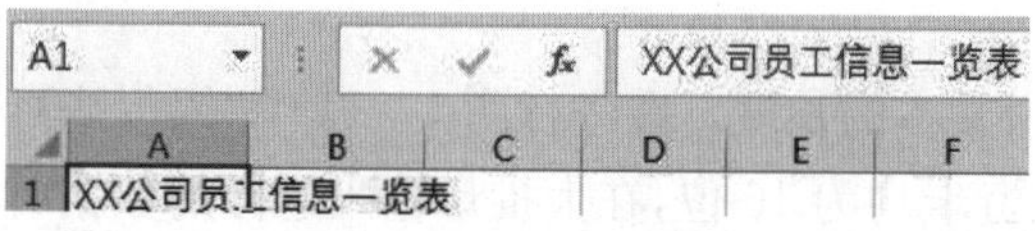

图 1-12 输入标题

图 1-13 输入字符型数据

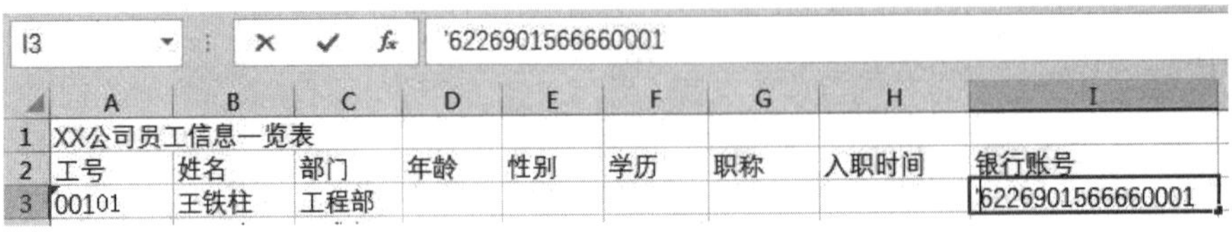

图 1－14　输入以 0 开始的数据或较长的数字

（三）数据有效性

1. 使用数据有效性限制数据的输入

使用数据有效性可以限制单元格内数据的内容，图 1－11 中“部门”列中的数据只有“工程部”“开发部”“培训部”和“销售部”四种选择，此种情况可以使用数据有效性来输入数据。

(1) 选中 C 列，在功能区“数据”下选择“数据验证”命令，打开“数据验证”对话框。

(2) 在“设置”选项卡下设置验证条件“允许”为“序列”，然后在“来源”中输入“工程部，开发部，培训部，销售部”，四个部门间均用英文状态下的逗号隔开，如图 1－15 所示。单击“确定”按钮关闭此对话框。

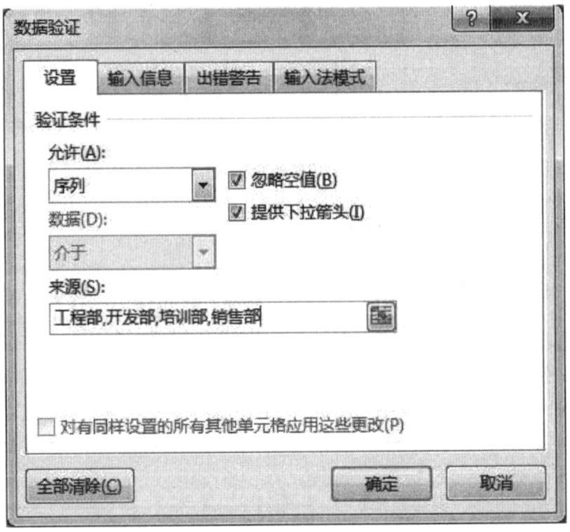

图 1－15　数据有效性设置

(3) 在工作表中的 C 列中单击任何一个单元格，会出现一个下拉选项，单击单元格右边的下拉箭头，即可选择部门。

(4) 同理，图 1－11 中“性别”列、“学历”列、“职称”列中的数据均可以使用数据有效性来限制数据的输入。

2. 使用数据有效性进行查错

使用数据有效性可以检查单元格内文本的长度。在进行图 1－11 中“银行账号”列数据的输入时，因本公司给员工办理的工资卡均为 16 位，在大批量输入这样的数据时，为了防止输入错误，我们可以通过数据有效性功能设置文本长度以查错。

(1) 银行账户属于较长的字符串，在输入前先选择 I 列，然后右键选择“设置单元格格式”命令，设置其为“文本”格式，如图 1－16 所示。

(2) 通过单击“数据”→“数据验证”命令，可以设置“文本长度等于 16”，如图 1－17 所示。

(3) 选择“出错警告”选项卡设置出错警告，警告错误信息为“请检查输入的账号!”，如图 1－18 所示。如果输入时出错，会弹出提示对话框，问是否继续。如经核查，个别员工的银行账号确实为其他长度，则点击“是”以继续，否则点击“否”以重新修改输入。

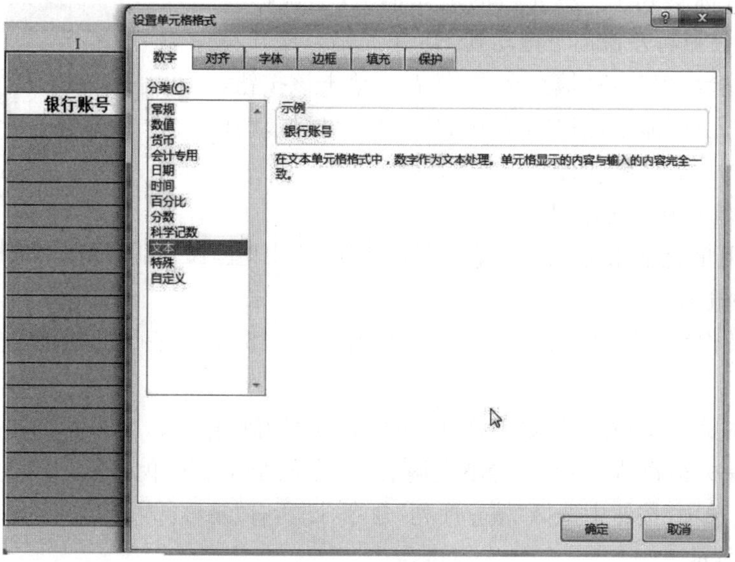

图 1－16　设置文本格式

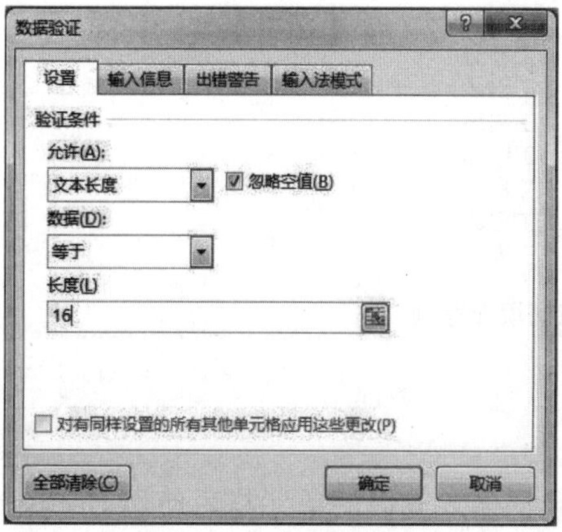

图 1－17　设置文本长度

图 1－18　设置出错警告

(四) 使用“自动填充”功能填充有规律的数据

在活动单元格或选定单元区域的右下角有一个黑色的小方块■，这就是填充柄。将鼠标移到填充柄上时，鼠标指针会变成✚形状。对于表格中相同的数据或有规律的数据可以用拖动填充柄的方法快速输入。

1. 使用填充柄复制单元格

下面使用填充柄来完成工作表“员工信息表”中“入职时间”列数据的输入。

（1）选中工作表“员工信息表”中 H3 单元格，输入“2017/3/1”，按 Enter 键确认输入。

（2）把鼠标移到 H3 单元格的填充柄上，当鼠标变成✚形状，按住鼠标左键向下拖动到 H8 单元格。松开左键，在右下角会出现“自动填充选项”按钮。单击该按钮，选择“复制单元格”命令，则在 H3 到 H8 单元格区域就被填充了相同的入职时间，如图 1-19 所示。

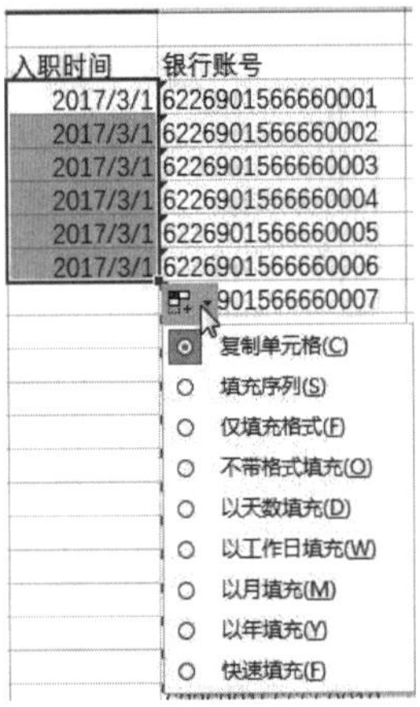

图 1-19　使用填充柄复制单元格

2. 使用填充柄填充序列

下面使用填充柄来完成工作表“员工信息表”中“工号”列数据的输入。

（1）在工作表“员工信息表”中筛选出所有“工程部”的员工（数据的筛选见学习情境一中任务四）。

（2）选中 A3 单元格，输入“’00101”，按 Enter 键确认输入。

（3）把鼠标移到 A3 单元格的填充柄上，将其拖动到 A19 单元格。松开左键，在右下角“自动填充选项”按钮中选择“填充序列”命令，则所有“工程部”员工的工号就输入完毕，如图 1-20 所示。

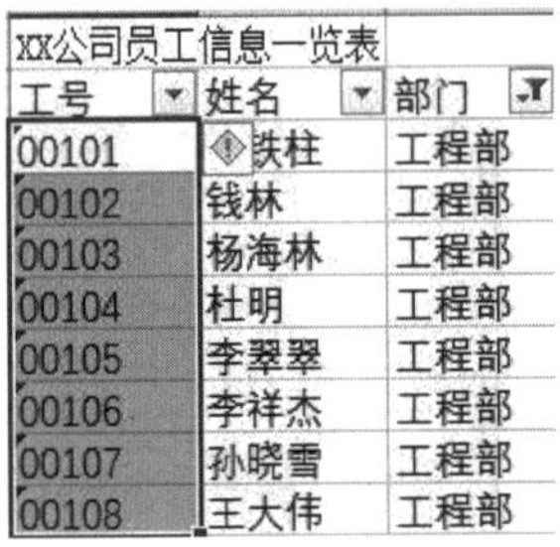

图 1-20　使用填充柄填充序列

（五）修改数据

数据输入过程中，如果发现错误，可以选中数据输入有误的单元格后使用 Backspace 键或者 Delete 键删除错误的内容，然后重新输入。

数据输入完成后，如果发现错误，可以使用整体覆盖和部分修改的方法进行修改。整体覆盖是指，选中有错误的单元格，直接输入正确的内容；部分修改是指，选中有错误的单元格，单击编辑栏，将编辑栏中有错误的地方删除，再输入正确的内容。

(六) 工作表的美化

为了使工作表中的数据整齐醒目，提高工作表的可视性，我们需要对工作表进行美化，其中包括文字字体、字号、对齐方式、表格行高、表格列宽、表格边框底纹等。

打开工作簿“EXCEL 应用基础. xlsx”，使工作表“员工信息表”为当前工作表。

1. 合并单元格

选中 A1:I1 单元区域，单击“开始”→“对齐方式”→“合并后居中”命令，A1～I1 这九个单元格就被合并成一个大单元格，原 A1 单元格中的内容显示在合并后的大单元格的中部，如图 1 - 21 所示。

图 1 - 21　单元格合并后居中

2. 设置字体、字号及文字颜色

选中 A1 单元格，在“开始”→“字体”选项组中，单击右下角，打开“设置单元格格式”对话框，或者选中 A1 单元格时单击鼠标右键，选择“设置单元格格式”命令也可打开该对话框。然后单击“字体”选项卡，在“字体”“字形”“字号”“颜色”列表中选择所需要的格式，单击“确定”按钮完成设置，如图 1 - 22 所示。同理，设置 A2:I22 单元区域内数据的字体、字号及文字颜色。

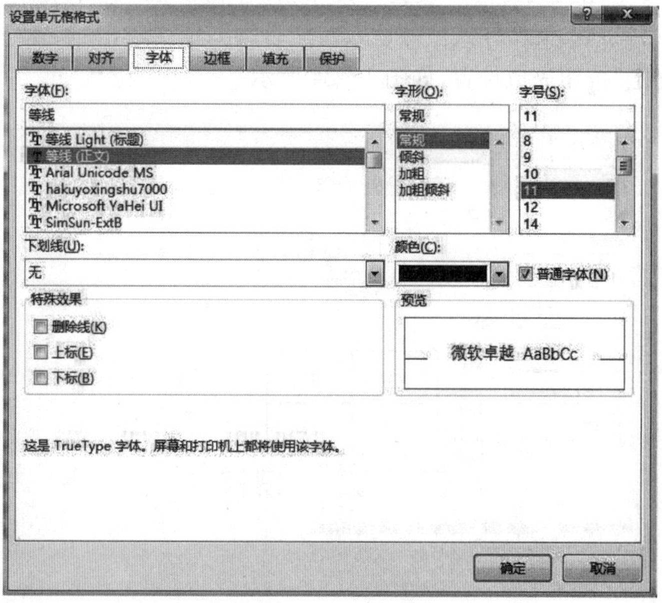

图 1 - 22　字体设置

3. 设置对齐方式

选中 A2:I22 单元区域，打开“设置单元格格式”对话框，单击“对齐”选项卡，在“水平对齐”下拉列表中选择“居中”,“垂直对齐”下拉列表中选择“居中”,单击“确定”按钮完成设置,如图 1-23 所示。

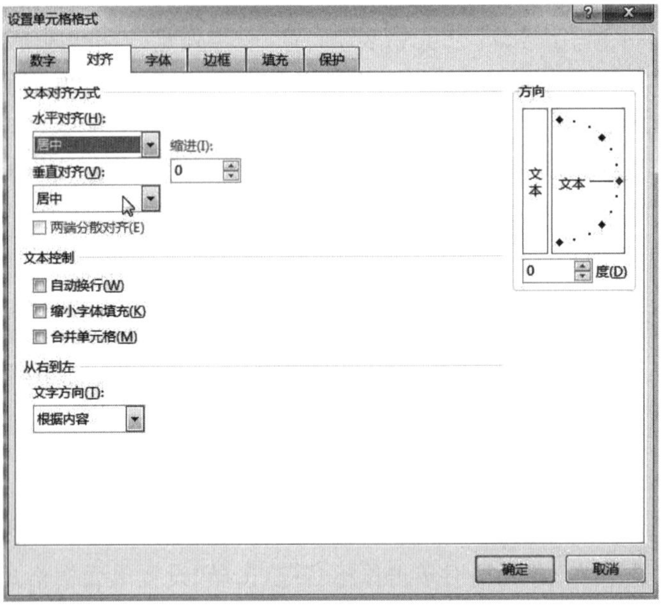

图 1-23　对齐方式设置

4. 设置边框与底纹

选中 A2:I22 单元区域,打开“设置单元格格式”对话框,单击“边框”选项卡,在“线条”样式中选择第二列第五个样式,“颜色”选择“自动”,依次单击“预置”中的“外边框”和“内部”,单击“确定”按钮完成设置,如图 1-24 所示。

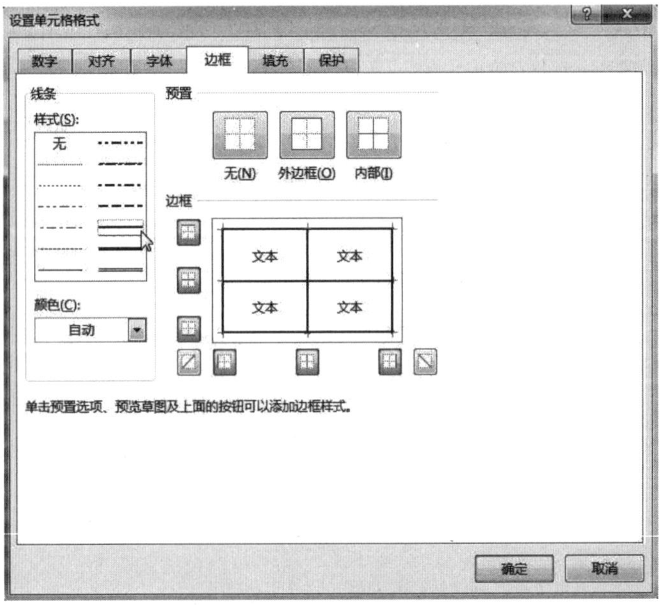

图 1-24　工作表边框设置

单元格的背景又称底纹，默认情况下底纹是白色的。给某些单元格填充不同颜色的底纹，可以使这些单元格中的内容显得更醒目。选中A1单元格，打开“设置单元格格式”对话框，单击“填充”选项卡，在“图案颜色”中单击一种颜色，如“浅蓝色”，单击“确定”按钮完成设置，如图1－25所示。

图1－25　底纹设置

5. 行高、列宽的设置

默认情况下，工作表的每个单元格具有相同的行高和列宽，但由于输入单元格的内容形式多样，用户可以自行设置行高和列宽。

方法一：使用鼠标粗略设置。将光标移动到两行号（列标）之间，此时光标变为双向箭头形状，按住鼠标左键拖动，即可改变行的高度（列的宽度）。

方法二：使用命令精确设置。选定要调整行高或列宽的区域，单击“开始”→“单元格”→“格式”按钮，选择合适的命令来改变行高或列宽，如图1－26所示。

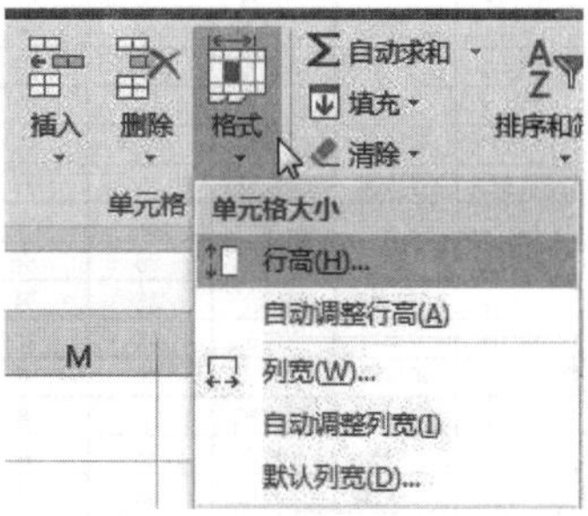

图1－26　设置行高和列宽

6. 自动套用格式

Excel为用户预设了多种格式选项，允许自动地为工作表应用统一的样式。这确保了针对某一数据类型的格式能够贯穿整个工作表保持一致，大大简化了格式调整的过程。

选中A2：I22单元区域，单击“开始”→“样式”→“套用表格格式”命令，对话框下边列出了Excel提供的多种预设的专业工作表格式，用户可以单击选择其中之一，单击“确定”按钮完成设置，如图1－27所示。

2	工号	姓名	部门	年龄	性别	学历	职称	入职时间	银行账号
3	00101	王铁柱	工程部	28	男	硕士	工程师	2017/3/1	6226901566660001
4	00201	张立功	开发部	26	女	硕士	工程师	2017/3/1	6226901566660002
5	00301	方成英	培训部	35	女	本科	高工	2017/3/1	6226901566660003
6	00401	王新美	销售部	32	男	硕士	工程师	2017/3/1	6226901566660004
7	00302	徐平	培训部	33	男	本科	工程师	2017/3/1	6226901566660005
8	00102	钱林	工程部	23	男	博士	助工	2017/3/1	6226901566660006
9	00103	杨海林	工程部	26	男	本科	工程师	2017/7/1	6226901566660007
10	00202	黄东海	开发部	31	男	博士	工程师	2017/7/1	6226901566660008
11	00402	刘丽华	销售部	37	女	本科	高工	2017/7/1	6226901566660009
12	00203	陈俊	开发部	36	男	硕士	工程师	2017/7/1	6226901566660010
13	00104	杜明	工程部	35	男	本科	高工	2017/7/1	6226901566660011
14	00105	李翠翠	工程部	36	女	硕士	高工	2017/10/20	6226901566660012
15	00106	李祥杰	工程部	32	男	本科	工程师	2017/10/20	6226901566660013
16	00403	罗松祥	销售部	31	男	本科	工程师	2017/10/20	6226901566660014
17	00204	钱昱	开发部	25	男	本科	助工	2018/4/10	6226901566660015
18	00107	孙晓雪	工程部	38	女	硕士	高工	2018/4/10	6226901566660016
19	00108	王大伟	工程部	30	男	本科	工程师	2018/4/10	6226901566660017
20	00205	张韩	开发部	34	男	博士	工程师	2018/4/10	6226901566660018
21	00303	赵甜甜	培训部	33	女	本科	工程师	2018/7/15	6226901566660019
22	00404	朱亮峰	销售部	42	男	博士	高工	2018/7/15	6226901566660020

图1－27　套用表格格式设置

任务三　公式与函数

一、任务描述

【学习任务 1－3】　××公司利用 Excel 2016 软件记录与管理员工月工资标准，录入该公司员工的基本信息和工资情况，并进行计算分析，如图 1－28 所示。

XX公司员工月工资标准情况一览表

工号	姓名	部门	年龄	性别	学历	职称	岗位工资	资质工资	月工资标准
00101	王铁柱	工程部	28	男	硕士	工程师	5000	1000	6000
00201	张立功	开发部	26	女	硕士	工程师	8000	1000	9000
00301	方成英	培训部	35	女	本科	高工	7500	2000	9500
00401	王新美	销售部	32	男	硕士	工程师	6000	1000	7000
00302	徐平	培训部	33	男	本科	工程师	7500	1000	8500
00102	钱林	工程部	23	男	博士	助工	5000	500	5500
00103	杨海林	工程部	26	男	本科	工程师	5000	1000	6000
00202	黄东海	开发部	31	男	博士	工程师	8000	1000	9000
00402	刘丽华	销售部	37	女	本科	高工	6000	2000	8000
00203	陈俊	开发部	36	男	硕士	工程师	8000	1000	9000
00104	杜明	工程部	35	男	本科	高工	5000	2000	7000
00105	李翠翠	工程部	36	女	硕士	高工	5000	2000	7000
00106	李祥杰	工程部	32	男	本科	工程师	5000	1000	6000
00403	罗松祥	销售部	31	男	本科	工程师	6000	1000	7000
00204	钱昱	开发部	25	男	本科	助工	8000	500	8500
00107	孙晓雪	工程部	38	女	硕士	高工	5000	2000	7000
00108	王大伟	工程部	30	男	本科	工程师	5000	1000	6000
00205	张韩	开发部	34	男	博士	工程师	8000	1000	9000
00303	赵甜甜	培训部	33	女	本科	工程师	7500	1000	8500
00404	朱亮峰	销售部	42	男	博士	高工	6000	2000	8000

数据分析：

标准工资合计	151500
平均标准工资	7575
最高标准工资	9500
最低标准工资	5500
员工人数	20
工程部员工人数	8
工程部标准工资合计	50500

注释：

部门	岗位工资
工程部	5000
开发部	8000
培训部	7500
销售部	6000

职称	资质工资
高工	2000
工程师	1000
助工	500

员工信息表　员工工资标准

图 1－28　员工工资表

二、任务分析

要对××公司员工的工资进行管理，首先要将员工的基本信息引用到新工作表，再利用相关函数进行计算分析。完成该任务需要进行如下操作：跨工作表的单元格地址引用、数据录入、工作表美化、常用函数的运用（SUM、AVERAGE、IF、MAX、MIN、COUNT、COUNTIF、SUMIF）、使用“自动填充”功能复制公式、相对地址和绝对地址的使用等。

三、相关知识

（一）公式与函数的认识

在 Excel 中，对工作表的数据进行计算的算式称为“公式”。而函数是一些预定义的公式，通过使用一些称为参数的特定数值来按特定的顺序或结构执行计算。Excel 中包含众多的函数，利用函数可执行简单和复杂的计算。

在单元格内输入公式时，要以等号“＝”开始，等号后面输入算式。算式由运算对象和运算符组成。运算对象可以是具体数据、单元格名称、单元格区域或函数等。运算符表示进行某种特定的运算，如算术符“＋”“－”等，运算符必须在英文状态下输入。函数有基本格式：函数名（参数系列），每一个函数后一定有一个小括号，括号内一般有一个或多个参数，这些参数多以逗号分开。函数都在公式中出现，公式都以等号开始，如图 1－29 所示。

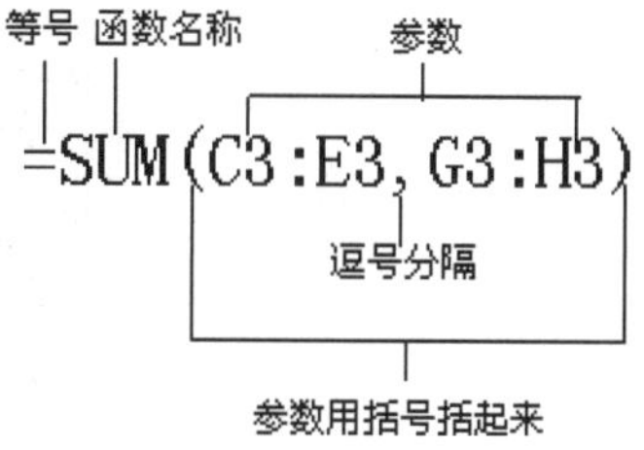

图 1－29　函数的格式

（二）函数的种类

Excel 的函数共有 12 类，分别是数据库函数、日期与时间函数、工程函数、财务函数、信息函数、逻辑函数、查询和引用函数、数学和三角函数、外部函数、统计函数、文本和数据函数以及用户自定义函数。本任务中涉及的基本函数有以下几种（见表 1－7）。

表 1－7　常用的几种基本函数

函　数	功　能
SUM	计算单元格区域中所有数值的和
AVERAGE	计算单元格区域中所有数值的算术平均值
IF	判断是否满足某个条件，如果满足返回一个值，如果不满足返回另外一个值
MAX	返回一组数值中的最大值
MIN	返回一组数值中的最小值
COUNT	计算区域中包含数字的单元格的个数
COUNTIF	计算某个区域中满足给定条件的单元格数目
SUMIF	对满足条件的单元格求和

（三）函数的使用

使用函数有 4 种途径，见表 1－8。

表 1－8　函数的使用方法

方　法	具体操作
通过键盘直接在单元格中录入	以“＝”开头，输入函数时会出现一个带有语法和参数的提示
通过使用插入函数按钮 *fx*	单击位于名称框和编辑栏之间的该按钮后会打开“插入函数”对话框，如图 1－30 所示
使用功能区中的“插入函数”命令	单击“公式”→“插入函数”命令，打开“插入函数”对话框
通过组合键 Shift＋F3	选择目标单元格后按组合键 Shift＋F3，打开“插入函数”对话框

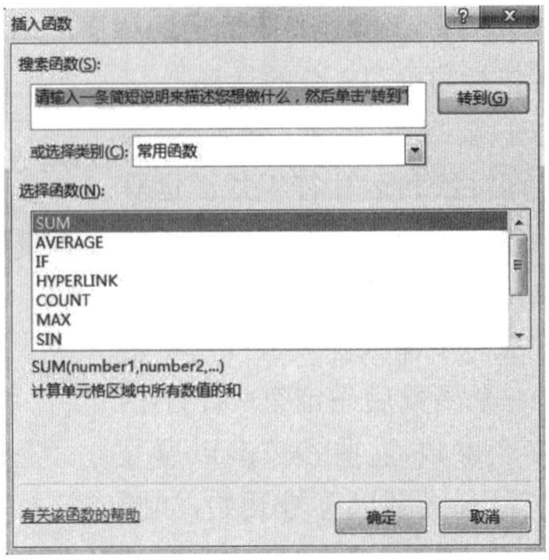

图 1－30 “插入函数”窗口

(四) 复制公式

为了完成快速计算，常常需要进行公式的复制。

1. 公式复制的方法

方法一：选定被复制公式的单元格，单击鼠标右键，在弹出的菜单中选择“复制”命令，鼠标移至复制目标单元格，单击鼠标右键，在弹出的菜单中选择“粘贴公式”命令，即可完成公式的复制。

方法二：选定被复制公式的单元格，拖动单元格右下角的自动填充柄，可完成相邻单元格的公式的复制。

2. 单元格地址的引用

在复制公式时，单元格地址的正确使用十分重要。Excel 中单元格的地址分为相对地址、绝对地址和混合地址三种，具体见表 1－9。

表 1－9 单元格地址的分类

分 类	定 义	应用举例
相对地址	相对引用的标志是所引用单元地址的行号和列标前不加任何符号，如 A3、B5 等。 如果公式采用的是相对引用，则公式记忆源公式所在单元与源公式引用单元的相对位置，当复制使用相对引用的公式时，粘贴公式中的引用将被更新，并指向与当前公式位置相对应的单元格	在工作表 D1 单元格有公式“＝A1＋B1＋C1”，如图 1－31 所示。当将公式复制到 D2 单元格时，公式变为“＝A2＋B2＋C2”，如图 1－32 所示。当将公式复制到 D3 单元格时，公式变为“＝A3＋B3＋C3”
绝对地址	在引用单元地址的行号和列标前分别加标示符号“$”，如$A$3、$B$5 等。 如果公式采用的是绝对引用，则公式记忆工作表的行和列与公式中所引用单元的绝对位置，在进行复制或填充等操作时，工作表的行和列与“目标单元中公式引用单元”的这种绝对位置保持不变，即公式中的绝对引用不会随着公式所在单元格位置的改变而改变	在工作表 D1 单元格有公式“＝$A$1＋$B$1＋$C$1”。当将公式复制到 D2 单元格时，公式仍为“＝$A$1＋$B$1＋$C$1”；当将公式复制到 D3 单元格时，公式仍为“＝$A$1＋$B$1＋$C$1”，始终保持不变

续　表

分　类	定　义	应用举例
混合地址	在引用单元地址的行号和列标前,一部分加标示符号“$”,一部分不加标示符号“$”,属于一种半相对半绝对的引用方式。混合引用往往是为了固定行引用而改变列引用,或是固定列引用而改变行引用	在工作表D1单元格有公式“=$A1+B$1+C1”。当将公式复制到D2单元格时,公式变为“=$A2+B$1+C2”

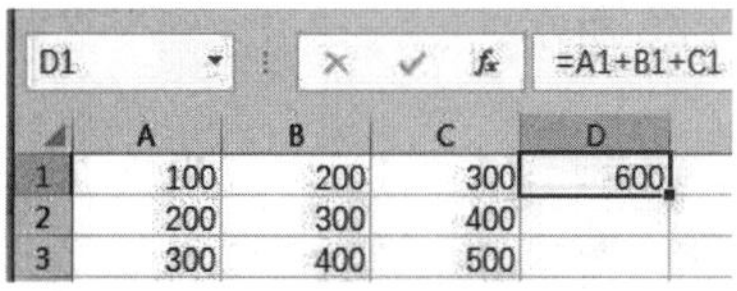

图1-31　相对地址的使用

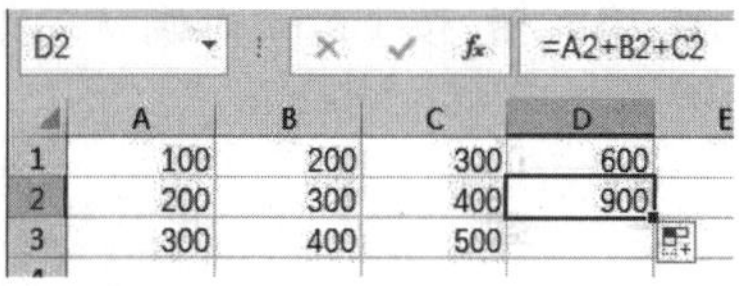

图1-32　复制相对地址

(五) 跨工作表的单元格地址引用

单元格地址引用是指在不同的单元格之间建立引用关系,可以是同一工作表内的不同单元格之间的引用,也可以是同一工作簿中不同工作表的单元格之间的引用,还可以是不同工作簿中不同工作表的单元格之间的引用,具体见表1-10。引用保证了数据处理结果与数据来源的协调一致。

单元格地址引用的一般形式为:=[工作簿文件名]工作表名! 单元格地址

表1-10　单元格地址的引用

分　类	应用举例
同一工作簿中同一工作表内的不同单元格之间的引用	引用当前工作簿中当前工作表的其他单元格时,“[工作簿文件名]工作表名!”可以省略。例如,在E8单元格引用A2单元格,直接录入“=A2”即可
同一工作簿中不同工作表的单元格之间的引用	引用当前工作簿中其他工作表的其他单元格时,“[工作簿文件名]”可以省略。例如,在工作表Sheet2中E8单元格引用工作表Sheet1中A2单元格,录入“=Sheet1! A2”即可
不同工作簿中不同工作表的单元格之间的引用	如在工作簿2中的工作表Sheet2中E8单元格中引用工作簿1中的工作表Sheet1中A2单元格,则录入“=[工作簿1]Sheet1! A2”

在单元格引用时需要注意以下几点:第一,如果实际情况允许,要尽可能地把将要引用的表安排在同一工作簿中,少用工作簿之间的引用。第二,如果面临多个工作表之间的引用问题,应当有一个合理的安排,数据的流向要尽可能简洁、科学,不允许出现循环引用的情况。

四、任务实施

(一) 原始数据录入

工作表“员工工资标准”中部分内容与工作表“职工信息表”中内容一致,这就可以用跨工作表的单元格地址引用的方法，操作步骤如下：

（1）打开“EXCEL 应用基础. xlsx”工作簿，插入一个新工作表并命名为“员工工资标准”。

（2）在工作表“员工工资标准”中 A1 单元格内输入“××公司员工月工资标准情况一览表”。

（3）在 A2 单元格中输入公式“=员工信息表!A2”，按 Enter 键确认结束引用。或是选中 A2 单元格，先输入“=”，用鼠标单击工作表“员工信息表”，再单击工作表“员工信息表”中 A2 单元格，按 Enter 键确认结束引用，如图 1-33 所示。

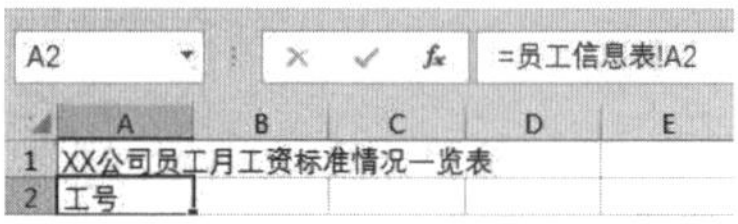
A2
=员工信息表!A2

	A	B	C	D	E
1	XX公司员工月工资标准情况一览表				
2	工号				

图 1-33　单元格地址引用

（4）利用填充柄的自动填充功能完成工作表“员工工资标准”中 B2:G2 和 A3:G22 区域的内容，如图 1-34 所示。

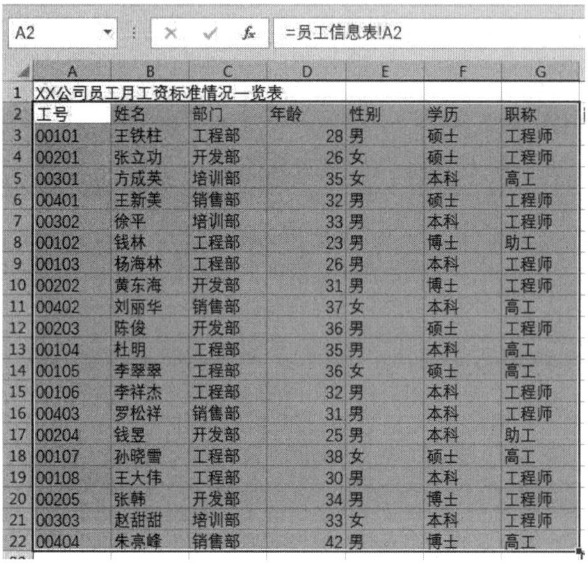
A2
=员工信息表!A2

	A	B	C	D	E	F	G
1	XX公司员工月工资标准情况一览表						
2	工号	姓名	部门	年龄	性别	学历	职称
3	00101	王铁柱	工程部	28	男	硕士	工程师
4	00201	张立功	开发部	26	女	硕士	工程师
5	00301	方成英	培训部	35	女	本科	高工
6	00401	王新美	销售部	32	男	硕士	工程师
7	00302	徐平	培训部	33	男	本科	工程师
8	00102	钱林	工程部	23	男	博士	助工
9	00103	杨海林	工程部	26	男	本科	工程师
10	00202	黄东海	开发部	31	男	博士	工程师
11	00402	刘丽华	销售部	37	女	本科	高工
12	00203	陈俊	开发部	36	男	硕士	工程师
13	00104	杜明	工程部	35	男	本科	高工
14	00105	李翠翠	工程部	36	女	硕士	高工
15	00106	李祥杰	工程部	32	男	本科	工程师
16	00403	罗松祥	销售部	31	男	本科	工程师
17	00204	钱昱	开发部	25	男	本科	助工
18	00107	孙晓雪	工程部	38	女	硕士	高工
19	00108	王大伟	工程部	30	男	本科	工程师
20	00205	张韩	开发部	34	男	博士	工程师
21	00303	赵甜甜	培训部	33	女	本科	工程师
22	00404	朱亮峰	销售部	42	男	博士	高工

图 1-34　自动填充完成单元格地址的引用

（5）完成其他内容输入，并设置相应的格式，如图 1-35 所示。保存退出。

工号	姓名	部门	年龄	性别	学历	职称	岗位工资	资质工资	月工资标准
00101	王铁柱	工程部	28	男	硕士	工程师			
00201	张立功	开发部	26	女	硕士	工程师			
00301	方成英	培训部	35	女	本科	高工			
00401	王新美	销售部	32	男	硕士	工程师			
00302	徐平	培训部	33	男	本科	工程师			
00102	钱林	工程部	23	男	博士	助工			
00103	杨海林	工程部	26	男	本科	工程师			
00202	黄东海	开发部	31	男	博士	工程师			
00402	刘丽华	销售部	37	女	本科	高工			
00203	陈俊	开发部	36	男	硕士	工程师			
00104	杜明	工程部	35	男	本科	高工			
00105	李翠翠	工程部	36	女	硕士	高工			
00106	李祥杰	工程部	32	男	本科	工程师			
00403	罗松祥	销售部	31	男	本科	工程师			
00204	钱昱	开发部	25	男	本科	助工			
00107	孙晓雪	工程部	38	女	硕士	高工			
00108	王大伟	工程部	30	男	本科	工程师			
00205	张韩	开发部	34	男	博士	工程师			
00303	赵甜甜	培训部	33	女	本科	工程师			
00404	朱亮峰	销售部	42	男	博士	高工			

图1-35 数据录入

(二) 数据运算

工作表“员工工资标准”中数据录入完毕后,可以利用相关函数进行计算。

1. IF 函数的使用

IF 函数是指执行真假值判断,根据逻辑计算的真假值,返回不同结果。可以使用 IF 函数对数值和公式进行条件检测,其功能与语法见表 1-11。

表 1-11 IF 函数的功能与语法

IF 函数的功能	判断是否满足某个条件,如果满足返回一个值,如果不满足则返回另一个值
IF 函数的语法	IF(logical_test,value_if_true,value_if_false)
	logical_test(必需):要测试的条件。 value_if_true(必需):logical_test 为 TRUE 时返回的值。 value_if_false(可选):logical_test 为 FALSE 时返回的值

在该任务中,需要计算出工作表“员工信息表”中的“岗位工资”,岗位工资的多少根据部门来评定。部门是工程部的,岗位工资为 5 000;部门是开发部的,岗位工资为 8 000;部门是培训部的,岗位工资为 7 500;部门是销售部的,岗位工资为 6 000。操作步骤如下:

(1) 选中 H3 单元格,单击 *fx* 按钮,或是单击“公式”→“函数库”→“插入函数”命令,打开“插入函数”对话框。此时 H3 单元格会自动输入一个等号“=”,进入函数计算。

(2) 选择“常用函数”中的 IF 函数,打开“函数参数”对话框,设置 IF 函数参数。这里有四种部门的判断，所以我们在判断条件的时候需要嵌套使用三个 IF 函数，先在“Logical_test”栏输入“C3="工程部"”，在“Value_if_true”栏输入“5 000”，然后把光标定位于“Value_if_false”栏处，如图 1-36 所示。

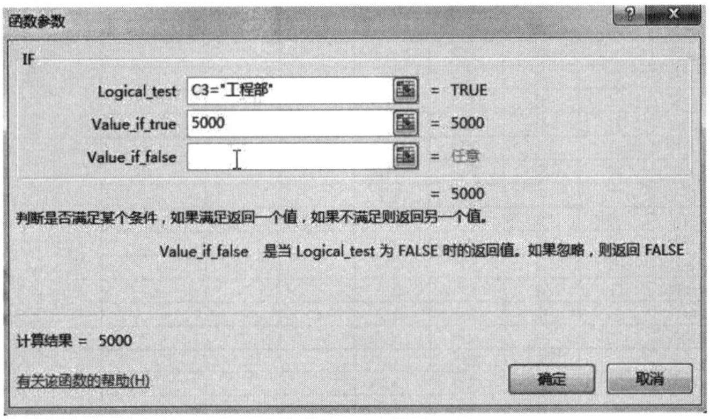

图 1-36　IF 函数参数设置对话框

(3) 嵌套一个 IF 函数。单击名称框右边小三角按钮，选择 IF 函数，打开一个新的“函数参数”窗口，设置参数条件如图 1-37 所示。

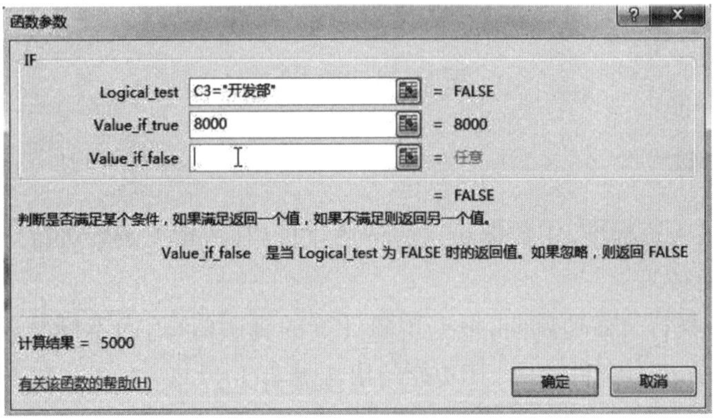

图 1-37　第二个 IF 函数参数设置

(4) 再次嵌套一个 IF 函数，设置参数条件如图 1-38 所示。

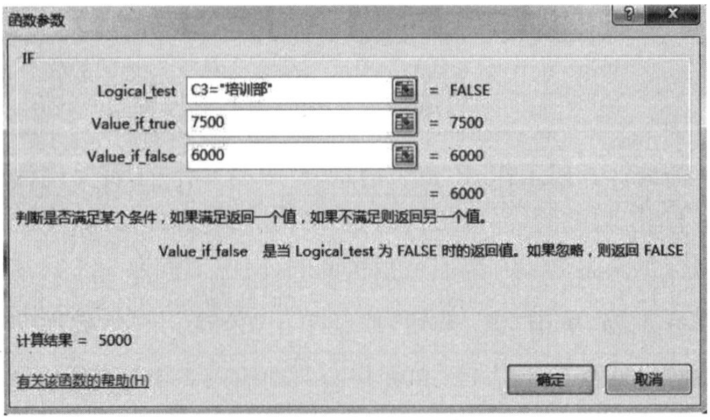

图 1-38　第三个 IF 函数参数设置

(5) 单击“确定”按钮，则 H3 单元格自动计算出结果，显示为 5 000，在编辑栏显示的公式为：=IF(C3="工程部",5 000,IF(C3="开发部",8 000,IF(C3="培训部",7 500,6 000)))。

(6) 通过自动填充复制公式，完成“岗位工资”列的计算。同理，该表中“资质工资”列也可利用 IF 函数进行计算，I3 单元格的公式为：=IF(G3="高工",2 000,IF(G3="工程师",1 000,500))，并进行自动填充计算出该列其他单元格的值，结果如图 1-39 所示。

	A	B	C	D	E	F	G	H	I
1	XX公司职工工资表								
2	工号	姓名	部门	年龄	性别	学历	职称	岗位工资	资质工资
3	00101	王铁柱	工程部	28	男	硕士	工程师	5000	1000
4	00201	张立功	开发部	26	女	硕士	工程师	8000	1000
5	00301	方成英	培训部	35	女	本科	高工	7500	2000
6	00401	王新美	销售部	32	男	硕士	工程师	6000	1000
7	00302	徐平	培训部	33	男	本科	工程师	7500	1000
8	00102	钱林	工程部	23	男	博士	助工	5000	500
9	00103	杨海林	工程部	26	男	本科	工程师	5000	1000
10	00202	黄东海	开发部	31	男	博士	工程师	8000	1000
11	00402	刘丽华	销售部	37	女	本科	高工	6000	2000
12	00203	陈俊	开发部	36	男	硕士	工程师	8000	1000
13	00104	杜明	工程部	35	男	本科	高工	5000	2000
14	00105	李翠翠	工程部	36	女	硕士	高工	5000	2000
15	00106	李祥杰	工程部	32	男	本科	工程师	5000	1000
16	00403	罗松祥	销售部	31	男	本科	工程师	6000	1000
17	00204	钱昱	开发部	25	男	本科	助工	8000	500

图 1-39　IF 函数计算结果

(7) 或者，也可利用“注释”内容(单元格区域 B25:C29，E25:F28)。在该任务中，因为在单元格区域 B25:C29 和 E25:F28 中录入了注释内容，因此计算工作表“员工信息表”中的“岗位工资”和“资质工资”时，也可以结合 IF 函数和绝对地址对其进行计算。设置单元格 H3 的公式为：=IF(C3=$B$26,$C$26,IF(C3=$B$27,$C$27,IF(C3=$B$28,$C$28,$C$29)))，单元格 I3 的公式为：=IF(G3=$E$26,$F$26,IF(G3=$E$27,$F$27,$F$28))，选择单元格 H3 和 I3 并利用填充柄进行自动填充计算出其他单元格的值。结果与图 1-39 一致。

2. SUM 函数的使用

SUM 函数是 Excel 中进行求和的函数，其功能与语法见表 1-12。

表 1-12　SUM 函数的功能与语法

SUM 函数的功能	计算单元格区域中所有数值的和
SUM 函数的语法	SUM(number1, [number2], …)
	number1(必需)：要相加的第一个数字。该数字可以是 4 之类的数字、B6 之类的单元格引用或 B2:B8 之类的单元格范围。 number2(可选)：这是要相加的第二个数字。可以按照这种方式最多指定 255 个数字

在该任务中，需要计算出工作表“员工信息表”中的“月工资标准”(月工资标准=岗位工资+资质工资)，可以使用 SUM 函数来计算。操作步骤如下：

(1) 选择 J3 单元格，单击“公式”→“函数库”→“插入函数”命令，打开“插入函数”对话框。

(2) 选择 SUM 函数，打开“函数参数”对话框。在“函数参数”对话框中单击“Number1”栏右边的按钮，然后在工作表中选取正确的单元格区域 H3:I3，如图 1-40 所示。注意：如果是两个不连续的区域求和，需要在“Number2”栏设置第二个区域的单元格地址。

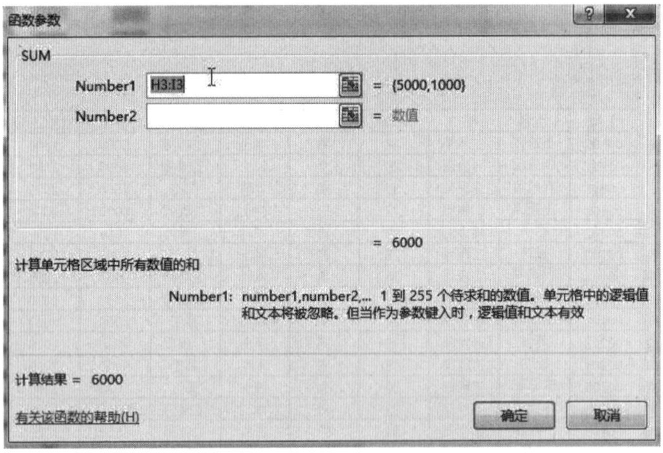

图 1-40　SUM 函数参数设置对话框

(3)单击“确定”按钮即可完成 J3 单元格的计算，再使用自动填充完成其他单元格的计算，如图 1-41 所示。同理，M2 单元格“标准工资合计”也可用 SUM 函数进行计算。

	A	B	C	D	E	F	G	H	I	J
1	XX公司员工月工资标准情况一览表									
2	工号	姓名	部门	年龄	性别	学历	职称	岗位工资	资质工资	月工资标准
3	00101	王铁柱	工程部	28	男	硕士	工程师	5000	1000	6000
4	00201	张立功	开发部	26	女	硕士	工程师	8000	1000	9000
5	00301	方成英	培训部	35	女	本科	高工	7500	2000	9500
6	00401	王新美	销售部	32	男	硕士	工程师	6000	1000	7000
7	00302	徐平	培训部	33	男	本科	工程师	7500	1000	8500
8	00102	钱林	工程部	23	男	博士	助工	5000	500	5500
9	00103	杨海林	工程部	26	男	本科	工程师	5000	1000	6000
10	00202	黄东海	开发部	31	男	博士	工程师	8000	1000	9000
11	00402	刘丽华	销售部	37	女	本科	高工	6000	2000	8000
12	00203	陈俊	开发部	36	男	硕士	工程师	8000	1000	9000
13	00104	杜明	工程部	35	男	本科	高工	5000	2000	7000
14	00105	李翠翠	工程部	36	女	硕士	高工	5000	2000	7000
15	00106	李祥杰	工程部	32	男	本科	工程师	5000	1000	6000
16	00403	罗松祥	销售部	31	男	本科	工程师	6000	1000	7000
17	00204	钱昱	开发部	25	男	本科	助工	8000	500	8500

图 1-41　SUM 函数计算结果

3. AVERAGE 函数的使用

AVERAGE 函数是 Excel 中求平均值的函数，其功能与语法见表 1-13。

表 1-13 AVERAGE 函数的功能与语法

AVERAGE 函数的功能	返回其参数的算术平均值
AVERAGE 函数的语法	AVERAGE(number1,[number2],…)
	number1(必需):要计算平均值的第一个数字、单元格引用或单元格区域。 number2,…(可选):要计算平均值的其他数字、单元格引用或单元格区域,最多可包含 255 个

在该任务中,需要计算出工作表“员工信息表”中的“平均标准工资”,可以使用 AVERAGE 函数来计算。操作步骤如下:

(1) 选择 M3 单元格,单击“公式”→“函数库”→“插入函数”命令,打开“插入函数”对话框。

(2) 选择 AVERAGE 函数,打开“函数参数”对话框。在“函数参数”对话框中单击“Number1”栏右边的按钮,然后在工作表中选取正确的单元格区域 J3:J22,单击“确定”按钮即可完成 M3 单元格的计算,如图 1-42 所示。

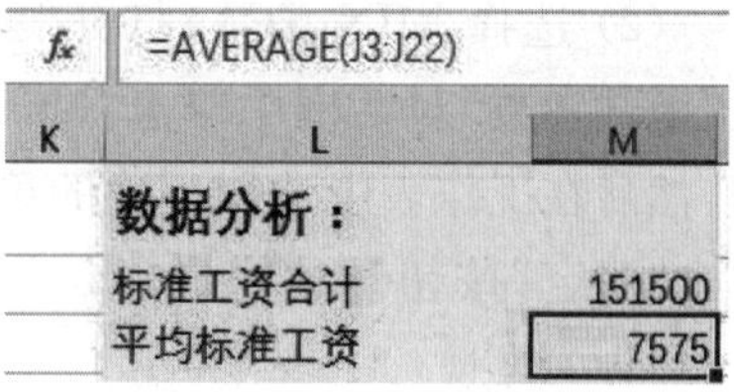

图 1-42 AVERAGE 函数计算结果

4. MAX 函数的使用

MAX 函数是 Excel 中求最大值的函数,其功能与语法见表 1-14。

表 1-14 MAX 函数的功能与语法

MAX 函数的功能	返回一组数值中的最大值
MAX 函数的语法	MAX(number1,[number2],…)
	number1,number2,…:number1 是必需的,后续数字是可选的。可以从中查找最大值的 1 到 255 个数字

在该任务中,需要计算出工作表“员工信息表”中的“最高标准工资”,可以使用 MAX 函数来计算。操作步骤如下:

(1) 选择 M4 单元格,单击“公式”→“函数库”→“插入函数”命令,打开“插入函数”对话框。

(2) 选择 MAX 函数,打开“函数参数”对话框。在“函数参数”对话框中单击“Number1”栏右边的按钮,然后在工作表中选取正确的单元格区域 J3:J22,单击“确定”按钮即可完成 M4 单元格的计算,如图 1-43 所示。

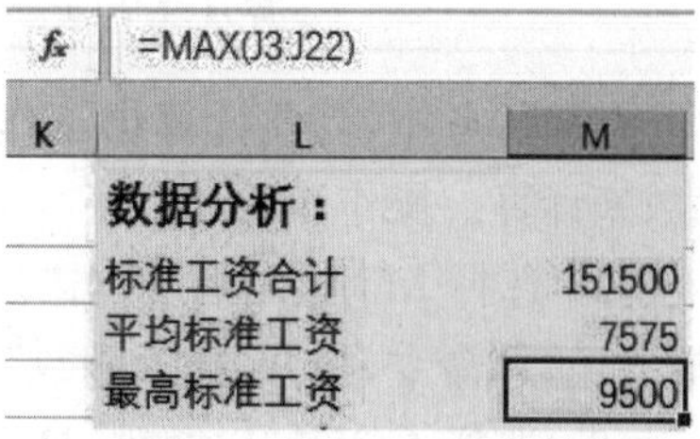

图 1-43 MAX 函数计算结果

5. MIN 函数的使用

MIN 函数是 Excel 中求最小值的函数,其功能与语法见表 1-15。

表 1－15　MIN 函数的功能与语法

MIN 函数的功能	返回一组数值中的最小值
MIN 函数的语法	MIN(number1，[number2]，…)
	number1，number2，…：number1 是必需的，后续数字是可选的。可以从中查找最小值的 1 到 255 个数字

在该任务中，需要计算出工作表“员工信息表”中的“最低标准工资”，可以使用 MIN 函数来计算。操作步骤如下：

（1）选择 M5 单元格，单击“公式”→“函数库”→“插入函数”命令，打开“插入函数”对话框。

（2）选择 MIN 函数，打开“函数参数”对话框。在“函数参数”对话框中单击“Number1”栏右边的按钮，然后在工作表中选取正确的单元格区域 J3：J22，单击“确定”按钮即可完成 M5 单元格的计算，如图 1－44 所示。

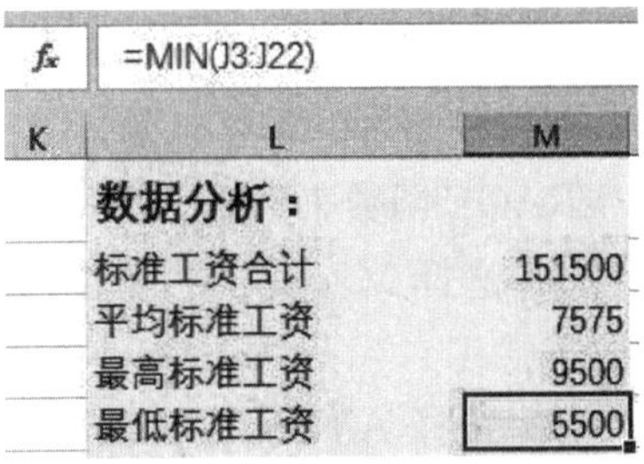

图 1－44　MIN 函数计算结果

6. COUNT 函数的使用

COUNT 函数是 Excel 中进行计数的函数，其功能与语法见表 1－16。

表 1－16　COUNT 函数的功能与语法

COUNT 函数的功能	计算区域中包含数字的单元格的个数
COUNT 函数的语法	COUNT(value1，value2，…)
	value1(必需)：要计算其中数字的个数的第一项、单元格引用或区域。 value2，…(可选)：要计算其中数字的个数的其他项、单元格引用或区域，最多可包含 255 个。 注意：这些参数可以包含或引用各种类型的数据，但只有数字类型的数据才被计算在内

在该任务中，需要计算出工作表“员工信息表”中的“员工人数”，可以使用 COUNT 函数来计算。操作步骤如下：

（1）选择 M6 单元格，单击“公式”→“函数库”→“插入函数”命令，打开“插入函数”对话框。

（2）选择 COUNT 函数，打开“函数参数”对话框。在“函数参数”对话框中单击“value1”栏右边的按钮，然后在工作表中选取正确的单元格区域 J3：J22，单击“确定”按钮即可完成 M6 单元格的计算，如图 1－45 所示。

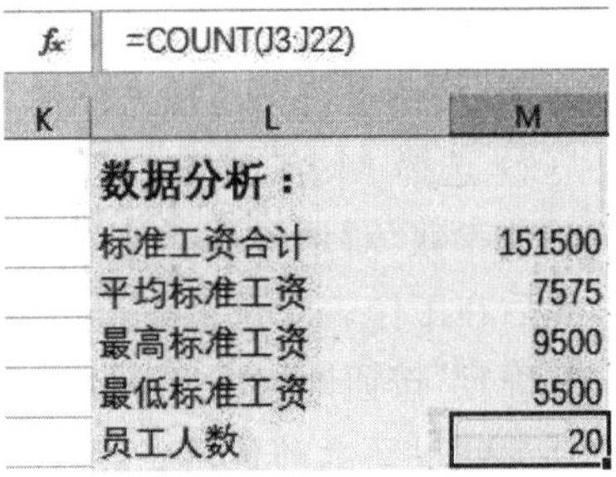

图 1－45　COUNT 函数计算结果

7. COUNTIF 函数的使用

COUNTIF 函数是 Excel 中进行有条件计数的函数，其功能与语法见表 1－17。

表1－17　COUNTIF函数的功能与语法

COUNTIF函数的功能	计算某个区域中满足给定条件的单元格数目
COUNTIF函数的语法	COUNTIF(range，criteria)
	range(必需)：要进行计数的单元格组。区域可以包括数字、数组、命名区域或包含数字的引用。空白和文本值将被忽略。 criteria(必需)：用于决定要统计哪些单元格的数量，其形式可以为数字、表达式、单元格引用或文本字符串

在该任务中，需要计算出工作表“员工信息表”中的“工程部员工人数”，可以使用COUNTIF函数来计算。操作方法如下：

(1) 选择M7单元格，单击“公式”→“函数库”→“插入函数”命令，打开“插入函数”对话框。

(2) 选择COUNTIF函数，打开“函数参数”对话框。在“函数参数”对话框中“range”栏选取单元格区域C3:C22，“criteria”栏输入“工程部”，如图1－46所示，单击“确定”按钮即可完成M7单元格的计算。

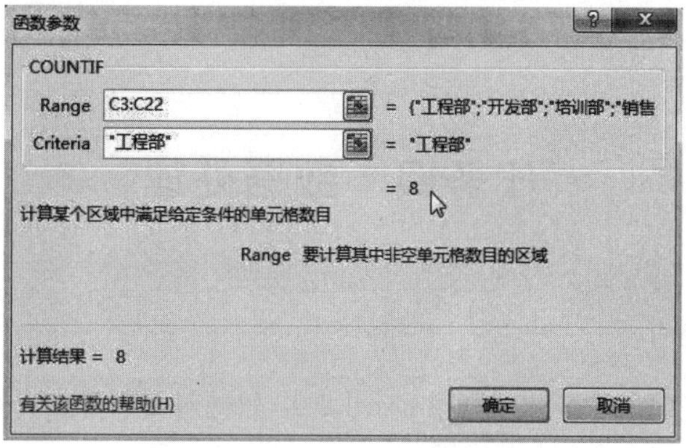

图1－46　COUNTIF函数计算

8. SUMIF函数的使用

SUMIF函数是Excel中进行有条件计数的函数，其功能与语法见表1－18。

表1－18　SUMIF函数的功能与语法

SUMIF函数的功能	对满足条件的单元格进行求和
SUMIF函数的语法	SUMIF(range，criteria，[sum_range])
	range(必需)：根据条件进行计算的单元格的区域。每个区域中的单元格必须是数字或名称、数组或包含数字的引用。空值和文本值将被忽略。 criteria(必需)：用于确定对哪些单元格求和的条件，其形式可以为数字、表达式、单元格引用、文本或函数。 sum_range(可选)：要求和的实际单元格。如果省略sum_range参数，Excel会对在range参数中指定的单元格(即应用条件的单元格)求和

在该任务中，需要计算出工作表“员工信息表”中的“工程部标准工资合计”，可以使用

SUMIF 函数来计算。操作步骤如下：

（1）选择 M8 单元格，单击“公式”→“函数库”→“插入函数”命令，打开“插入函数”对话框。

（2）选择 SUMIF 函数，打开“函数参数”对话框。在“函数参数”对话框中“range”栏选取单元格区域 C3：C22，“criteria”栏输入“工程部”，“sum_range”栏选取单元格区域 J3：J22，如图 1－47 所示。单击“确定”按钮即可完成 M8 单元格的计算，如图 1－48 所示。

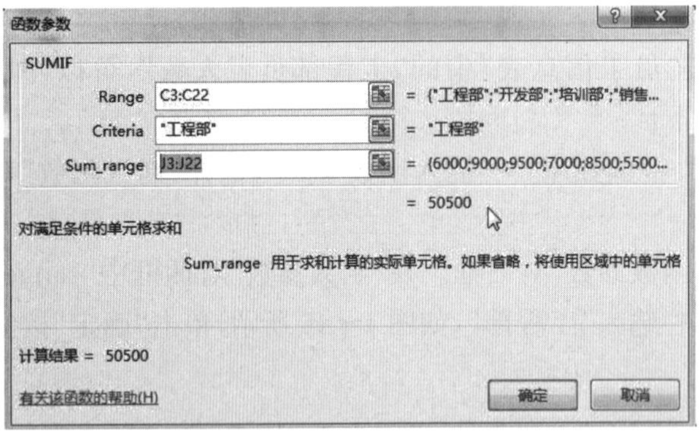

图 1－47　SUMIF 函数计算

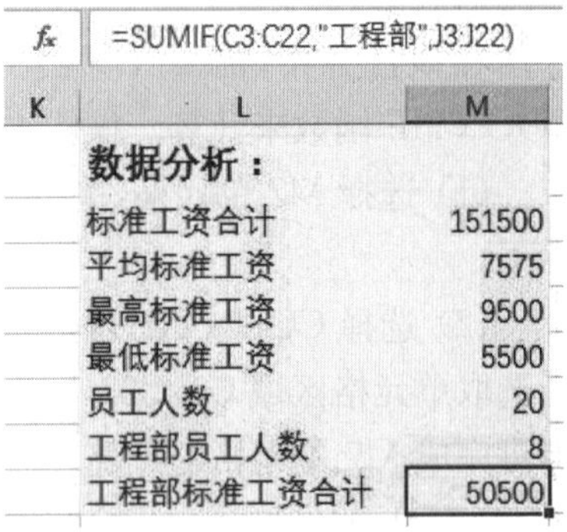

图 1－48　SUMIF 函数计算结果

任务四　数据处理

一、任务描述

【学习任务 1－4】　××公司利用 Excel 2016 软件对员工月工资标准进行分析处理，具体要求如下：

（1）建立 5 张与工作表“员工工资标准”内容一致的工作表，工作表名分别为“排序”“筛选”“分类汇总”“图表”“数据透视表”；

（2）在工作表“排序”中按部门的升序、月工资标准的降序进行排序；

（3）在工作表“筛选”中，筛选出部门为开发部、年龄大于 30 的员工信息；

（4）在工作表“分类汇总”中计算出各部门月工资标准的合计；

（5）在工作表“图表”中根据女员工的月工资标准制作三维簇状柱形图；

（6）在工作表“数据透视表”中计算出各部门各职称的月工资标准的合计。

二、任务分析

要对××公司员工的工资进行分析处理，完成以上 6 项任务需要进行如下操作：跨工作表的单元格地址引用、格式刷的使用、复制工作表、排序、自动筛选、高级筛选、分类汇总、图表和数据透视等。

三、相关知识

（一）排序

数据排序是按照一定的规则对数据进行重新排列，便于用户浏览或为进一步处理做准备（如分类汇总）。对工作表中的数据进行排序是根据选择的“关键字”字段内容按升序或降序进行的，Excel会给出两个关键字，分别是“主要关键字”“次要关键字”，用户可根据需要添加和选取；也可以按用户自定义的次序排序。

数据排序可以通过两种方法进行：一是利用“数据”选项卡下的升序按钮  和降序按钮 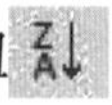；二是利用“数据”选项卡下的“排序和筛选”命令组的“排序”命令 

。

（二）筛选

数据筛选是在工作表的数据中快速查找具有特定条件的记录。筛选后数据清单中只包含符合筛选条件的记录，便于浏览。利用“数据”选项卡下的“排序和筛选”命令组的“筛选”命令 

和“高级筛选”命令 

，可以进行自动筛选和高级筛选。

“筛选”命令通常用于简单的筛选条件，使用简便。根据筛选条件的不同，自动筛选可以利用列标题的下拉列表框，也可以利用“自定义自动筛选方式”对话框进行。

“高级筛选”命令针对更复杂的筛选条件，功能更强大。使用高级筛选必须先建立一个条件区域，用来编辑筛选条件。条件区域的第一行是所有作为筛选条件的字段名，这些字段名必须与数据清单中的字段名完全一样。条件区域的其他行输入筛选条件，“与”关系的条件必须出现在同一行，“或”关系的条件不能出现在同一行内。条件区域与数据区域不能连接，必须用空行隔开。

（三）分类汇总

分类汇总是数据分析的一种手段，就是将同类数据放在一起，再进行数量的求和、计数、求平均值之类的汇总运算。在进行分类汇总前，必须根据分类汇总的数据类对数据清单进行排序，再利用“数据”选项卡下的“分级显示”命令组的“分类汇总”命令 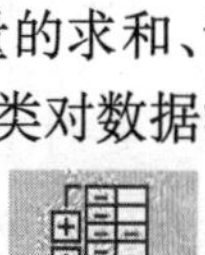

进行汇总。

分类汇总有三个基本要素：分类字段（选定要进行分类的列，对数据按这个列进行排序）；汇总方式（利用“平均”“最大值”“求和”“计数”等汇总函数，实现对分类字段的计算）；汇总项（可以选择多个字段进行汇总）。

（四）图表

在实际工作中有时需要直观地显示数据的处理结果，这时需要Excel的图表功能。

数据以图表的形式显示，具有良好的视觉效果，会更清楚和易于理解，同时图表还能帮助用户查看数据的差异、走势和预测发展趋势。

一个图表主要由以下几部分构成，见表 1-19。

表 1-19 图表的构成

名 称	作 用
图表标题	描述图表的名称，默认在图表的顶端，可有可无
坐标轴与坐标轴标题	坐标轴标题是 X 轴和 Y 轴的名称，可有可无
图例	包含图表中相应的数据系列的名称和数据系列在图中的颜色
绘图区	以坐标轴为界的区域
数据系列	一个数据系列对应工作表中选定区域的一行或一列数据
网格线	从坐标轴刻度线延伸出来并贯穿整个“绘图区”的线条系列，可有可无
背景墙与基底	三维图表中会出现背景墙与基底，是包围在许多三维图表周围的区域，用于显示图表的维度和边界

(五) 数据透视表

在 Excel 中，实现数据透视分析的工具是数据透视表和数据透视图，其中，数据透视表是一种对大量数据快速汇总和建立交叉列表的动态工作表，使用数据透视表可以汇总、分析、浏览和提供摘要数据。数据透视表可以把很多行和列数据快速转化为有意义的信息，避免烦琐的计算公式，并能生成一个基于 Excel 数据表甚至外部数据库的动态总结报告。

在建立数据透视表时，需考虑如何汇总数据。利用“插入”选项卡下的“表格”命令组的“数据透视表”命令可以完成数据透视表的建立。

四、任务实施

(一) 原始数据的建立

要对工作表“员工工资标准”中的数据进行分析和处理，首先要建立几张相同的工作表，这可以利用复制工作表的方法，也可以利用跨工作表的单元格地址引用的方法。

1. 工作表“排序”的建立

为了保证数据的一致性，工作表“排序”的建立利用跨工作表的单元格地址引用的方法，操作步骤如下：

(1) 打开工作簿“EXCEL 应用基础. xlsx”，插入一张新工作表并命名为“排序”。

(2) 在工作表“排序”中 A1 单元格内输入公式“＝员工工资标准！A1”，按 Enter 键确认结束引用；或是选中 A1 单元格，先输入“＝”，用鼠标单击工作表“员工工资标准”的标签，再单击工作表“员工工资标准”中 A1 单元格，按 Enter 键确认结束引用，如图 1-49 所示。

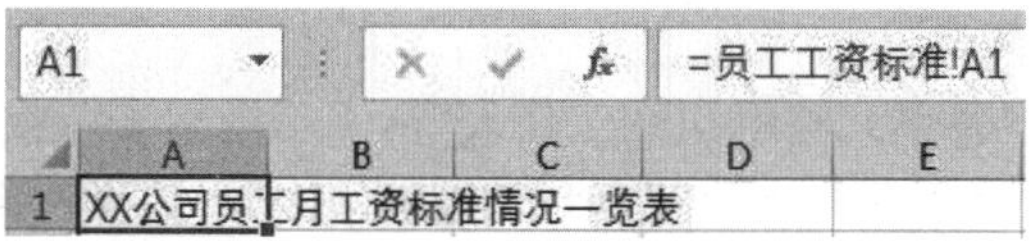

图 1-49 引用“员工工资标准”中 A1 单元格

(3) 利用填充柄自动填充完成 A2:A22、B2:J22 单元格区域的内容,如图 1-50 所示。

	A	B	C	D	E	F	G	H	I	J
1	XX公司员工月工资标准情况一览表									
2	工号	姓名	部门	年龄	性别	学历	职称	岗位工资	资质工资	月工资标准
3	00101	王铁柱	工程部	28	男	硕士	工程师	5000	1000	6000
4	00201	张立功	开发部	26	女	硕士	工程师	8000	1000	9000
5	00301	方成英	培训部	35	女	本科	高工	7500	2000	9500
6	00401	王新美	销售部	32	男	硕士	工程师	6000	1000	7000
7	00302	徐平	培训部	33	男	本科	工程师	7500	1000	8500
8	00102	钱林	工程部	23	男	博士	助工	5000	500	5500
9	00103	杨海林	工程部	26	男	本科	工程师	5000	1000	6000
10	00202	黄东海	开发部	31	男	博士	工程师	8000	1000	9000
11	00402	刘丽华	销售部	37	女	本科	高工	6000	2000	8000
12	00203	陈俊	开发部	36	男	硕士	工程师	8000	1000	9000
13	00104	杜明	工程部	35	男	本科	高工	5000	2000	7000
14	00105	李翠翠	工程部	36	女	硕士	高工	5000	2000	7000
15	00106	李祥杰	工程部	32	男	本科	工程师	5000	1000	6000
16	00403	罗松祥	销售部	31	男	本科	工程师	6000	1000	7000
17	00204	钱昱	开发部	25	男	本科	助工	8000	500	8500
18	00107	孙晓雪	工程部	38	女	硕士	高工	5000	2000	7000
19	00108	王大伟	工程部	30	男	本科	工程师	5000	1000	6000
20	00205	张韩	开发部	34	男	博士	工程师	8000	1000	9000
21	00303	赵甜甜	培训部	33	女	本科	工程师	7500	1000	8500
22	00404	朱亮峰	销售部	42	男	博士	高工	6000	2000	8000

图 1-50 引用“员工工资标准”结果

(4) 利用格式刷对工作表“排序”快速设置格式。选择工作表“员工工资标准”中 A1:J22 单元格区域,单击“开始”→“剪贴板”→“格式刷”按钮,光标会变为图标;再选择工作表“排序”中 A1:J22 区域,该区域就会快速套用工作表“员工工资标准”中的格式,如图 1-51 所示。

	A	B	C	D	E	F	G	H	I	J
1	XX公司员工月工资标准情况一览表									
2	工号	姓名	部门	年龄	性别	学历	职称	岗位工资	资质工资	月工资标准
3	00101	王铁柱	工程部	28	男	硕士	工程师	5000	1000	6000
4	00201	张立功	开发部	26	女	硕士	工程师	8000	1000	9000
5	00301	方成英	培训部	35	女	本科	高工	7500	2000	9500
6	00401	王新美	销售部	32	男	硕士	工程师	6000	1000	7000
7	00302	徐平	培训部	33	男	本科	工程师	7500	1000	8500
8	00102	钱林	工程部	23	男	博士	助工	5000	500	5500
9	00103	杨海林	工程部	26	男	本科	工程师	5000	1000	6000
10	00202	黄东海	开发部	31	男	博士	工程师	8000	1000	9000
11	00402	刘丽华	销售部	37	女	本科	高工	6000	2000	8000
12	00203	陈俊	开发部	36	男	硕士	工程师	8000	1000	9000
13	00104	杜明	工程部	35	男	本科	高工	5000	2000	7000
14	00105	李翠翠	工程部	36	女	硕士	高工	5000	2000	7000
15	00106	李祥杰	工程部	32	男	本科	工程师	5000	1000	6000
16	00403	罗松祥	销售部	31	男	本科	工程师	6000	1000	7000
17	00204	钱昱	开发部	25	男	本科	助工	8000	500	8500
18	00107	孙晓雪	工程部	38	女	硕士	高工	5000	2000	7000
19	00108	王大伟	工程部	30	男	本科	工程师	5000	1000	6000
20	00205	张韩	开发部	34	男	博士	工程师	8000	1000	9000
21	00303	赵甜甜	培训部	33	女	本科	工程师	7500	1000	8500
22	00404	朱亮峰	销售部	42	男	博士	高工	6000	2000	8000

员工信息表 | 员工工资标准 | 排序

图 1-51 设置工作表“排序”的格式

2. 其他工作表的建立

因工作表"排序"中各单元格已引用工作表"员工工资标准",数据已经保持了一致性,另外4张工作表"筛选""分类汇总""图表""数据透视表"可以继续利用跨工作表的单元格地址引用的方法,也可利用复制工作表的方法。因复制工作表的操作较为简单,此处介绍利用复制工作表的方法快速建立另外4张工作表,操作步骤如下:

(1) 打开工作簿"EXCEL 应用基础. xlsx",选择工作表"排序",单击鼠标右键打开快捷菜单,如图1-52所示。

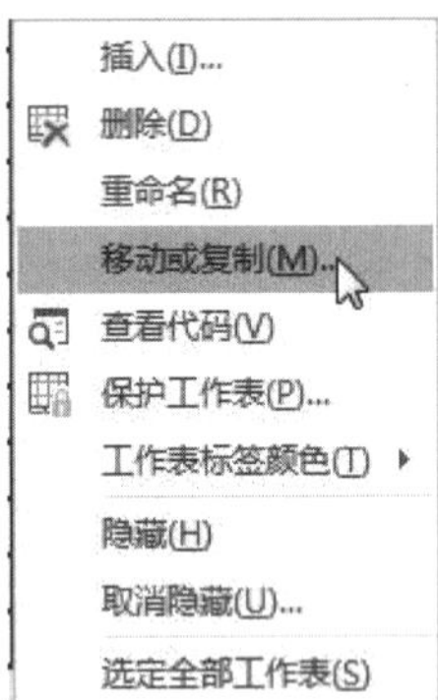

图1-52 "复制工作表"快捷菜单

(2) 在快捷菜单中选择"移动或复制"命令,打开"移动或复制工作表"窗口。在该窗口中,"将选定工作表移至工作簿"仍为"EXCEL 应用基础. xlsx","下列选定工作表之前"选择"(移至最后)",并勾选"建立副本",如图1-53所示。

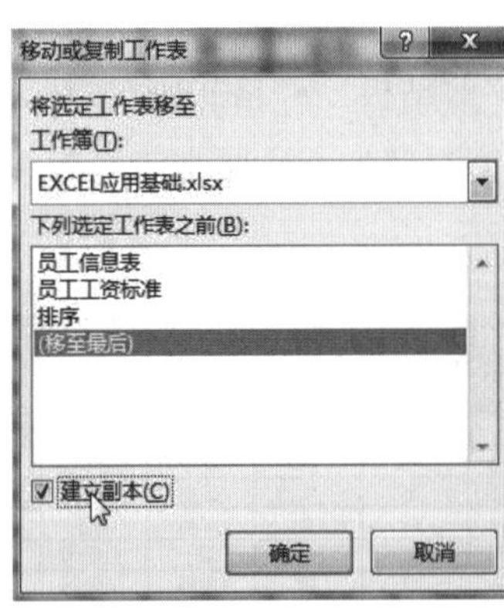

图1-53 "移动或复制工作表"窗口

(3) 单击"确定"按钮,会复制一张工作表"排序(2)"。选择该工作表,双击鼠标左键,将其重命名为"筛选"。同理,完成工作表"分类汇总""图表"和"数据透视表"的建立,如图1-54所示。

图1-54 5张工作表的建立

（二）数据处理

1. 排序

要将工作表“排序”中的数据按部门的升序、月工资标准的降序进行排序，操作步骤如下：

(1) 打开“EXCEL 应用基础. xlsx”工作簿，选择工作表“排序”中 A2:J22 区域，单击“数据”→“排序和筛选”→“排序”按钮，打开“排序”窗口。

(2) 在该窗口中，勾选“数据包含标题”，并设置“主要关键字”为“部门”，次序为“升序”。再单击“添加条件”按钮，出现“次要关键字”一行，设置“次要关键字”为“月工资标准”，次序为“降序”，如图 1－55 所示。

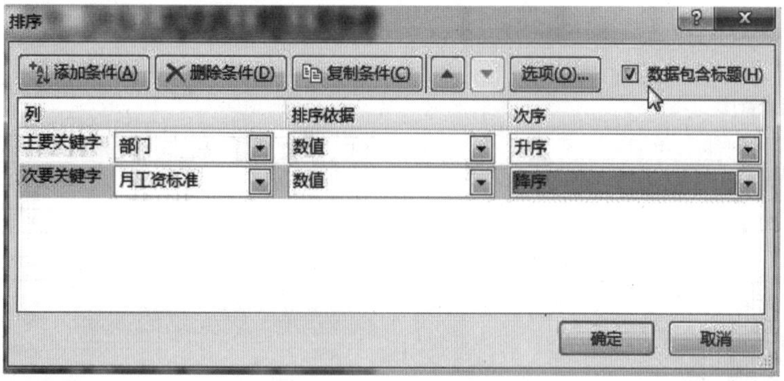

图 1－55　“排序”窗口

(3) 单击“确定”按钮，结果如图 1－56 所示。

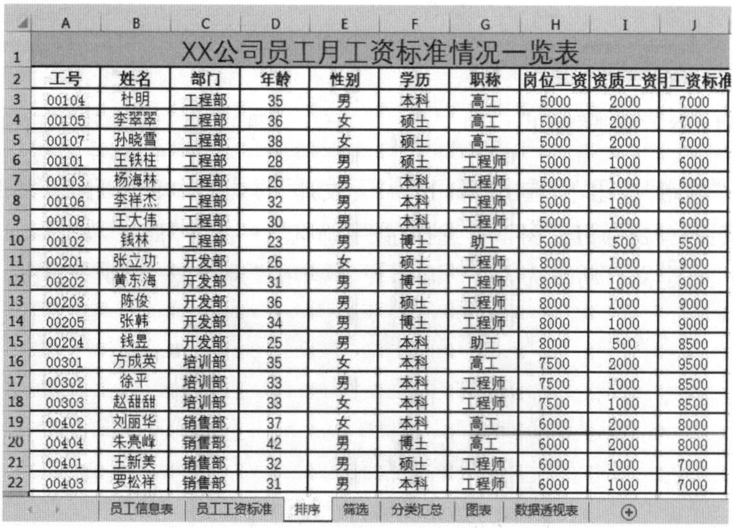

XX公司员工月工资标准情况一览表

工号	姓名	部门	年龄	性别	学历	职称	岗位工资	资质工资	月工资标准
00104	杜明	工程部	35	男	本科	高工	5000	2000	7000
00105	李翠翠	工程部	36	女	硕士	高工	5000	2000	7000
00107	孙晓雪	工程部	38	女	硕士	高工	5000	2000	7000
00101	王铁柱	工程部	28	男	硕士	工程师	5000	1000	6000
00103	杨海林	工程部	26	男	本科	工程师	5000	1000	6000
00106	李祥杰	工程部	32	男	本科	工程师	5000	1000	6000
00108	王大伟	工程部	30	男	本科	工程师	5000	1000	6000
00102	钱林	工程部	23	男	博士	助工	5000	500	5500
00201	张立功	开发部	26	女	硕士	工程师	8000	1000	9000
00202	黄东海	开发部	31	男	博士	工程师	8000	1000	9000
00203	陈俊	开发部	36	男	硕士	工程师	8000	1000	9000
00205	张韩	开发部	34	男	博士	工程师	8000	1000	9000
00204	钱昱	开发部	25	男	本科	助工	8000	500	8500
00301	方成英	培训部	35	女	本科	高工	7500	2000	9500
00302	徐平	培训部	33	男	本科	工程师	7500	1000	8500
00303	赵甜甜	培训部	33	女	本科	工程师	7500	1000	8500
00402	刘丽华	销售部	37	女	本科	高工	6000	2000	8000
00404	朱亮峰	销售部	42	男	博士	高工	6000	2000	8000
00401	王新美	销售部	32	男	硕士	工程师	6000	1000	7000
00403	罗松祥	销售部	31	男	本科	工程师	6000	1000	7000

图 1－56　“排序”结果

2. 筛选

在工作表“筛选”中，筛选出部门为开发部、年龄大于 30 的员工信息，可以利用自动筛选,也可以利用高级筛选。

利用自动筛选的操作步骤如下:

(1) 打开“EXCEL 应用基础. xlsx”工作簿,选择工作表“筛选”中第 2 行,单击“数据”→“排序和筛选”→“筛选”按钮,第 2 行的各列标题单元格右下角均出现下三角按钮,如图 1-57 所示。

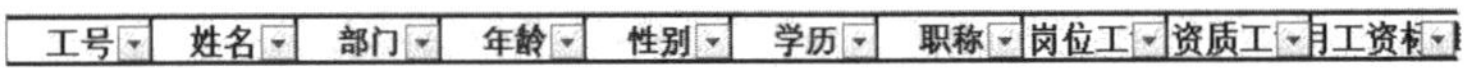

图 1-57 “筛选”标识

(2) 单击“部门”列 C2 单元格右下角下三角按钮,弹出“筛选”窗口。去掉“工程部”“培训部”“销售部”前的“✓”,仅保留勾选“开发部”,如图 1-58 所示。

图 1-58 “筛选”窗口

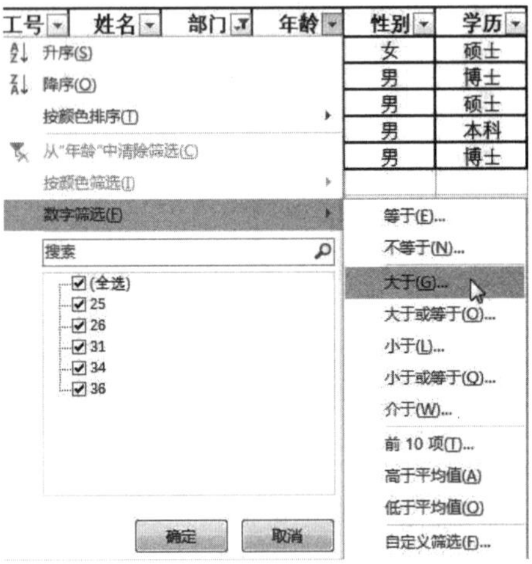

图 1-59 “数字筛选”窗口

(3) 单击“确定”按钮,筛选出“部门”为“开发部”的员工。单击“年龄”列 D2 单元格右下角下三角按钮,弹出“筛选”窗口。选择“数字筛选”→“大于”命令,如图 1-59 所示。

(4) 打开“自定义自动筛选方式”窗口,设置“年龄”为“大于”“30”,如图 1-60 所示。

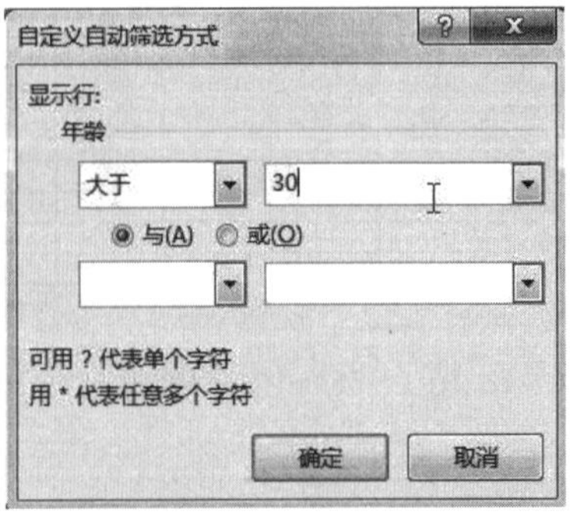

图 1-60 “自定义自动筛选方式”窗口

(5) 单击“确定”按钮，完成数据的筛选，结果如图 1-61 所示。

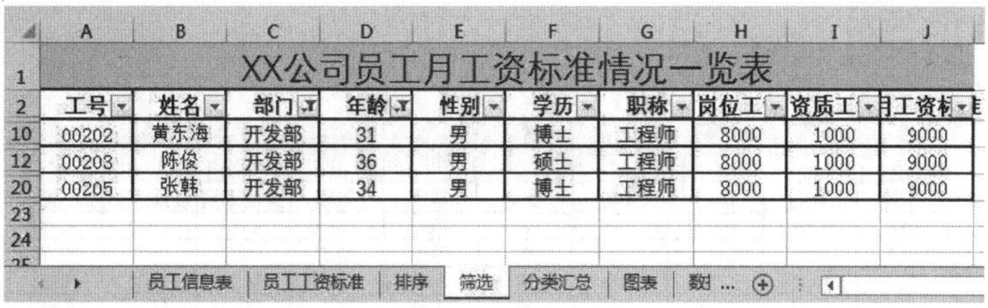

	A	B	C	D	E	F	G	H	I	J
1	XX公司员工月工资标准情况一览表									
2	工号	姓名	部门	年龄	性别	学历	职称	岗位工	资质工	月工资标
10	00202	黄东海	开发部	31	男	博士	工程师	8000	1000	9000
12	00203	陈俊	开发部	36	男	硕士	工程师	8000	1000	9000
20	00205	张韩	开发部	34	男	博士	工程师	8000	1000	9000

图 1-61　“筛选”结果

或者，可以利用高级筛选来完成，操作步骤如下：

(1) 打开“EXCEL 应用基础. xlsx”工作簿，在工作表“筛选”的 L2:M3 区域中依次录入“部门”“年龄”“开发部”“＞30”等数据，如图 1-62 所示。

(2) 单击“数据”→“排序和筛选”→“高级”按钮，打开“高级筛选”窗口。设置方式为“在原有区域显示筛选结果”，列表区域选择 A2:J22，条件区域选择 L2:M3，如图 1-63 所示。

L	M
部门	年龄
开发部	>30

图 1-62　条件区域

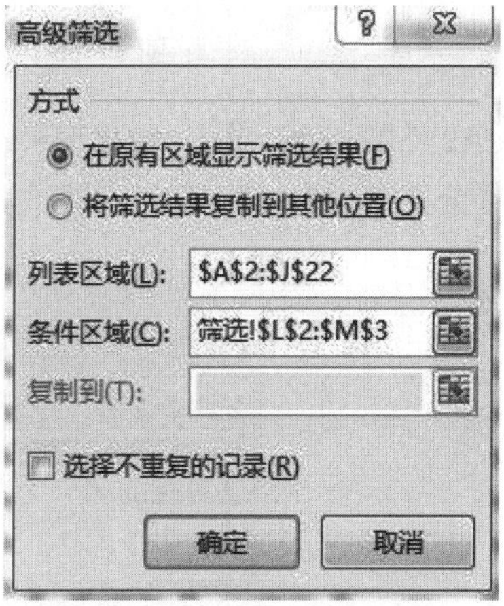

图 1-63　“高级筛选”窗口

(3) 单击“确定”按钮，完成数据的筛选，结果如图 1-64 所示。

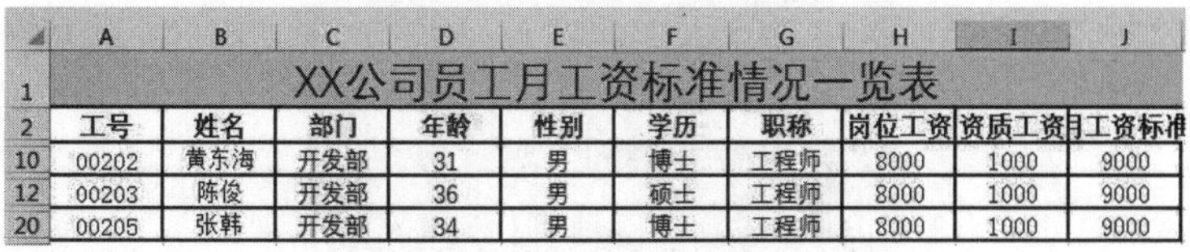

	A	B	C	D	E	F	G	H	I	J
1	XX公司员工月工资标准情况一览表									
2	工号	姓名	部门	年龄	性别	学历	职称	岗位工资	资质工资	月工资标准
10	00202	黄东海	开发部	31	男	博士	工程师	8000	1000	9000
12	00203	陈俊	开发部	36	男	硕士	工程师	8000	1000	9000
20	00205	张韩	开发部	34	男	博士	工程师	8000	1000	9000

图 1-64　“高级筛选”结果

3. 分类汇总

在工作表“员工工资标准”中计算出各部门月工资标准的合计，可以利用分类汇总进行，操作步骤如下：

(1) 打开“EXCEL 应用基础. xlsx”工作簿，选择工作表“分类汇总”中 C2 单元格，单击“数据”→“排序和筛选”中升序按钮 A↓Z ,按“部门”进行升序排序,将相同部门排在一起即可,如图 1-65 所示。

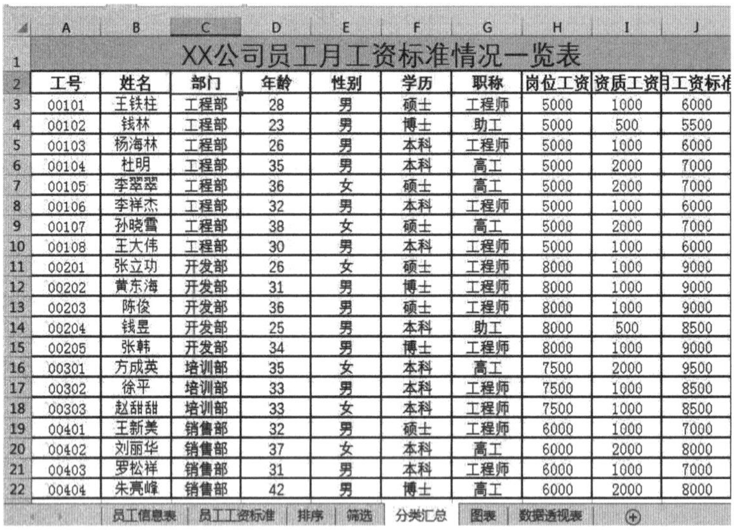

	A	B	C	D	E	F	G	H	I	J
1	XX公司员工月工资标准情况一览表									
2	工号	姓名	部门	年龄	性别	学历	职称	岗位工资	资质工资	月工资标准
3	00101	王铁柱	工程部	28	男	硕士	工程师	5000	1000	6000
4	00102	钱林	工程部	23	男	博士	助工	5000	500	5500
5	00103	杨海林	工程部	26	男	本科	工程师	5000	1000	6000
6	00104	杜明	工程部	35	男	本科	高工	5000	2000	7000
7	00105	李翠翠	工程部	36	女	硕士	高工	5000	2000	7000
8	00106	李祥杰	工程部	32	男	本科	工程师	5000	1000	6000
9	00107	孙晓雪	工程部	38	女	硕士	高工	5000	2000	7000
10	00108	王大伟	工程部	30	男	本科	工程师	5000	1000	6000
11	00201	张立功	开发部	26	女	硕士	工程师	8000	1000	9000
12	00202	黄东海	开发部	31	男	博士	工程师	8000	1000	9000
13	00203	陈俊	开发部	36	男	硕士	工程师	8000	1000	9000
14	00204	钱昱	开发部	25	男	本科	助工	8000	500	8500
15	00205	张韩	开发部	34	男	博士	工程师	8000	1000	9000
16	00301	方成英	培训部	35	女	本科	高工	7500	2000	9500
17	00302	徐平	培训部	33	男	本科	工程师	7500	1000	8500
18	00303	赵甜甜	培训部	33	女	本科	工程师	7500	1000	8500
19	00401	王新美	销售部	32	男	硕士	工程师	6000	1000	7000
20	00402	刘丽华	销售部	37	女	本科	高工	6000	2000	8000
21	00403	罗松祥	销售部	31	男	本科	工程师	6000	1000	7000
22	00404	朱亮峰	销售部	42	男	博士	高工	6000	2000	8000

图 1-65 “排序”结果

(2) 选择 A2:G22 区域,单击“数据”→“分级显示”→“分类汇总”按钮,打开“分类汇总”窗口。设置分类字段为“部门”,汇总方式为“求和”,选定汇总项为“月工资标准”,如图 1-66 所示。

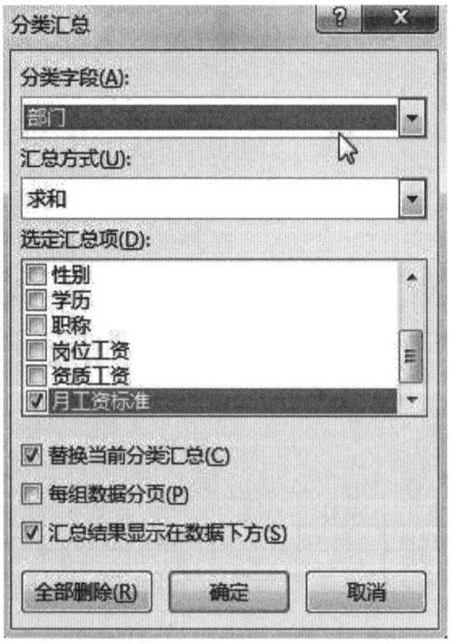

图 1-66 “分类汇总”窗口

(3) 单击“确定”按钮,完成数据的分类汇总,结果如图 1-67 所示。

	A	B	C	D	E	F	G	H	I	J
1	XX公司员工月工资标准情况一览表									
2	工号	姓名	部门	年龄	性别	学历	职称	岗位工资	资质工资	月工资标准
3	00101	王铁柱	工程部	28	男	硕士	工程师	5000	1000	6000
4	00102	钱林	工程部	23	男	博士	助工	5000	500	5500
5	00103	杨海林	工程部	26	男	本科	工程师	5000	1000	6000
6	00104	杜明	工程部	35	男	本科	高工	5000	2000	7000
7	00105	李翠翠	工程部	36	女	硕士	高工	5000	2000	7000
8	00106	李祥杰	工程部	32	男	本科	工程师	5000	1000	6000
9	00107	孙晓雪	工程部	38	女	硕士	高工	5000	2000	7000
10	00108	王大伟	工程部	30	男	本科	工程师	5000	1000	6000
11			工程部 汇总							50500
12	00201	张立功	开发部	26	女	硕士	工程师	8000	1000	9000
13	00202	黄东海	开发部	31	男	博士	工程师	8000	1000	9000
14	00203	陈俊	开发部	36	男	硕士	工程师	8000	1000	9000
15	00204	钱昱	开发部	25	男	本科	助工	8000	500	8500
16	00205	张韩	开发部	34	男	博士	工程师	8000	1000	9000
17			开发部 汇总							44500
18	00301	方成英	培训部	35	女	本科	高工	7500	2000	9500
19	00302	徐平	培训部	33	男	本科	工程师	7500	1000	8500
20	00303	赵甜甜	培训部	33	女	本科	工程师	7500	1000	8500
21			培训部 汇总							26500
22	00401	王新美	销售部	32	男	硕士	工程师	6000	1000	7000

员工信息表 | 员工工资标准 | 排序 | 筛选 | 分类汇总 | 图表 | 数据透视表

图 1-67 “分类汇总”结果

4. 图表

在工作表“图表”中根据女员工的月工资标准制作三维簇状柱形图，操作步骤如下：

(1) 打开“EXCEL应用基础.xlsx”工作簿，选择工作表“图表”中第2行，单击“数据”→“排序和筛选”→“筛选”按钮，出现筛选标识。再单击“性别”列E2单元格右下角下三角按钮，弹出“筛选”窗口，勾选“女”，单击“确定”按钮，结果如图1-68所示。

	A	B	C	D	E	F	G	H	I	J
1	XX公司员工月工资标准情况一览表									
2	工号	姓名	部门	年龄	性别	学历	职称	岗位工	资质工	月工资标
4	00201	张立功	开发部	26	女	硕士	工程师	8000	1000	9000
5	00301	方成英	培训部	35	女	本科	高工	7500	2000	9500
11	00402	刘丽华	销售部	37	女	本科	高工	6000	2000	8000
14	00105	李翠翠	工程部	36	女	硕士	高工	5000	2000	7000
18	00107	孙晓雪	工程部	38	女	硕士	高工	5000	2000	7000
21	00303	赵甜甜	培训部	33	女	本科	工程师	7500	1000	8500

图 1-68 “筛选性别”结果

(2) 选择筛选后的B2:B21区域，按住Ctrl键，再选中筛选后的J2:J21区域，单击“插入”→“图表”→“插入柱形图或条形图”按钮，弹出“插入柱形图或条形图”菜单，如图1-69所示。

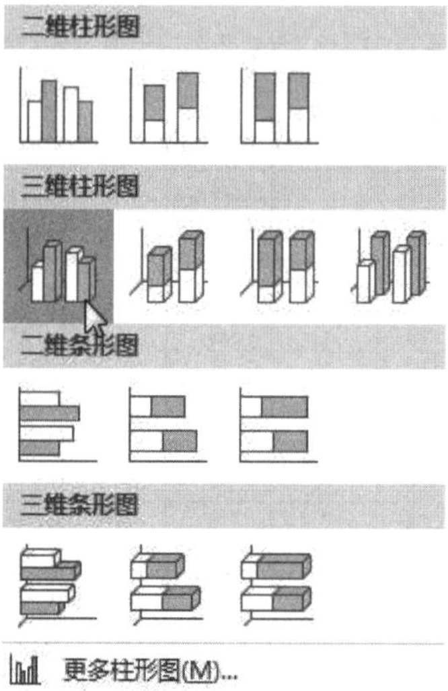

图 1－69 “插入柱形图或条形图”菜单

(3) 选择“三维簇状柱形图”命令，完成图表的插入。选择图表，将其移动到合适位置，如 B23:H37 区域。再单击“图表工具”→“设计”→“图表样式”→“样式 2”按钮，完成图表的修饰，如图 1－70 所示。

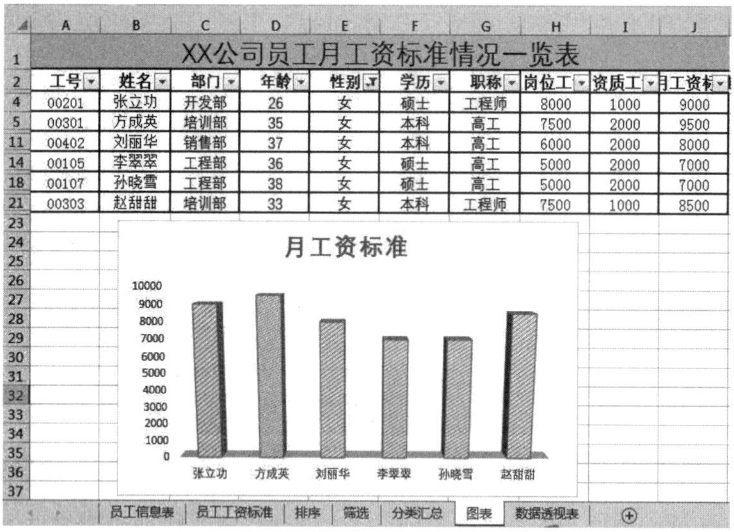

图 1－70 “图表”结果

5. 数据透视

在工作表“数据透视表”中计算出各部门各职称的月工资标准的合计，可以利用数据透视功能完成，操作步骤如下：

(1) 打开“EXCEL 应用基础. xlsx”工作簿中的工作表“数据透视表”，单击“插入”→“表格”→“数据透视表”命令，打开“创建数据透视表”窗口。

(2) 在该窗口中设置“请选择要分析的数据”为“选择一个表或区域”，在“表/区域”中选择 A2:J22 区域,设置“选择放置数据透视表的位置”为“现有工作表”,位置选择 L2 区域,如图 1－71 所示。

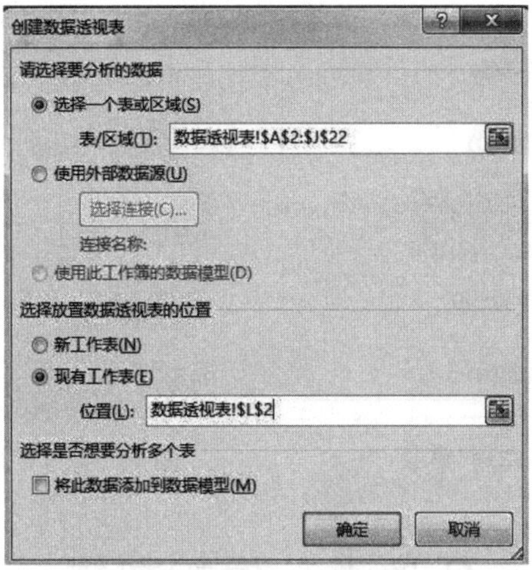

图 1－71　“创建数据透视表”窗口

(3) 单击“确定”按钮,显示透视表设计界面。将“部门”和“职称”拖动到行字段,将“月工资标准”拖动到值字段,如图 1－72 所示。

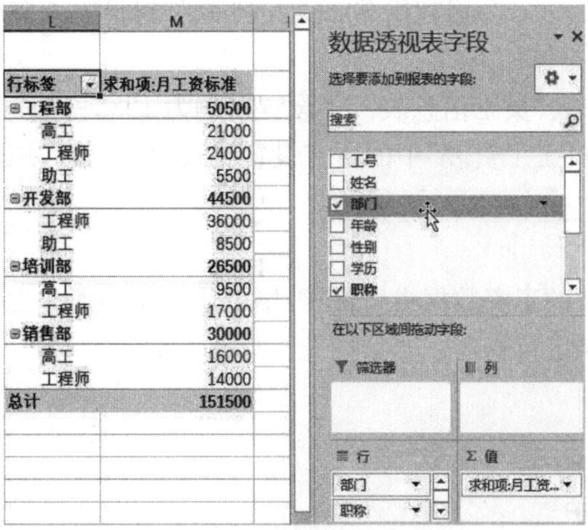

图 1－72　透视表设计界面

(4) 选择数据透视区域中任一单元格,单击“数据透视表工具”→“设计”→“布局”→“报表布局”命令,弹出“报表布局”菜单,如图 1－73 所示。

(5) 选择“以表格形式显示”命令,完成数据透视表的布局修改,如图 1－74 所示。

图 1-73 “报表布局”菜单

L	M	N
部门	职称	求和项:月工资标准
⊟工程部	高工	21000
	工程师	24000
	助工	5500
工程部 汇总		**50500**
⊟开发部	工程师	36000
	助工	8500
开发部 汇总		**44500**
⊟培训部	高工	9500
	工程师	17000
培训部 汇总		**26500**
⊟销售部	高工	16000
	工程师	14000
销售部 汇总		**30000**
总计		**151500**

图 1-74 “数据透视”结果

任务五　保护数据

一、任务描述

【学习任务 1-5】　××公司利用 Excel 2016 软件对员工工资数据进行处理与分析，将相关数据进行保护，具体如下：

(1) 保护整个工作表“员工信息表”，并设置密码为 123。

(2) 保护工作表“员工工资表”中的所有设置公式的单元格，并设置密码为 666。

二、任务分析

要对××公司员工的工资数据进行保护，需要了解工作簿和工作表的数据保护，再根据任务要求对相关数据进行操作。

三、相关知识

(一) 工作簿的保护

1. 对工作簿进行安全保护

工作簿的安全保护包含两个方面：第一是保护工作簿，防止他人非法访问；第二是禁止他人对工作簿或工作簿中的工作表的非法操作。利用“文件”选项卡下的“另存为”命令中的“常规选项”对话框可以实现对工作簿的保护。

2. 撤销工作簿保护

打开“常规选项”对话框，删除对应的密码，即可解除对工作簿的保护。

(二) 工作表的保护

若要编辑好的 Excel 工作表不被用户修改，可以对工作表进行保护。只有锁定的单元格才能被设置保护，默认Excel工作表中的所有单元格都是锁定的。要知道单元格是否被锁定，可以通过右击单元格，选择“设置单元格格式”命令，在弹出对话框的“保护”选项卡中查看。

1. 保护整个工作表

在Excel 2016中，选择某个需要保护的工作表，利用“审阅”选项卡下的“保护工作表”命令，打开“保护工作表”对话框。在对话框中根据需要选择某个选项，如选择“插入行”后，即表示允许用户在受保护的工作表中插入行。在文本框中输入密码，单击“确定”按钮完成对工作表的保护。也可不设置密码，这样在解除工作表保护时就不必输入密码了。

2. 保护工作表的部分区域

如果既要保护工作表，又要允许用户对某个区域进行编辑，这时可以对需要编辑的区域取消锁定。

3. 撤销工作表保护

利用“审阅”选项卡下的“撤销工作表保护”命令，如果设置了密码则需输入密码，即可解除对工作表的保护。

四、任务实施

（一）保护整个工作表

要对工作表“员工信息表”进行保护，设置保护密码，操作步骤如下：

（1）打开“EXCEL应用基础.xlsx”工作簿，选择工作表“员工工资标准”中任一单元格，单击“审阅”→“更改”→“保护工作表”命令，打开“保护工作表”窗口，如图1-75所示。

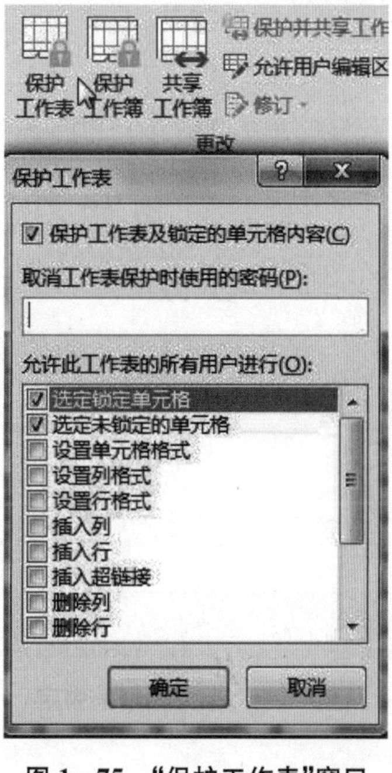

图1-75　“保护工作表”窗口

(2) 勾选“保护工作表及锁定的单元格内容”，在“取消工作表保护时使用的密码”文字框中输入工作表保护密码“123”，单击“确定”按钮。

(3)在弹出的“确认密码”对话框中再次输入密码。单击“确定”按钮完成工作表的保护。

(4)如果要取消保护工作表，选择被保护的工作表，单击“审阅”→“更改”→“撤销工作表保护”命令，输入密码即可，如图 1-76 所示。

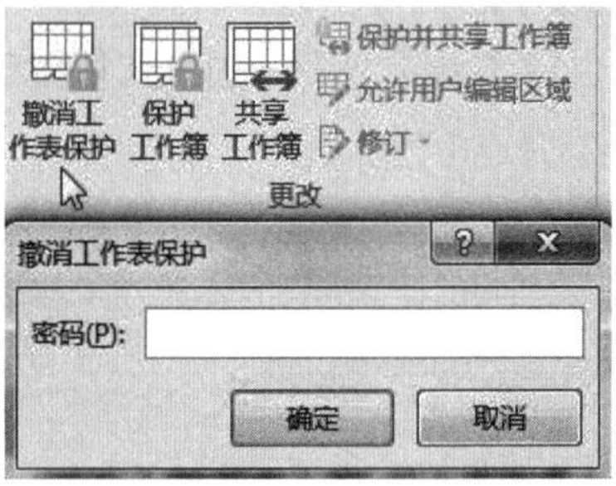

图 1-76 “撤销工作表保护”窗口

2. 保护部分工作表

只保护工作表“员工工资标准”中所有包含公式的单元格，操作步骤如下：

(1) 选择工作表中所有包含数据的区域，或者按 Ctrl＋A 组合键选择工作表中的所有单元格。单击鼠标右键，选择“设置单元格格式”命令，打开“设置单元格格式”对话框，选择“保护”选项卡，取消勾选“锁定”选项，如图 1-77 所示，单击“确定”按钮退出“设置单元格格式”对话框。

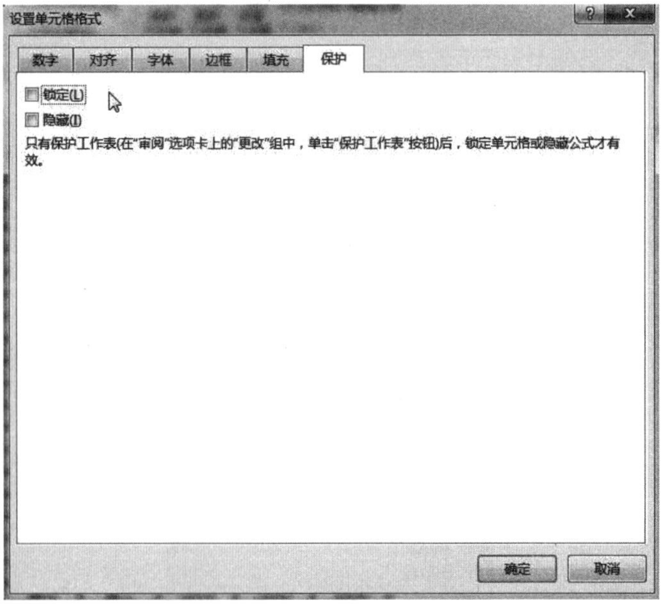

图 1-77 单元格取消锁定

(2) 单击“开始”→“查找和选择”→“定位条件”命令，也可以按 F5 键或 Ctrl+G 组合键，打开“定位条件”对话框。选择“公式”选项，如图 1-78 所示，单击“确定”按钮，即可选择工作表中所有包含公式的单元格。

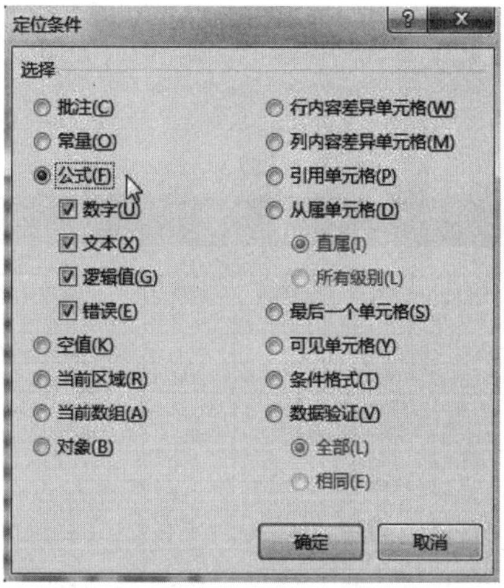

图 1-78　定位条件

(3) 单击“开始”→“格式”→“设置单元格格式”命令，打开“设置单元格格式”对话框，在“保护”选项卡中勾选“锁定”选项，单击“确定”按钮。如果此处还勾选了“隐藏”选项，则保护工作表后，选择包含公式的单元格时就不会在编辑栏中显示公式，如图 1-79 所示。

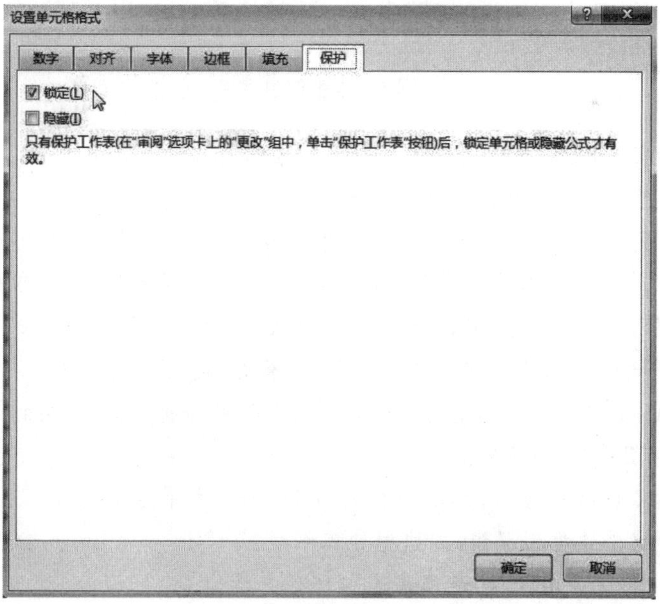

图 1-79　公式的保护和隐藏

(4) 用前面所述方法对工作表进行保护，并设置密码为 666。这样，所有包含公式的单元格都被设置了保护，用户不能对其进行编辑，而其他单元格则能进行编辑。

任务实训　Excel 基础练习

1. 新建一个工作簿,并重命名为“Excel 基础练习.xlsx”,完成以下操作,结果如图 1 所示。

学生信息表

填表日期:

序号	班级	学号	姓名	性别	民族	身份证号	联系电话	备　注
1	会计1班	1803010101	李思圆	女	汉族	420113200109032321	18986190011	
2	会计1班	1803010102	张云飞	男	汉族	430089200009231216	18986190012	
3	会计1班	1803010103	刘凯	男	汉族	412825200107241518	18986190013	
4	会计1班	1803010104	唐欣怡	女	壮族	450331200108090023	18986190014	
5	会计1班	1803010105	赵小勇	男	汉族	461012200012010019	18986190015	
6	会计1班	1803010106	黎慧	女	汉族	453152200105270727	18986190016	
7	会计1班	1803010107	王文洁	女	汉族	412333200104290526	18986190017	
8	会计1班	1803010108	韦娟	女	土家族	431212200009230725	18986190018	
9	会计1班	1803010109	李琳芳	女	汉族	461112200108196624	18986190019	
10	会计1班	1803010110	郑宝强	男	汉族	432799200110123413	18986190020	
11	会计1班	1803010111	肖玉	女	回族	413789200010077921	18986190021	
12	会计1班	1803010112	刘鑫鄉	女	土家族	412336200108254425	18986190022	
13	会计1班	1803010113	何贞	女	汉族	420621200005180969	18986190023	
14	会计1班	1803010114	王星蕾	女	汉族	421087200007290021	18986190024	
15	会计1班	1803010115	叶淑洁	女	汉族	420683200005207024	18986190025	
16	会计1班	1803010116	严语嫣	女	汉族	421126200005241763	18986190026	
17	会计1班	1803010117	李锐	男	汉族	430611200102201580	18986190027	
18	会计1班	1803010118	刘莲	女	汉族	421182200003280524	18986190028	
19	会计1班	1803010119	王念念	女	汉族	421182200103180029	18986190029	
20	会计1班	1803010120	陈梦海	女	汉族	42112620000821814X	18986190030	

学生信息表

图 1　学生信息表

(1) 在工作表 Sheet1 中按照图 1 完成工作表的内容输入。

(2) 在单元格 H2 中用快捷键录入当日日期。

(3) “序号”列、“班级”列、“学号”列和“联系电话”列可以利用填充柄快速录入;“学号”列、“身份证号”列以文本的形式录入,且设置身份证号只能输入 18 位的数字。

(4) “性别”列和“民族”列用数据有效性输入。“性别”列只能录入“男”或“女”;“民族”列设置序列下拉框包含“汉族,壮族,回族,土家族,其他”五个选项。

(5) 合并 A1:I1 单元格,标题设置为 26 号隶书,并给标题添加“会计专用单下划线”,设置底纹为蓝色、25%灰色填充。

(6) 设置第 2 行行高为 16.5,其余行高为 17.5;设置最合适列宽。

(7) 设置表格外边框为双线,内边框为单细线。

(8) 将 Sheet1 重命名为“学生信息表”,保存并退出。

2. 在工作簿“Excel 基础练习.xlsx”中新建工作表,并重命名为“第一学期成绩表”,完成以下操作,结果如图 2 所示。

第一学期成绩表

序号	班级	学号	姓名	大学体育	大学英语	计算机基础	会计学原理	管理学	总分	考试结果
1	会计1班	1803010101	李思圆	73	84	62	74	**50**	343	合格
2	会计1班	1803010102	张云飞	**57**	85	67	73	72	354	合格
3	会计1班	1803010103	刘凯	84	77	89	83	70	403	良好
4	会计1班	1803010104	唐欣怡	66	63	95	74	**52**	350	合格
5	会计1班	1803010105	赵小勇	90	77	78	84	**54**	383	合格
6	会计1班	1803010106	黎慧	87	66	78	89	80	400	良好
7	会计1班	1803010107	王文洁	62	75	69	**50**	**56**	312	合格
8	会计1班	1803010108	韦娟	82	**53**	97	68	96	396	合格
9	会计1班	1803010109	李琳芳	63	76	79	63	89	370	合格
10	会计1班	1803010110	郑宝强	83	71	76	**53**	90	373	合格
11	会计1班	1803010111	肖玉	93	95	97	90	90	465	优秀
12	会计1班	1803010112	刘鑫娜	74	**47**	93	64	64	342	合格
13	会计1班	1803010113	何贞	82	76	85	**49**	75	367	合格
14	会计1班	1803010114	王星蕾	70	63	71	62	**53**	319	合格
15	会计1班	1803010115	叶淑洁	**0**	**50**	66	**53**	67	236	不合格
16	会计1班	1803010116	严语嫣	62	80	92	60	64	358	合格
17	会计1班	1803010117	李锐	63	75	72	63	88	361	合格
18	会计1班	1803010118	刘莲	86	74	81	90	82	413	良好
19	会计1班	1803010119	王念念	87	62	82	61	70	362	合格
20	会计1班	1803010120	陈梦海	73	**57**	84	73	90	377	合格

第一学期成绩表

图2　第一学期成绩表

(1) “序号”“班级”“学号”“姓名”各列的数据来源于工作表“学生信息表”,“大学体育”“大学英语”“计算机基础”“会计学原理”和“管理学”的数据根据实际情况录入。

(2) 设置标题为隶书、18号字体,前两行行高为28,其他行行高为17,设置最合适的列宽,给列标题添加浅绿色底纹,给表格添加边框。

(3) 利用SUM求和函数完成总分的计算。

(4) 利用IF条件函数判断考试结果,总分大于等于450的为“优秀”,总分在400～449的为“良好”,总分在300～399的为“合格”,总分小于300的为“不合格”。

(5) 利用条件格式将各科成绩不及格的用红色、加粗字体标注。

(6) 保存并退出。

3. 在工作簿“Excel基础练习.xlsx”中,完成以下操作:

(1) 将工作表“第一学期成绩表”在本工作簿中复制5份工作表,将复制后的各工作表分别重命名为排序、自动筛选、高级筛选、分类汇总、图表。

(2) 在“排序”工作表中按照总分从高到低的顺序排列。

(3) 在“自动筛选”工作表中筛选出“会计学原理<60且考试结果为不合格”的学生。

(4) 在“高级筛选”工作表中,将A2:D22区域的数据复制粘贴为“值”,再进行高级筛选,筛选出“会计学原理<60且考试结果为不合格”的学生,筛选条件区域放在B24:C25区域中,筛选结果复制到以A27开始的区域中。

(5) 选择“分类汇总”工作表,按“考试结果”字段进行分类汇总,统计不同考试结果的“会计学原理”的平均值,平均值结果保留两位小数。

结果	百分比
优秀	5.00%
良好	15.00%
合格	75.00%
不合格	5.00%

图3　考试结果百分比情况

(6) 选择“图表”工作表,在该工作表中先利用 COUNTIF 函数在 L2:M6 区域完成如图 3 所示的考试结果百分比情况,再根据百分比结果插入一个饼图,以显示每个考试结果的人数比例图,并根据自己的喜好设计“图表标题格式”“坐标轴格式”“背景墙格式”和“图表区格式”。

(7) 保存并退出。

学习情境二　Excel 在会计凭证中的应用

学习目标

学习本情境，能够进行期初总账试算平衡表的设置，掌握记账凭证清单的建立及编制方法，学会利用 Excel 函数功能完成指定记账凭证的打印设置。具体如下：

(1) 学会利用 Excel 函数对期初总账试算平衡表中的账户进行试算平衡检查。

(2) 学会利用 Excel 函数建立记账凭证清单。

(3) 掌握 Excel 工作表中 SUMIF 函数和 VLOOKUP 函数的应用方法。

(4) 了解运用 Excel 函数功能完成指定记账凭证的打印设置。

情境导入

“学习情境一”主要对 Excel 基础知识进行了温故。从本情境开始，我们将接触到 Excel 在会计核算中的应用。本学习情境主要讲述会计核算的最基础的工作，即根据模拟企业的资料运用 Excel 工作表，设置期初总账试算平衡表，建立记账凭证清单等。

任务一　完成期初总账试算平衡表的设置及对账户进行试算平衡检查

一、任务描述

【学习任务 2－1】 根据 A 公司 2023 年 1 月的期初余额表编制期初总账试算平衡表，并对账户进行试算平衡检查。

二、任务分析

本任务要完成期初总账试算平衡表的设置，并进行试算平衡检查。可利用 Excel 的基本知识进行数据的录入，结合 SUMIF 函数进行平衡检查。

三、相关知识

(一) 会计核算的流程

利用 Excel 进行会计核算的过程如图 2－1 所示。

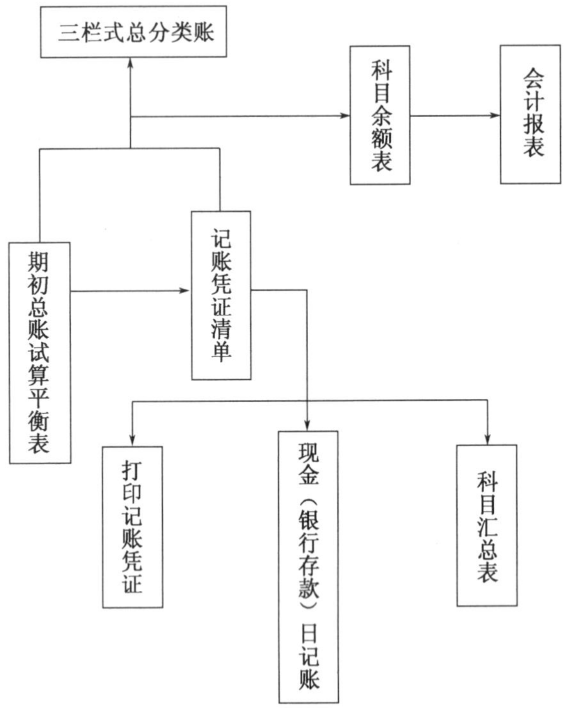

图 2－1　利用 Excel 进行会计核算的相关表格的生成程序

从图 2－1 中可以看出，利用 Excel 进行会计核算包括以下几个过程：

（1）建立期初总账试算平衡表及对账户进行试算平衡检查。根据企业上月末的总账试算平衡表，运用 Excel 中的 SUMIF 函数和 IF 函数进行期初试算平衡的检查。

（2）编制记账凭证清单。根据本月实际发生的经济业务，利用 Excel 中的定义名称功能及 VLOOKUP 函数编制生成记账凭证清单，并对会计分录进行试算平衡检查。

（3）打印指定记账凭证。利用 Excel 中的查找引用函数和记账凭证清单中的凭证编号等信息，完成打印指定记账凭证的设置。

（4）生成科目汇总表。利用 Excel 中数据透视表及记账凭证清单中的经济业务信息，生成科目汇总表。

（5）生成三栏式总分类账。利用 Excel 中数据透视表、VLOOKUP 函数和 IF 函数，依据期初总账试算平衡表和记账凭证清单建立和编制三栏式总账。

（6）生成日记账。利用 Excel 中的数据筛选功能完成日记账的显示。

（7）生成总账试算平衡表。利用 Excel 中 IF 函数、SUMIF 函数和 ABS 函数，依据期初总账试算平衡表和记账凭证清单建立和编制总账试算平衡表。

（8）生成会计报表（资产负债表和利润表）。利用 Excel 中的数据链接，依据总账试算平衡表的信息完成会计报表的编制。

以上过程中涉及的表格详见工作簿“A 公司账簿. xlsx”中的相关表格，具体如下：

过程一：期初总账试算平衡表。

过程二：期初总账试算平衡表、记账凭证清单。

过程三：记账凭证清单、打印指定凭证。

过程四：记账凭证清单、科目汇总表。

过程五：期初总账试算平衡表、记账凭证清单、三栏式总分类账。

过程六：期初总账试算平衡表、记账凭证清单、银行存款日记账。

过程七：期初总账试算平衡表、记账凭证清单、总账试算平衡表。

过程八：总账试算平衡表、利润表、资产负债表。

（二）Excel中的通配符

通配符是指使用一些符号来代替文本或内容进行查找。Excel中提供了两种通配符，具体见表2－1。

表2－1　Excel中的通配符

查找要求	可使用通配符	举　例
任意单个字符	？(问号)	“王???”表示姓王而且名字是四个字的人
任意字符数	*(星号)	“王*”表示姓王的所有人，不论名字是几个字

（三）任务资料

A公司2023年1月期初科目余额表见表2－2。

表2－2　A公司2023年1月期初科目余额表

科目代码	科目名称	期初借方余额	期初贷方余额
1001	库存现金	2 900.00	
1002	银行存款	187 540.00	
1012	其他货币资金		
1101	交易性金融资产		
1121	应收票据		
1122	应收账款	154 000.00	
1123	预付账款		
1221	其他应收款	5 000.00	
1231	坏账准备		2 600.00
1403	原材料	416 400.00	
1406	库存商品	156 000.00	
1411	周转材料	19 700.00	
1601	固定资产	312 400.00	
1602	累计折旧		101 202.00
1604	在建工程		

续 表

科目代码	科目名称	期初借方余额	期初贷方余额
1606	固定资产清理		
1701	无形资产	20 000.00	
1801	长期待摊费用		
2001	短期借款		160 000.00
2201	应付票据		
2202	应付账款		165 000.00
2211	应付职工薪酬		28 000.00
2221	应交税费		25 640.00
2231	应付利息		10 000.00
2241	其他应付款		3 000.00
2501	长期借款		
4001	实收资本		550 000.00
4002	资本公积		
4101	盈余公积		
4103	本年利润		
4104	利润分配		239 998.00
5001	生产成本	11 500.00	
5101	制造费用		
6001	主营业务收入		
6051	其他业务收入		
6111	投资收益		
6115	资产处置损益		
6301	营业外收入		
6401	主营业务成本		
6402	其他业务成本		
6403	税金及附加		
6601	销售费用		
6602	管理费用		
6603	财务费用		
6801	所得税费用		

四、任务实施

(一) 期初总账试算平衡表的建立

根据表2-2在Excel工作表中建立期初总账试算平衡表，操作步骤如下：

(1) 新建一个空白Excel工作簿，并命名为“A公司账簿.xlsx”。在工作表Sheet1中建立期初总账试算平衡表，并将工作表重命名为“期初总账试算平衡表”，表头由科目代码、科目名称、期初借方余额、期初贷方余额组成，其格式设置如图2-2所示。

图2-2　期初总账试算平衡表表头

(2) 添加“记录单”按钮。单击左上角的“自定义快速访问工具栏”按钮，出现下拉菜单，选择“其他命令”选项，如图2-3所示。在打开的“Excel选项”窗口的“快速访问工具栏”选项中找到“不在功能区中的命令”选项。在“不在功能区中的命令”选项下寻找“记录单”选项，如图2-4所示。单击“添加”按钮，最后单击“确定”按钮完成“记录单”快速访问按钮的添加。

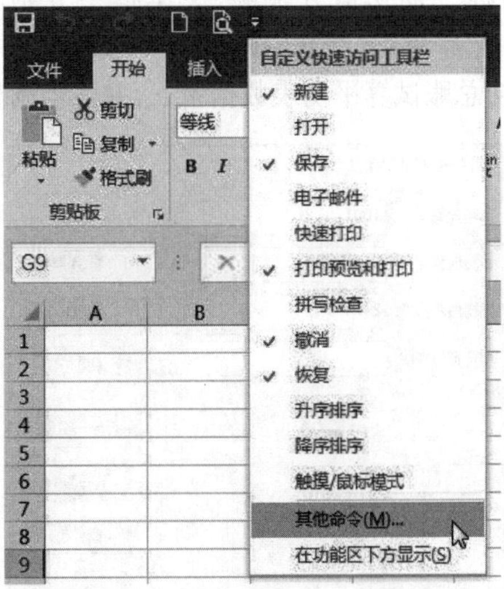

图2-3　选择“其他命令”选项

图 2-4　添加“记录单”命令

(3) 运用记录单功能完成期初总账试算平衡表的数据录入。选中 A2:D2 区域,单击自定义快速访问工具栏“记录单”命令。在打开的“期初总账试算平衡表”的记录单对话框中的“科目代码”“科目名称”“期初借方余额”文本框中分别输入“1001”“库存现金”“2900”,如图 2-5 所示。然后单击“新建”按钮,逐个进行记录添加。完成记录添加后,单击“关闭”按钮,完成期初总账试算平衡表数据录入,并适当调整列宽后如图 2-6 所示。

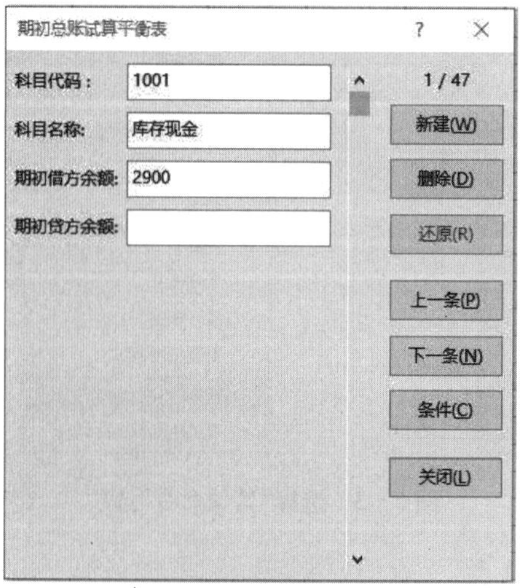

图 2-5　数据录入

科目代码	科目名称	期初借方余额	期初贷方余额
期初总账试算平衡表			
1001	库存现金	2,900.00	
1002	银行存款	187,540.00	
1012	其他货币资金		
1101	交易性金融资产		
1121	应收票据		
1122	应收账款	154,000.00	
1123	预付账款		
1221	其他应收款	5,000.00	
1231	坏账准备		2,600.00
1403	原材料	416,400.00	
1406	库存商品	156,000.00	
1411	周转材料	19,700.00	
1601	固定资产	312,400.00	
1602	累计折旧		101,202.00
1604	在建工程		
1606	固定资产清理		
1701	无形资产	20,000.00	
1801	长期待摊费用		
2001	短期借款		160,000.00
2201	应付票据		
2202	应付账款		165,000.00

期初总账试算平衡表

图 2－6 期初总账试算平衡表

(4) 记录的修改。记录的修改可以直接在录入时进行，也可以通过自定义快速访问工具栏“记录单”命令中的“下一条”按钮找到需要修改的记录，完成修改后单击“关闭”按钮。

(二) 根据期初总账试算平衡表数据对账户进行试算平衡检查

1. 借贷平衡检查

会计制度规定，借方期初余额的合计数和贷方期初余额的合计数应相等，因此，需要计算所有一级科目借方期初余额的合计数和贷方期初余额的合计数，并将其分别填列到合计行的“期初借方余额”和“期初贷方余额”栏中。如果借贷期初余额合计数不相等，则需详细检查输入的余额，直至调整平衡为止。

(1) 为了方便查看文件，可以冻结窗格以便在滚动时保持行标签和列标签可见。此处需要冻结行，选中第三行，单击“视图”→“冻结窗格”按钮，选择“冻结拆分窗格”命令即可。

(2) 在 C48 和 D48 单元格中定义如下公式：

C48＝SUM (C3:C47)

D48－SUM (D3:D47)

(3) 计算结果如图 2－7 所示。由图可知 C48＝D48，则借方期初余额的合计数和贷方期初余额的合计数相等。

C48 =SUM(C3:C47)

	A	B	C	D
1	期初总账试算平衡表			
2	科目代码	科目名称	期初借方余额	期初贷方余额
29	4001	实收资本		550,000.00
30	4002	资本公积		
31	4101	盈余公积		
32	4103	本年利润		
33	4104	利润分配		239,998.00
34	5001	生产成本	11,500.00	
35	5101	制造费用		
36	6001	主营业务收入		
37	6051	其他业务收入		
38	6111	投资收益		
39	6115	资产处置损益		
40	6301	营业外收入		
41	6401	主营业务成本		
42	6402	其他业务成本		
43	6403	税金及附加		
44	6601	销售费用		
45	6602	管理费用		
46	6603	财务费用		
47	6801	所得税费用		
48		合计	1,285,440.00	1,285,440.00

图 2-7　借贷平衡

2. 余额会计等式平衡检查

根据如下会计等式进行试算平衡检查：

资产类期初余额＝借方期初余额合计数－贷方期初余额合计数

负债类期初余额＝贷方期初余额合计数－借方期初余额合计数

权益类期初余额＝贷方期初余额合计数－借方期初余额合计数

成本类期初余额＝借方期初余额合计数－贷方期初余额合计数

损益类期初余额＝贷方期初余额合计数－借方期初余额合计数

要求满足下列关系：

资产＋成本＝负债＋权益＋损益

(1) 在工作表“期初总账试算平衡表”空白处建立期初余额试算平衡检查表格，由于损益类科目上年已全部结转，因此此处无须考虑损益，试算平衡公式为：资产＋成本＝负债＋权益。格式设置和内容如图 2-8 所示。

		B	C	
49				
50		期初余额试算平衡检查		
51		资产		
52		负债		
53		所有者权益		
54		成本		
55		资产+成本		
56		负债+所有者权益		
57		试算结果		
58				
59				

图 2-8　期初余额试算平衡检查

(2) 进行函数计算前需将“科目代码”列的格式转换为文本格式。选中 A3:A47 区域，单击“数据”→“分列”命令，弹出“文本分列向导”对话框，连续两次单击“下一步”按钮进入第3步，将列数据格式由“常规”调整为“文本”，如图2-9所示。

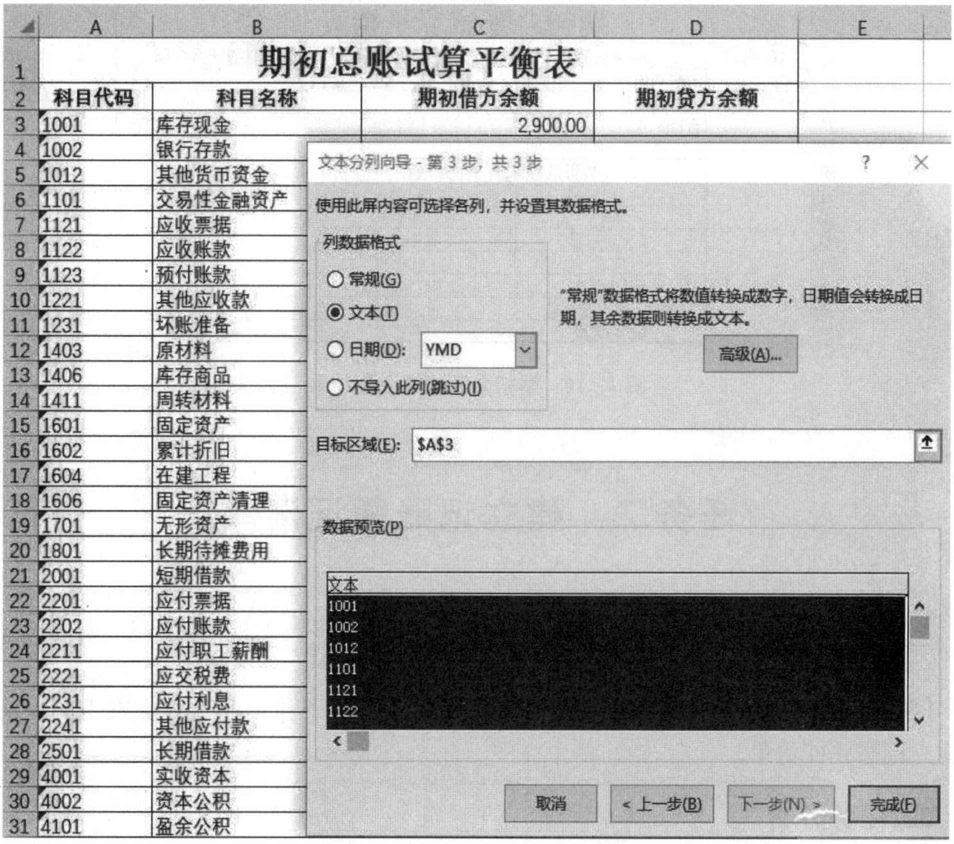

图2-9 常规与文本格式的转换

(3) 利用SUMIF函数和通配符分别计算各类会计要素期初余额，定义公式见表2-3(注意：C52、C53、C54单元格中的公式可以通过复制粘贴C51单元格中的公式，只需做简单更改就可快速完成)。计算完成后，结果如图2-10所示。由图2-10可知，资产类期初余额＋成本类期初余额＝负债类期初余额＋所有者权益类期初余额，即期初余额试算结果平衡。

表2-3 期初试算平衡检查中公式的定义

项　目	公　式
资产 C51	=SUMIF (A3:A47,"1*", C3:C47)-SUMIF (A3:A47,"1*", D3:D47)
负债 C52	=SUMIF (A3:A47,"2*", D3:D47)-SUMIF (A3:A47,"2*", C3:C47)
所有者权益 C53	=SUMIF (A3:A47,"4*", D3:D47)-SUMIF (A3:A47,"4*", C3:C47)
成本 C54	=SUMIF (A3:A47,"5*", C3:C47)-SUMIF (A3:A47,"5*", D3:D47)
资产+成本 C55	=C51+C54
负债+所有者权益 C56	=C52+C53
试算结果 C57	=IF(C55=C56,"平衡","不平衡")

C51 =SUMIF(A3:A47,"1*",C3:C47)-SUMIF(A3:A47,"1*",D3:D47)

	A	B	C	D
1	期初总账试算平衡表			
2	科目代码	科目名称	期初借方余额	期初贷方余额
46	6603	财务费用		
47	6801	所得税费用		
48		合计	1,285,440.00	1,285,440.00
49				
50		期初余额试算平衡检查		
51		资产	1,170,138.00	
52		负债	391,640.00	
53		所有者权益	789,998.00	
54		成本	11,500.00	
55		资产+成本	1,181,638.00	
56		负债+所有者权益	1,181,638.00	
57		试算结果	平衡	

图 2－10　期初余额试算平衡结果

任务二　建立记账凭证清单

一、任务描述

【学习任务 2－2】 根据任务一中期初总账试算平衡表和企业 1 月份发生的经济业务建立记账凭证清单。

二、任务分析

本任务要建立记账凭证清单，首先要了解填制记账凭证清单的流程，再利用 VLOOKUP 等函数生成数据。

三、相关知识

(一) 建立记账凭证清单的流程

(1) 录入凭证日期：年、月、日、序号。

(2) 生成凭证编号：由凭证日期＋凭证序号组成。

(3) 录入摘要。

(4) 设置会计科目：会计科目代码、会计科目名称。

(5) 确定方向与金额。

(6) 设置平衡检查公式。根据“有借必有贷，借贷必相等”的记账规则，输入经济业务记录时，必须有借方和贷方会计科目，同时借方金额合计数和贷方金额合计数必须相等，即借贷平衡，否则要求进行改正直至平衡。

(二) 相关函数介绍

1. CONCATENATE函数

CONCATENATE函数是Excel中将多个文本字符串合并成一个的函数,其功能与语法见表2-4。

表2-4 CONCATENATE函数的功能与语法

CONCATENATE函数的功能	将两个或多个文本字符串连接为一个字符串
CONCATENATE函数的语法	CONCATENATE(text1, [text2], …)
	text1(必需):要连接的第一个项目。项目可以是文本值、数字或单元格引用。 text2, …(可选):要连接的其他文本项目。最多可以有255个项目,总共最多支持8 192个字符。 注意:参数只能引用单个单元格,不能引用单元格区域;如果引用的参数不是单元格,且为文本格式,则需给参数加上英文状态下的双引号

2. VLOOKUP函数

VLOOKUP函数是Excel中可以在表格或区域中按行查找内容的函数,其功能与语法见表2-5。

表2-5 VLOOKUP函数的功能与语法

VLOOKUP函数的功能	在表格或区域中按行查找值
VLOOKUP函数的语法	VLOOKUP(lookup_value,table_array,col_index_num,[range_lookup])
	lookup_value(必需):要查找的值。要查找的值必须位于table_array中指定的单元格区域的第一列。 table_array(必需):VLOOKUP函数搜索lookup_value和返回值的单元格区域。 col_index_num(必需):其中包含返回值的单元格的编号(table_array最左侧单元格为1开始编号)。 range_lookup(可选):一个逻辑值,该值指定VLOOKUP函数查找近似匹配还是精确匹配。TRUE假定表中的第一列按数字或字母排序,然后搜索最接近的值,这是未指定值时的默认方法。FALSE在第一列中搜索精确值

(三) 业务资料

A公司2023年1月份发生以下业务:

(1) 1日,采购部购买500元的办公用品,以现金支付。

(2) 2日,财务部出纳李雪开出1张现金支票2 000元,去银行提现备用。

(3) 3日,组装部为加工计算机领用硬盘30盒,单价800元;领用CPU 30盒,单价480元。共计38 400元。

(4) 3日,购买原材料鼠标300只,单价50元,适用增值税税率为13%,已验收入库。签发并承兑不带息商业承兑汇票一张,用以支付货款,到期日为13日。

(5) 4 日,业务员张杰出差归来,报销差旅费 4 460 元,退回现金 540 元。

(6) 5 日,收到组装部加工的 10 台计算机,完工成本为每台 3 000 元。

(7) 7 日,购买原材料键盘 250 只,单价 100 元;内存条 100 盒,单价 180 元。均已验收入库,款项未付,适用增值税税率为 13%。

(8) 10 日,以银行存款发放职工工资 28 000 元。

(9) 12 日,收到转账支票一张,偿还前期货款 58 000 元。

(10) 13 日,将 3 日签发并承兑的不带息商业承兑汇票结算。

(11) 15 日,销售部出售计算机 20 台,无税单价 5 500 元。货物已发出,款项未收。适用增值税税率为 13%。

(12) 22 日,以银行存款支付产品广告费 6 000 元。

(13) 25 日,销售部出售音箱 50 台,无税单价 950 元,货物已发出。当日收到对方开出的不带息商业承兑汇票一张用以支付货款,到期日为 2023 年 2 月 4 日。适用增值税税率为 13%。

(14) 28 日,以转账支票支付前期货款 165 000 元。

(15) 31 日,分配并结转工资,生产产品直接人工费为 4 800 元,生产车间人工费为 4 200 元,销售部门为 15 200 元,管理部门为 4 600 元。

(16) 31 日,计提固定资产折旧费 17 973.40 元。其中生产用设备 15 064 元,办公用设备 2 781.40 元,销售部门用设备 128 元。

(17) 31 日,结转本期销售 20 台计算机和 50 台音箱的销售成本,计算机每台 3 000 元,音箱每台 600 元。

(18) 31 日,制造费用转入生产成本 19 264 元。

(19) 31 日,结转本年收益 157 500 元。

(20) 31 日,结转成本费用 123 669.40 元。

(21) 31 日,结转本年利润。

四、任务实施

(一) 记账凭证清单格式设置

(1) 打开“A 公司账簿.xlsx”工作簿,建立一个新的工作表“记账凭证清单”。

(2) 在 A1 单元格,输入标题“A 公司记账凭证清单”。

(3) 分别选择 A2 至 L2 单元格,依次输入“年”“月”“日”“序号”“凭证编号”“摘要”“科目代码”“科目名称”“借方金额”“贷方金额”“制单人”“审核人”等内容,形成记账凭证清单的基本格式。

(4) 记账凭证清单单元格格式设置。设置 A1:L1 区域为跨列居中;将“年”“月”“日”“序号”“摘要”“科目名称”六列设置为“文本”类型;“凭证编号”和“科目代码”两列保持常规格式,因为只有在常规格式下才能实现公式与函数的计算;将“借方余额”和“贷方余额”两列设置为“会计专用”类型,小数位数为 2 位,货币符号为“人民币”,设置完成后如图 2-11 所示。

	A	B	C	D	E	F	G	H	I	J	K	L
1	A公司记账凭证清单											
2	年	月	日	序号	凭证编号	摘要	科目代码	科目名称	借方金额	贷方金额	制单人	审核人
3												

图 2-11　记账凭证清单表头设置

(二) 以第一笔经济业务为例录入会计分录

根据经济业务(1)“1 日,采购部购买 500 元的办公用品,以现金支付”,会计分录如下:

借:管理费用　　　　500

　贷:库存现金　　　　500

1. 录入日期及序号

根据经济业务(1),依次在 A3、B3、C3、D3 单元格中录入“2023”“01”“01”“01”,并利用填充柄快速复制到 A4:D5 区域,如图 2-12 所示。

	A	B	C	D	E	F	G	H	I	J	K	L
1	A公司记账凭证清单											
2	年	月	日	序号	凭证编号	摘要	科目代码	科目名称	借方金额	贷方金额	制单人	审核人
3	2023	01	01	01								
4	2023	01	01	01								

图 2-12　录入日期及序号

2. 自动生成凭证编号

利用 CONCATENATE 函数或连接符号“&”均可以按照“年+月+日+序号”自动生成唯一的记账凭证编号,方法如下:

方法一,直接利用连接符号“&”实现。在 E3 单元格中直接输入公式:=A3&B3&C3&D3,并利用填充柄快速复制公式到 E4 和 E5 单元格,完成后效果如图 2-13 所示。

E3　=A3&B3&C3&D3

	A	B	C	D	E	F	G	H	I	J	K	L
1	A公司记账凭证清单											
2	年	月	日	序号	凭证编号	摘要	科目代码	科目名称	借方金额	贷方金额	制单人	审核人
3	2023	01	01	01	2023010101							
4	2023	01	01	01	2023010101							

图 2-13　凭证编号样式

方法二,利用文本函数 CONCATENATE 实现。在 E3 单元格中设置公式:=CONCATENATE(A3,B3,C3,D3),并利用填充柄快速复制公式到 E4 和 E5 单元格,完成后效果如图 2-14 所示。

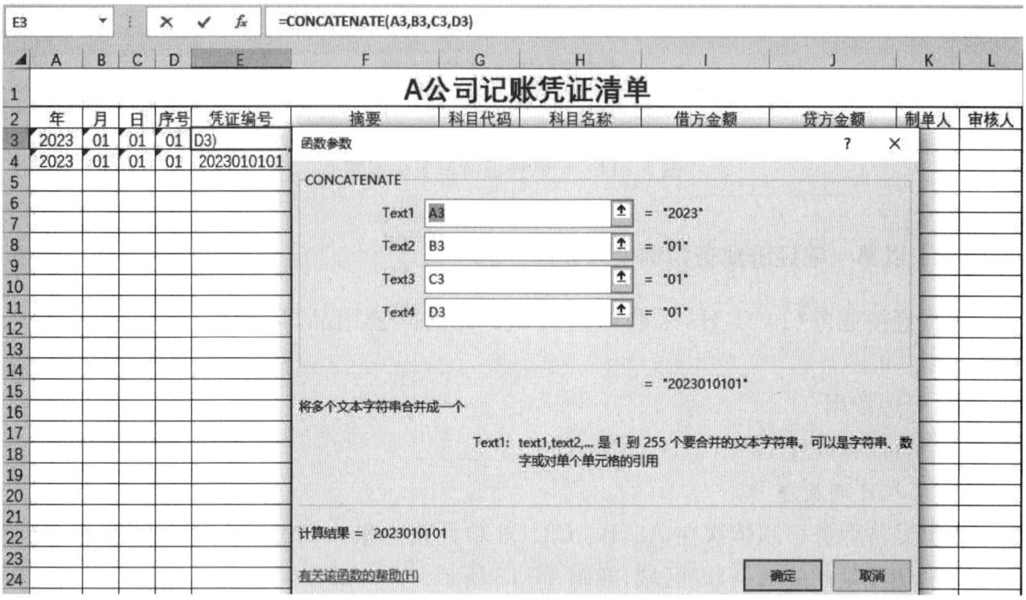

图 2－14　文本函数 CONCATENATE

3. 录入摘要

在 F3、F4 单元格中录入摘要“购买办公用品”。

4. 设置科目代码和科目名称

一般来说企业设置的科目较多，录入人员不一定准确记得所有科目名称。最好的方法是直接提供下拉式列表，录入人员可从下拉列表中快速查找和使用科目名称，然后再设置自动显示科目代码。操作步骤如下：

（1）在工作表“记账凭证清单”中选择 H3 单元格，单击“数据”→“数据验证”命令，弹出“数据验证”对话框，点击“设置”选项卡，验证条件“允许”下拉列表中选择“序列”，在“来源”文本框中切换到“期初总账试算平衡表”，选择所有科目名称，如图 2－15 所示。

图 2－15　“数据验证”对话框

（2）单击“确定”按钮，此时单元格 H3 的右侧就会显示一个下拉按钮，单击可以展开科目名称的下拉列表，如图 2－16 所示。

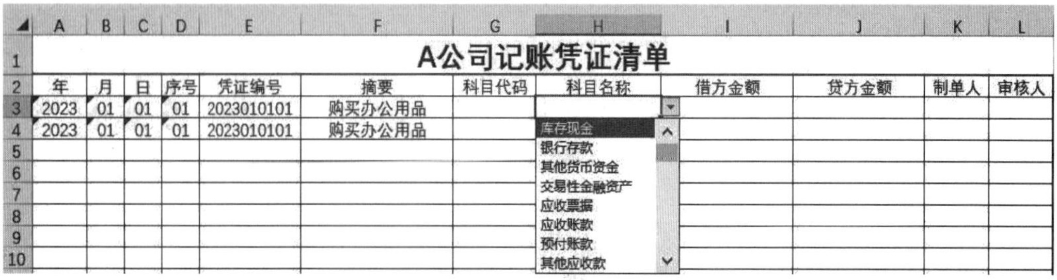

图 2－16　“科目名称”下拉列表

(3) 选择以下要填制分录的所有单元格，通过填充柄快速复制完成其他单元格的设置。

(4) 依次在 H3、H4 单元格中选择“管理费用”“库存现金”，完成第一笔业务科目名称的录入，如图 2－17 所示。

	A	B	C	D	E	F	G	H	I	J	K	L
1	A公司记账凭证清单											
2	年	月	日	序号	凭证编号	摘要	科目代码	科目名称	借方金额	贷方金额	制单人	审核人
3	2023	01	01	01	2023010101	购买办公用品		管理费用				
4	2023	01	01	01	2023010101	购买办公用品		库存现金				

图 2－17　“科目名称”录入结果

(5) 科目代码的自动显示设置。由于科目代码与科目名称是一一对应的，在期初总账试算平衡表中已经设置，在此处可以通过查找引用函数完成科目代码的自动显示，在 G3 单元格中定义公式：＝VLOOKUP(H3，IF({1，0}，期初总账试算平衡表！$B$3：$B$47，期初总账试算平衡表！$A$3：$A$47)，2，0)，VLOOKUP 函数各参数设置如图 2－18 所示。将函数通过填充柄引用到该列其他单元格，完成后如图 2－19 所示。

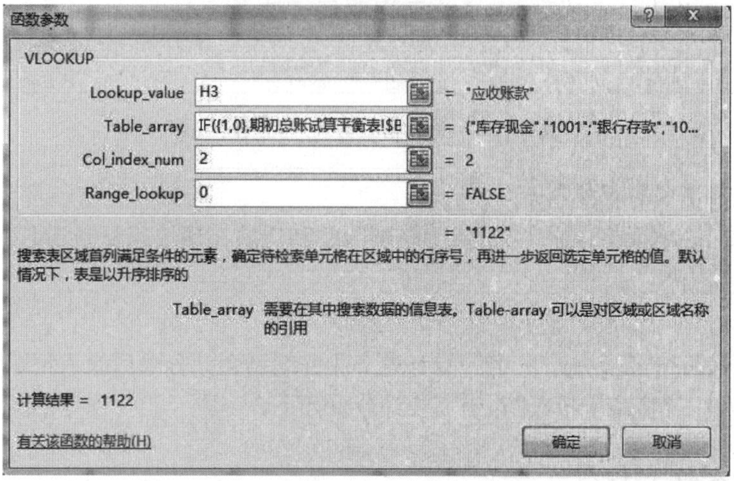

图 2－18　查找引用函数 VLOOKUP

	A	B	C	D	E	F	G	H	I	J	K	L
1	A公司记账凭证清单											
2	年	月	日	序号	凭证编号	摘要	科目代码	科目名称	借方金额	贷方金额	制单人	审核人
3	2023	01	01	01	2023010101	购买办公用品	6602	管理费用				
4	2023	01	01	01	2023010101	购买办公用品	1001	库存现金				
5							#N/A					
6							#N/A					
7							#N/A					

图 2－19　科目代码的自动显示

公式解释：IF({1，0}，期初总账试算平衡表！$B$3：$B$47，期初总账试算平衡表！$A$3：$A$47)代表 VLOOKUP 函数中的参数 Table_array——查找的范围。IF({1，0}，)这种形式的函数形成一个数组，里面存放两列数据并且位置互换。这里把“科目代码”列和“科目名称”列进行调换，即把“科目名称”列放到前面，在此基础上进行查找。

由于 H6,H7,H8,…单元格中的科目名称还未录入,因此 G6,G7,G8,…单元格显示“#N/A”,可以通过 IF 函数使“科目名称”列中无信息时,“科目代码”列无“#N/A”显示。G2 单元格公式更改为:=IF(H3="","",VLOOKUP(H3,IF({1,0},期初总账试算平衡表!$B$3:$B$47,期初总账试算平衡表!$A$3:$A$47),2,0)),更改后如图 2-20 所示。

G3 =IF(H3="","",VLOOKUP(H3,IF({1,0},期初总账试算平衡表!$B$3:$B$47,期初总账试算平衡表!$A$3:$A$47),2,0))

	A	B	C	D	E	F	G	H	I	J	K	L
1	A公司记账凭证清单											
2	年	月	日	序号	凭证编号	摘要	科目代码	科目名称	借方金额	贷方金额	制单人	审核人
3	2023	01	01	01	2023010101	购买办公用品	6602	管理费用				
4	2023	01	01	01	2023010101	购买办公用品	1001	库存现金				

图 2-20　插入 IF 函数后科目代码的自动显示

5. 确定方向及金额

根据会计分录录入借方金额和贷方金额,完成后如图 2-21 所示。

	A	B	C	D	E	F	G	H	I	J	K	L
1	A公司记账凭证清单											
2	年	月	日	序号	凭证编号	摘要	科目代码	科目名称	借方金额	贷方金额	制单人	审核人
3	2023	01	01	01	2023010101	购买办公用品	6602	管理费用	¥ 500.00			
4	2023	01	01	01	2023010101	购买办公用品	1001	库存现金		¥ 500.00		

图 2-21　第一笔业务录入完成的结果

6. 录入制单人和审核人

在 K3 和 L3 单元格中录入“王艳”“陈刚”,并利用填充柄快速复制到 K4:L4 区域。

(三) 编制其他会计分录

将该公司 2023 年 1 月份发生的所有经济业务编制会计分录后录入记账凭证清单中,并录入制单人“王艳”和审核人“陈刚”,会计分录如下:

(1) 借:管理费用　500
　　贷:库存现金　500
(2) 借:库存现金　2 000
　　贷:银行存款　2 000
(3) 借:生产成本　38 400
　　贷:原材料　38 400
(4) 借:原材料　15 000
　　应交税费　1 950
　　贷:应付票据　16 950
(5) 借:管理费用　4 460
　　库存现金　540
　　贷:其他应收款　5 000
(6) 借:库存商品　30 000
　　贷:生产成本　30 000

(7) 借:原材料 43 000
应交税费 5 590
贷:应付账款 48 590
(8) 借:应付职工薪酬 28 000
贷:银行存款 28 000
(9) 借:银行存款 58 000
贷:应收账款 58 000
(10) 借:应付票据 16 950
贷:银行存款 16 950
(11) 借:应收账款 124 300
贷:主营业务收入 110 000
应交税费 14 300
(12) 借:销售费用 6 000
贷:银行存款 6 000
(13) 借:应收票据 53 675
贷:主营业务收入 47 500
应交税费 6 175
(14) 借:应付账款 165 000
贷:银行存款 165 000
(15) 借:生产成本 4 800
制造费用 4 200
销售费用 15 200
管理费用 4 600
贷:应付职工薪酬 28 800
(16) 借:制造费用 15 064
管理费用 2 781.40
销售费用 128
贷:累计折旧 17 973.40
(17) 借:主营业务成本 90 000
贷:库存商品 90 000
(18) 借:生产成本 19 264
贷:制造费用 19 264(4 200+15 064)
(19) 借:主营业务收入 157 500(110 000+47 500)
贷:本年利润 157 500
(20) 借:本年利润 123 669.40
贷:销售费用 21 328(6 000+15 200+128)
管理费用 12 341.40(500+4 460+4 600+2 781.40)
主营业务成本 90 000

(21) 借:本年利润　　　　　　　　　33 830.60(157 500－123 669.40)
　　　贷:利润分配　　　　　　　　　33 830.60

(四) 借贷平衡检查

选中 H57 单元格输入“合计”,在 I57 单元格定义公式:＝SUM(I3:I56),在 J57 单元格定义公式:＝SUM(J3:J56),完成后如图 2－22 所示。由图 2－22 可知,A 公司借方金额合计等于贷方金额合计,即借贷相等。

I57　=SUM(I3:I56)

	A	B	C	D	E	F	G	H	I	J	K	L
1	A公司记账凭证清单											
41	2023	01	31	16	2023013116	计提折旧	5101	制造费用	¥ 15,064.00		王艳	陈刚
42	2023	01	31	16	2023013116	计提折旧	6602	管理费用	¥ 2,781.40		王艳	陈刚
43	2023	01	31	16	2023013116	计提折旧	6601	销售费用	¥ 128.00		王艳	陈刚
44	2023	01	31	16	2023013116	计提折旧	1602	累计折旧		¥ 17,973.40	王艳	陈刚
45	2023	01	31	17	2023013117	结转产品销售成本	6401	主营业务成本	¥ 90,000.00		王艳	陈刚
46	2023	01	31	17	2023013117	结转产品销售成本	1406	库存商品		¥ 90,000.00	王艳	陈刚
47	2023	01	31	18	2023013118	结转制造费用	5001	生产成本	¥ 19,264.00		王艳	陈刚
48	2023	01	31	18	2023013118	结转制造费用	5101	制造费用		¥ 19,264.00	王艳	陈刚
49	2023	01	31	19	2023013119	结转本年收益	6001	主营业务收入	¥ 157,500.00		王艳	陈刚
50	2023	01	31	19	2023013119	结转本年收益	4103	本年利润		¥ 157,500.00	王艳	陈刚
51	2023	01	31	20	2023013120	结转成本费用	4103	本年利润	¥ 123,669.40		王艳	陈刚
52	2023	01	31	20	2023013120	结转成本费用	6601	销售费用		¥ 21,328.00	王艳	陈刚
53	2023	01	31	20	2023013120	结转成本费用	6602	管理费用		¥ 12,341.40	王艳	陈刚
54	2023	01	31	20	2023013120	结转成本费用	6401	主营业务成本		¥ 90,000.00	王艳	陈刚
55	2023	01	31	21	2023013121	结转本年利润	4103	本年利润	¥ 33,830.60		王艳	陈刚
56	2023	01	31	21	2023013121	结转本年利润	4104	利润分配		¥ 33,830.60	王艳	陈刚
57								合计	¥ 1,064,402.40	¥ 1,064,402.40		

图 2－22　记账凭证清单

任务三　指定记账凭证的打印设置

一、任务描述

【学习任务 2－3】 根据任务二中的记账凭证清单,进行指定记账凭证的打印设置。

二、任务分析

要根据任务二建立的记账凭证清单设置打印指定记账凭证,首先要建立记账凭证模板,再利用查找与引用函数实现当输入“凭证序号”时自动生成“日期”“摘要”“会计科目”“借方金额”“贷方金额”等相关数据的功能。

三、相关知识

(一) 相关函数介绍

1. INDEX 函数

INDEX 函数是 Excel 中返回特定行列交叉处单元格的值的函数,其功能与语法见

表 2-6。

表 2-6　INDEX 函数的功能与语法

INDEX 函数的功能	在给定的单元格区域中，返回特定行列交叉处单元格的值
INDEX 函数的语法	INDEX(array，row_num，[column_num])
	array(必需)：单元格区域或数组常量。 row_num(必需)：选择数组中的某行，函数从该行返回数值。如果省略 row_num，则必须有 column_num。 column_num(可选)：选择数组中的某列，函数从该列返回数值。如果省略 column_num，则必须有 row_num

2. MATCH 函数

MATCH 函数是 Excel 中返回符合特定值特定顺序的项在数组中的相对位置的函数，其功能与语法见表 2-7。

表 2-7　MATCH 函数的功能与语法

MATCH 函数的功能	在给定的单元格区域中搜索特定的项，返回该项在此区域中的相对位置
MATCH 函数的语法	MATCH(lookup_value，lookup_array，[match_type])
	lookup_value(必需)：要在 lookup_array 中匹配的值。lookup_value 参数可以为值(数字、文本或逻辑值)或对数字、文本或逻辑值的单元格引用。 lookup_array(必需)：要搜索的单元格区域。 match_type(可选)：数字－1、0 或 1。match_type 参数指定 Excel 如何将 lookup_value 与 lookup_array 中的值匹配，此参数的默认值为 1。 数字 1 或省略，MATCH 函数查找小于或等于 lookup_value 的最大值，lookup_array 参数中的值必须以升序排序；数字 0，MATCH 函数查找完全等于 lookup_value 的第一个值，lookup_array 参数中的值可按任何顺序排列；数字－1，MATCH 函数查找大于或等于 lookup_value 的最小值，lookup_array 参数中的值必须按降序排列

INDEX 函数嵌套 MATCH 函数的应用实例：

由于 MATCH 函数返回值“行号”“列号”刚好是 INDEX 函数中的第 2、3 个参数，因此 MATCH 函数往往作为 INDEX 函数的一个参数嵌套使用。

比如，图 2-23 所示的一个产品的型号和规格的价格明细表中，利用 INDEX 函数和 MATCH 函数进行一些指定的查询操作。

	D	E	F	G
3	规格 型号	101	201	301
4	A0110	78	87	76
5	A0111	80	97	84
6	A0112	91	75	64
7	A0113	88	86	68
8	A0114	93	99	83
9	B1120	89	69	79
10	B1121	91	70	69
11	B1122	77	91	81
12	B1123	98	75	74

图 2-23　INDEX 函数嵌套 MATCH 函数应用案例 1

(1) 单击 B5 单元格下拉按钮，选择型号，然后在 B6 单元格完成型号所在行号的查询，如图 2－24 所示。

图 2－24　INDEX 函数嵌套 MATCH 函数应用案例 2

随意选择一个型号，比如 A0110，然后在 B6 单元格输入公式：＝MATCH($B$5, $D$4:$D$12,0)，得到结果“1”。

公式解释：用 MATCH 函数查找 B5 单元格这个型号在 D4:D12 区域中对应的位置。其中的 0 参数可以省略不写。MATCH 函数中 0 代表精确查找，1 代表模糊查找。

(2) 单击 B9 单元格下拉按钮，选择规格，然后在 B10 单元格完成规格所在列号的查询，如图 2－25 所示。

图 2－25　INDEX 函数嵌套 MATCH 函数应用案例 3

随意选择一个规格，比如 101，然后在 B10 单元格输入公式：＝MATCH(B9,E3:G3,0)，得到结果“1”。

(3) 查询上述工作表中 B6 和 B10 单元格所对应的价格。

价格的查询，可以使用 INDEX 函数完成，在 B11 单元格定义公式：B11＝INDEX(E4:G12,B6,B10)，可以得到结果“78”。嵌套上面的 MATCH 函数，可以将公式定义为：＝INDEX(E4:G12,MATCH(B5,D4:D12,0),MATCH(B9,E3:G3,0))，同样可以得到结果“78”。大家可以更改 B5 和 B9 中的型号和规格来看看结果是否正确。

3. OFFSET 函数

OFFSET 函数是 Excel 中以指定的引用为参照系，通过给定偏移量返回新的引用的函数，其功能与语法见表 2－8。

表 2－8　OFFSET 函数的功能与语法

OFFSET 函数的功能	返回对单元格或单元格区域中指定行数和列数的区域的引用
OFFSET 函数的语法	OFFSET(reference,rows,cols,[height],[width])
	reference(必需)：要以其为偏移量的底数的引用。引用必须是对单元格或相邻的单元格区域的引用，否则 OFFSET 返回错误值 #VALUE!。 rows(必需)：需要左上角单元格引用的向上或向下行数。rows 可为正数(这意味着在起始引用的下方)或负数(这意味着在起始引用的上方)。 cols(必需)：需要结果的左上角单元格引用的从左到右的列数。cols 可为正数(这意味着在起始引用的右侧)或负数(这意味着在起始引用的左侧)。 height(可选)：需要返回的引用的行高。height 必须为正数。 width(可选)：需要返回的引用的列宽。width 必须为正数

OFFSET 函数应用实例：

(1) OFFSET 函数最简单的应用，即函数参数中第 4、5 个参数“height”与“width”省略。在图 2－26 的 F3 单元格中，输入公式：＝OFFSET(B3,3,2)，得到结果为 70。这个公式的意思就是计算 B3 单元格往下移动 3 行并向右移动 2 列得到的新的单元格 D6。

F3　=OFFSET(B3,3,2)

	A	B	C	D	E	F
1		某月产品订单情况表（一）				
2	行号	某类产品(1列)	总订单额(2列)	订单数(3列)	平均订单额(4列)	
3	1	102	228,763.06	34	2106.33	70
4	2	103	149,150.09	52	1724.91	
5	3	104	144,496.10	54	1570.42	
6	4	106	137,921.82	70	1545.70	
7	5	107	109,929.25	89	1529.66	
8	6	108	93,309.31	91	1515.62	
9	7	109	93,145.04	100	1491.50	
10	8	110	71,615.37	100	1444.96	
11	9	111	58,933.86	148	1133.34	
12	10	总计	1,087,263.90	738	14062.45	

图 2-26　OFFSET 函数应用实例 1

(2) OFFSET 函数与其他函数嵌套使用。OFFSET 函数通常与其他函数嵌套使用，从图 2-27 中可以认识 OFFSET 函数的用法。

C7　=SUM(OFFSET(C2,1,2,3,1))

	A	B	C	D	E	F	G	H
1	1	2	3	4	5	6	7	8
2	4	5	3	4	2	4	3	2
3	5	3	5	6	3	5	4	3
4	5	6	5	6	8	9	3	5
5	6	9	5	4	7	9	6	3
6	5	7	6	3	6	5	4	2
7			18					

图 2-27　OFFSET 函数应用实例 2

在 C7 单元格，输入公式：=SUM(OFFSET(C2,1,2,3,1))，得到结果为 18。这个公式的意思就是计算 C2 单元格靠下 1 行并靠右 2 列的 3 行 1 列的区域的和。可以在公式编辑栏，选中 OFFSET(C2,1,2,3,1)部分，按 F9 键抹黑，得到运算结果为{3;8;7}，此时公式变为：=SUM({3;8;7})。从上图得知，可以利用 OFFSET 函数得到一个新的区域，然后使用 SUM 函数求出这个新区域的和。

4. ROW 函数

ROW 函数是 Excel 中返回一个引用的行号的函数，其功能与语法见表 2-9。

表 2－9　ROW 函数的功能与语法

ROW 函数的功能	返回引用的行号
ROW 函数的语法	ROW([reference])
	reference(可选):需要得到其行号的单元格或单元格区域

(二) 任务资料

A 公司 2023 年 1 月记账凭证清单如图 2－28 所示。

	A	B	C	D	E	F	G	H	I	J	K	L
1	A公司记账凭证清单											
2	年	月	日	序号	凭证编号	摘要	科目代码	科目名称	借方金额	贷方金额	制单人	审核人
3	2023	01	01	01	2023010101	购买办公用品	6602	管理费用	¥ 500.00		王艳	陈刚
4	2023	01	01	01	2023010101	购买办公用品	1001	库存现金		¥ 500.00	王艳	陈刚
5	2023	01	02	02	2023010202	提现	1001	库存现金	¥ 2,000.00		王艳	陈刚
6	2023	01	02	02	2023010202	提现	1002	银行存款		¥ 2,000.00	王艳	陈刚
7	2023	01	03	03	2023010303	生产领料	5001	生产成本	¥ 38,400.00		王艳	陈刚
8	2023	01	03	03	2023010303	生产领料	1403	原材料		¥ 38,400.00	王艳	陈刚
9	2023	01	03	04	2023010304	购买原材料	1403	原材料	¥ 15,000.00		王艳	陈刚
10	2023	01	03	04	2023010304	购买原材料	2221	应交税费	¥ 1,950.00		王艳	陈刚
11	2023	01	03	04	2023010304	购买原材料	2201	应付票据		¥ 16,950.00	王艳	陈刚
12	2023	01	04	05	2023010405	报销差旅费	6602	管理费用	¥ 4,460.00		王艳	陈刚
13	2023	01	04	05	2023010405	报销差旅费	1001	库存现金	¥ 540.00		王艳	陈刚
14	2023	01	04	05	2023010405	报销差旅费	1221	其他应收款		¥ 5,000.00	王艳	陈刚
15	2023	01	05	06	2023010506	完工入库	1406	库存商品	¥ 30,000.00		王艳	陈刚
16	2023	01	05	06	2023010506	完工入库	5001	生产成本		¥ 30,000.00	王艳	陈刚
17	2023	01	07	07	2023010707	购买原材料	1403	原材料	¥ 43,000.00		王艳	陈刚
18	2023	01	07	07	2023010707	购买原材料	2221	应交税费	¥ 5,590.00		王艳	陈刚
19	2023	01	07	07	2023010707	购买原材料	2202	应付账款		¥ 48,590.00	王艳	陈刚
20	2023	01	10	08	2023011008	发放工资	2211	应付职工薪酬	¥ 28,000.00		王艳	陈刚
21	2023	01	10	08	2023011008	发放工资	1002	银行存款		¥ 28,000.00	王艳	陈刚
22	2023	01	12	09	2023011209	收到前期货款	1002	银行存款	¥ 58,000.00		王艳	陈刚
23	2023	01	12	09	2023011209	收到前期货款	1122	应收账款		¥ 58,000.00	王艳	陈刚
24	2023	01	13	10	2023011310	票据结算	2201	应付票据	¥ 16,950.00		王艳	陈刚
25	2023	01	13	10	2023011310	票据结算	1002	银行存款		¥ 16,950.00	王艳	陈刚
26	2023	01	15	11	2023011511	销售产品	1122	应收账款	¥ 124,300.00		王艳	陈刚
27	2023	01	15	11	2023011511	销售产品	6001	主营业务收入		¥ 110,000.00	王艳	陈刚
28	2023	01	15	11	2023011511	销售产品	2221	应交税费		¥ 14,300.00	王艳	陈刚
29	2023	01	22	12	2023012212	支付广告费	6601	销售费用	¥ 6,000.00		王艳	陈刚
30	2023	01	22	12	2023012212	支付广告费	1002	银行存款		¥ 6,000.00	王艳	陈刚
31	2023	01	25	13	2023012513	销售产品	1121	应收票据	¥ 53,675.00		王艳	陈刚
32	2023	01	25	13	2023012513	销售产品	6001	主营业务收入		¥ 47,500.00	王艳	陈刚
33	2023	01	25	13	2023012513	销售产品	2221	应交税费		¥ 6,175.00	王艳	陈刚
34	2023	01	28	14	2023012814	支付前期货款	2202	应付账款	¥ 165,000.00		王艳	陈刚
35	2023	01	28	14	2023012814	支付前期货款	1002	银行存款		¥ 165,000.00	王艳	陈刚
36	2023	01	31	15	2023013115	分配并结转应付工资	5001	生产成本	¥ 4,800.00		王艳	陈刚
37	2023	01	31	15	2023013115	分配并结转应付工资	5101	制造费用	¥ 4,200.00		王艳	陈刚
38	2023	01	31	15	2023013115	分配并结转应付工资	6601	销售费用	¥ 15,200.00		王艳	陈刚
39	2023	01	31	15	2023013115	分配并结转应付工资	6602	管理费用	¥ 4,600.00		王艳	陈刚
40	2023	01	31	15	2023013115	分配并结转应付工资	2211	应付职工薪酬		¥ 28,800.00	王艳	陈刚
41	2023	01	31	16	2023013116	计提折旧	5101	制造费用	¥ 15,064.00		王艳	陈刚
42	2023	01	31	16	2023013116	计提折旧	6602	管理费用	¥ 2,781.40		王艳	陈刚
43	2023	01	31	16	2023013116	计提折旧	6601	销售费用	¥ 128.00		王艳	陈刚
44	2023	01	31	16	2023013116	计提折旧	1602	累计折旧		¥ 17,973.40	王艳	陈刚
45	2023	01	31	17	2023013117	结转产品销售成本	6401	主营业务成本	¥ 90,000.00		王艳	陈刚
46	2023	01	31	17	2023013117	结转产品销售成本	1406	库存商品		¥ 90,000.00	王艳	陈刚
47	2023	01	31	18	2023013118	结转制造费用	5001	生产成本	¥ 19,264.00		王艳	陈刚
48	2023	01	31	18	2023013118	结转制造费用	5101	制造费用		¥ 19,264.00	王艳	陈刚
49	2023	01	31	19	2023013119	结转本年收益	6001	主营业务收入	¥ 157,500.00		王艳	陈刚
50	2023	01	31	19	2023013119	结转本年收益	4103	本年利润		¥ 157,500.00	王艳	陈刚
51	2023	01	31	20	2023013120	结转成本费用	4103	本年利润	¥ 123,669.40		王艳	陈刚
52	2023	01	31	20	2023013120	结转成本费用	6601	销售费用		¥ 21,328.00	王艳	陈刚
53	2023	01	31	20	2023013120	结转成本费用	6602	管理费用		¥ 12,341.40	王艳	陈刚
54	2023	01	31	20	2023013120	结转成本费用	6401	主营业务成本		¥ 90,000.00	王艳	陈刚
55	2023	01	31	21	2023013121	结转本年利润	4103	本年利润	¥ 33,830.60		王艳	陈刚
56	2023	01	31	21	2023013121	结转本年利润	4104	利润分配		¥ 33,830.60	王艳	陈刚
57								合计	¥ 1,064,402.40	¥ 1,064,402.40		
58												
59												

图 2－28　A 公司记账凭证清单

四、任务实施

(一) 创建记账凭证通用格式

打开工作簿“A 公司账簿. xlsx”，新建工作表并重命名为“打印指定记账凭证”。把 F2 单元格的格式设置成“文本”，保证与工作表“记账凭证清单”中的“序号”列的格式一致，如图2－29 所示。

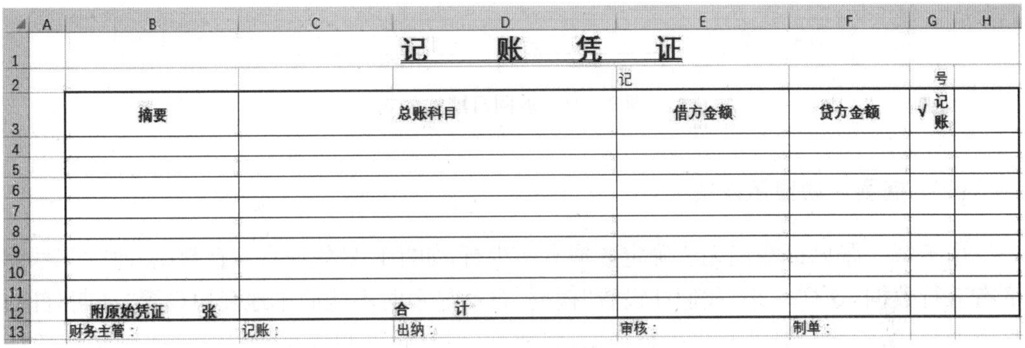

图 2－29　记账凭证通用格式

(二) 根据“凭证序号 F2 单元格”自动生成日期

要根据“凭证序号 F2 单元格”自动生成日期，主要利用查找引用函数中的 INDEX 函数和 MATCH 函数嵌套完成，操作步骤如下：

(1) “凭证存在行号”名称定义。单击“公式”→“定义名称”命令，弹出“编辑名称”对话框，名称输入“凭证存在行号”，在引用位置输入“＝MATCH(打印指定记账凭证！$F$2,记账凭证清单！$D:$D,0)”，如图 2－30 所示，单击“确定”按钮完成“凭证存在行号”名称的定义。

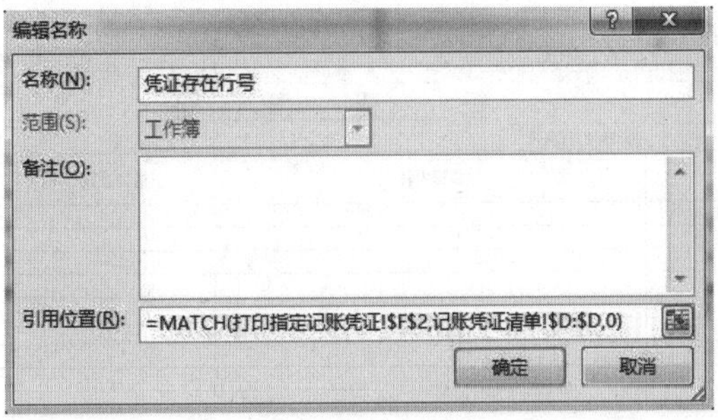

图 2－30　定义名称

(2) 在 C2 单元格定义公式：＝IF(F2＝"","",INDEX(记账凭证清单！ A:C,凭证存在行号,1)&"年"&INDEX(记账凭证清单！ A:C,凭证存在行号,2)&"月"&INDEX(记账凭证清单！ A:C,凭证存在行号,3)&"日")。在 F2 单元格输入“01”,C2 单元格的自动显示效果如图 2 - 31 所示。

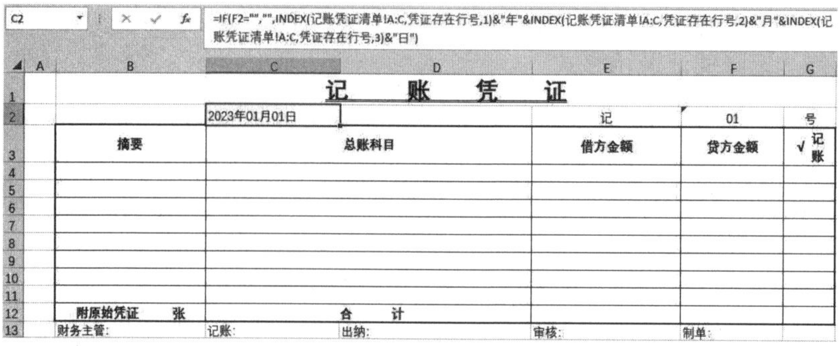

图 2 - 31 返回日期的公式

(三) 摘要自动显示设置

由于每一张凭证我们无法确定数据有多少行，如“01”号凭证有三行数据，而“15”号凭证有五行数据，这样一来，我们在设置“摘要”自动显示时不能简单地套用设置“日期”自动显示的公式，首先要判断有多少行数据，因此可以利用 F2 单元格的“序号”来确定该凭证存在的行数。同时为了方便其他单元格公式的快捷输入，利用嵌套 OFFSET 函数达到其他单元格的公式向下填充和向右复制粘贴公式。通过分析，我们得到 B4 单元格的公式如下：

方法一：B4＝IF(COUNTIF(记账凭证清单！$D：$D，$F$2)－ROW(A1)＞＝0,OFFSET(INDEX(记账凭证清单！$F：$F,凭证存在行号),ROW(A1)－1,0),"")

方法二：B4＝IF(COUNTIF(记账凭证清单！$D：$D，$F$2)－ROW(A1)＞＝0,OFFSET(INDEX(记账凭证清单！$F：$J,凭证存在行号,1),ROW(A1)－1,0),"")

输入完成后通过填充柄的功能快速复制公式至 B11 单元格结束，完成后输入“01”号和“15”号凭证检验摘要的自动显示效果，如图 2 - 32 和图 2 - 33 所示。

图 2 - 32 “01”号凭证摘要自动显示

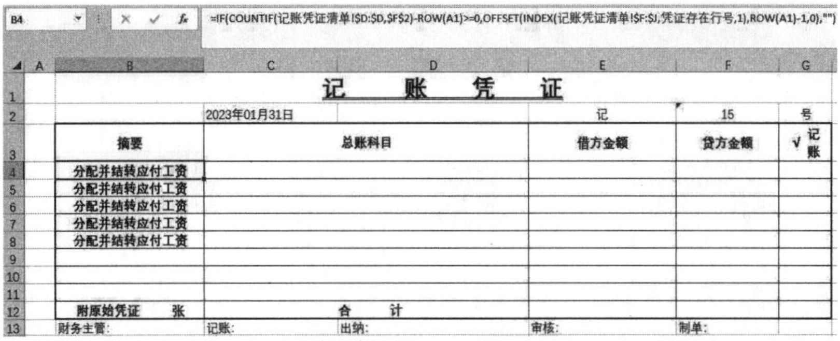

图 2－33　“15”号凭证摘要自动显示

（四）“会计科目”“借方金额”和“贷方金额”自动显示设置

要设置“会计科目”“借方金额”和“贷方金额”自动显示设置，可以使用以下两种方法。

方法一：用与设置“摘要”公式相同的方法来完成，公式分别如下：

C4＝IF(COUNTIF(记账凭证清单！＄D：＄D，＄F＄2)－ROW(A1)＞＝0，OFFSET(INDEX(记账凭证清单！＄H：＄H，凭证存在行号)，ROW(A1)－1，0)，"")

E4＝IF(COUNTIF(记账凭证清单！＄D：＄D，＄F＄2)－ROW(A1)＞＝0，OFFSET(INDEX(记账凭证清单！＄I：＄I，凭证存在行号)，ROW(A1)－1，0)，"")

F4＝IF(COUNTIF(记账凭证清单！＄D：＄D，＄F＄2)－ROW(A1)＞＝0，OFFSET(INDEX(记账凭证清单！＄J：＄J，凭证存在行号)，ROW(A1)－1，0)，"")

方法二：由于设置“摘要”自动显示时嵌套了OFFSET函数，因此复制粘贴设置“摘要”自动显示方法二的公式，更改函数OFFSET的第三个参数即可，公式定义如下：

C4＝IF(COUNTIF(记账凭证清单！＄D：＄D，＄F＄2)－ROW(A1)＞＝0，OFFSET(INDEX(记账凭证清单！＄F：＄J，凭证存在行号，3)，ROW(A1)－1，0)，"")

E4＝IF(COUNTIF(记账凭证清单！＄D：＄D，＄F＄2)－ROW(A1)＞＝0，OFFSET(INDEX(记账凭证清单！＄F：＄J，凭证存在行号，4)，ROW(A1)－1，0)，"")

F4＝IF(COUNTIF(记账凭证清单！＄D：＄D，＄F＄2)－ROW(A1)＞＝0，OFFSET(INDEX(记账凭证清单！＄F：＄J，凭证存在行号，5)，ROW(A1)－1，0)，"")

并通过填充柄功能快速将C4、E4、F4单元格的公式拖动复制到其他单元格。完成后输入“01”号和“15”号凭证检验效果，如图2－34和图2－35所示。

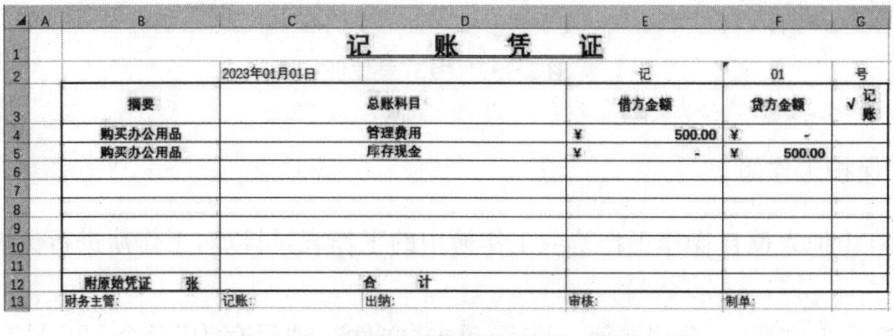

图 2－34　“01”号凭证科目名称、金额显示

	A	B	C	D	E	F	G
1				记　账　凭　证			
2			2023年01月31日		记	15	号
3		摘要		总账科目	借方金额	贷方金额	√记账
4		分配并结转应付工资		生产成本	¥ 4,800.00	¥ -	
5		分配并结转应付工资		制造费用	¥ 4,200.00	¥ -	
6		分配并结转应付工资		销售费用	¥ 15,200.00	¥ -	
7		分配并结转应付工资		管理费用	¥ 4,600.00	¥ -	
8		分配并结转应付工资		应付职工薪酬	¥ -	¥ 28,800.00	
9							
10							
11							
12		附原始凭证　张		合　计			
13		财务主管:	记账:	出纳:	审核:	制单:	

图 2-35 “15”号凭证科目名称、金额显示

(五)“借方金额”和“贷方金额”合计

通过在合计行显示“借方金额”和“贷方金额”的合计值,可以再次检查记账凭证清单中会计分录是否正确。即在 E12 单元格中定义公式:=SUM(E4:E11),在 F12 单元格中定义公式:=SUM(F4:F11),完成后输入“01”“15”号凭证检验效果,分别如图 2-36 和图 2-37 所示。

	A	B	C	D	E	F	G
1				记　账　凭　证			
2			2023年01月01日		记	01	号
3		摘要		总账科目	借方金额	贷方金额	√记账
4		购买办公用品		管理费用	¥ 500.00	¥ -	
5		购买办公用品		库存现金	¥ -	¥ 500.00	
6							
7							
8							
9							
10							
11							
12		附原始凭证　张		合　计	¥ 500.00	¥ 500.00	
13		财务主管:	记账:	出纳:	审核:	制单:	

图 2-36 “01”号凭证

	A	B	C	D	E	F	G
1				记　账　凭　证			
2			2023年01月31日		记	15	号
3		摘要		总账科目	借方金额	贷方金额	√记账
4		分配并结转应付工资		生产成本	¥ 4,800.00	¥ -	
5		分配并结转应付工资		制造费用	¥ 4,200.00	¥ -	
6		分配并结转应付工资		销售费用	¥ 15,200.00	¥ -	
7		分配并结转应付工资		管理费用	¥ 4,600.00	¥ -	
8		分配并结转应付工资		应付职工薪酬	¥ -	¥ 28,800.00	
9							
10							
11							
12		附原始凭证　张		合　计	¥ 28,800.00	¥ 28,800.00	
13		财务主管:	记账:	出纳:	审核:	制单:	

图 2-37 “15”号凭证

(六) 保护工作簿

为了防止他人擅自操作工作簿或工作簿中的工作表,可以对工作簿进行保护,操作步骤如下:

(1) 打开工作簿“A 公司账簿. xlsx”,单击“文件”→“另存为”命令,在“另存为”对话

框中选择“工具”按钮下的“常规选项”命令，如图 2－38 所示。

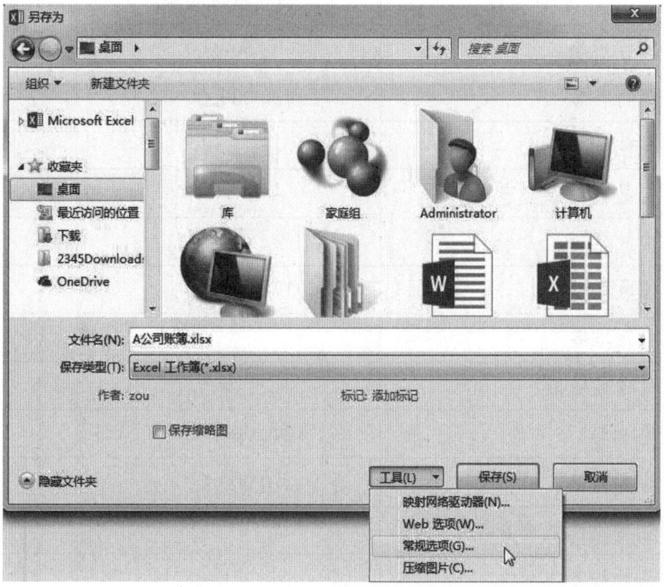

图 2－38　“另存为”对话框

(2) 打开“常规选项”对话框，在“修改权限密码”文本框中输入“123”，单击“确定”按钮，完成对该工作簿的保护，如图 2－39 所示。

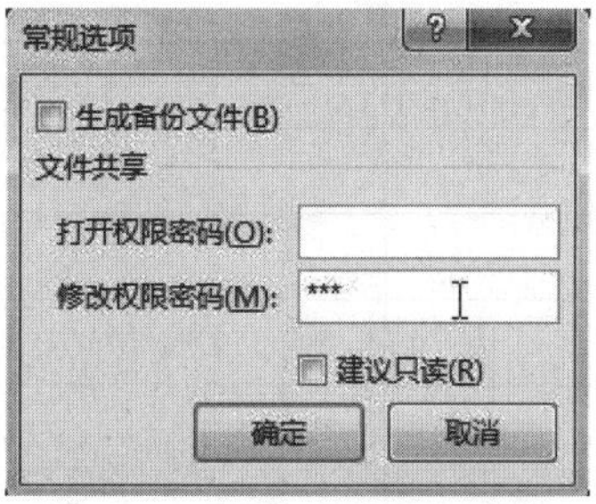

图 2－39　“常规选项”对话框

任务实训　会计核算练习一

一、利用 Excel 制作期初试算平衡表，进行期初试算平衡检查

【资料】

天易公司是一家产品制造企业，生产 A、B 两种产品。存货采用先进先出法核算，增值税税率为 13%。该公司 2023 年 1 月初总账试算平衡表见表 1。

表 1　2023 年 1 月初总账试算平衡表

科目代码	科目名称	期初借方余额	期初贷方余额
1001	库存现金	2 500.00	
1002	银行存款	600 000.00	
1009	其他货币资金		
1101	交易性金融资产		
1121	应收票据		
1122	应收账款	172 000.00	
1241	坏账准备		
1231	其他应收款		
1403	原材料	240 000.00	
1406	库存商品	270 000.00	
1412	包装物及低值易耗品		
1123	预付账款		
1524	长期股权投资	10 000.00	
1601	固定资产	186 000.00	
1602	累计折旧		94 300.00
1606	固定资产清理		
1604	在建工程		
1701	无形资产		
1801	长期待摊费用	800.00	
2001	短期借款		140 000.00
2201	应付票据		2 000.00
2202	应付账款		93 500.00
2211	应付职工薪酬		9 000.00
2221	应交税费		
2241	其他应付款		
2601	长期借款		100 000.00
4001	实收资本		800 000.00
4002	资本公积		
4101	盈余公积		55 000.00
4103	本年利润		
4104	利润分配		240 000.00

续　表

科目代码	科目名称	期初借方余额	期初贷方余额
5001	生产成本	52 500.00	
5101	制造费用		
6001	主营业务收入		
6051	其他业务收入		
6111	投资收益		
6301	营业外收入		
6401	主营业务成本		
6402	其他业务成本		
6403	营业税金及附加		
6601	销售费用		
6602	管理费用		
6603	财务费用		
6711	营业外支出		
6801	所得税费用		

根据天易公司2023年1月初的资料完成以下操作：

1. 新建一个工作簿，根据表1天易公司2023年1月初总账试算平衡表，在工作表Sheet1中利用记录单的功能完成期初总账试算平衡表录入。完成录入之后，将工作表Sheet1命名为“期初总账试算平衡表”。

2. 利用SUMIF函数和IF函数对工作表“期初总账试算平衡表”进行试算平衡检查。

3. 完成上述操作后，对工作表“期初总账试算平衡表”中各部分进行美化设置，并将该工作簿命名为“会计核算练习.xlsx”。

二、利用Excel制作记账凭证清单

天易公司2023年1月份发生的经济业务如下(增值税税率13%)：

1. 1日，开出现金支票一张(支票号码NO.560)，从银行提取现金4 000元备用。

2. 1日，办公室人员王力预借差旅费2 500元，出纳以现金支付。

3. 2日，以现金购买办公用品500元。

4. 2日，从A公司购入甲、乙两种材料，收到采购专用发票一张，货款用银行存款支付，材料已验收入库。其中，甲材料10吨，无税单价900元；乙材料20吨，无税单价600元。

5. 3日，向燕兴公司销售A产品2 500件，每件不含税售价95元。产品已发出，货款已收到并存入银行。

6. 4日，以银行存款支付前欠韦丰公司货款85 000元。

7. 5日，生产A产品领用甲材料15吨，单价900元；领用乙材料8吨，单价600元。

8. 6日，办公室人员王力出差归来报销差旅费2 300元，余额以现金退回。

9. 15 日，开出转账支票(NO. 763)一张，支付办公设备修理费 1 000 元。

10. 17 日，向佳庭公司销售 B 产品 1 000 件，每件不含税售价 130 元。货款尚未收到。

11. 22 日，用银行存款支付明年的财产保险费 2 900 元。

12. 22 日，用现金支付职工报销医药费 750 元。

13. 23 日，本月应付职工工资 150 000 元。其中，A、B 两种产品的生产工人工资分别为 50 000 元、50 000 元，厂部管理人员工资为 50 000 元。

14. 23 日，按工资总额的 14%提取职工福利费。

15. 24 日，通知银行转账 150 000 元，用于发放工资。

16. 26 日，以银行存款支付本月销售费用 15 000 元。

17. 31 日，计提本月固定资产折旧 20 000 元，其中生产车间负担 15 000 元、厂部负担 5 000 元。

18. 31 日，摊销应由本月负担的书报费 400 元。

19. 31 日，分摊并结转本月发生的制造费用(按 A、B 两种产品的生产工人工资的比例分摊)。

20. 31 日，本月 A 产品全部完工，结转其完工成本(包括上月未完工成本)。

21. 31 日，结转本月 A、B 产品的销售成本。其中，A 产品每件 50 元，B 产品每件 100 元。

22. 31 日，结转本月收支至本年利润账户。

23. 31 日，按当月利润总额计算所得税(所得税税率为 25%)，并结转至本年利润。

24. 31 日，结转本年利润至利润分配。

根据天易公司 2023 年 1 月份发生的经济业务，完成以下操作：

1. 打开工作簿“会计核算练习. xlsx”，新建工作表“记账凭证清单”，并进行格式设置。(提醒：“年”“月”“日”“序号”“摘要”“科目名称”六个项目必须使用“文本”类型，否则影响以后的公式使用。“借方金额”和“贷方金额”两个项目必须使用“会计专用”类型，小数位数为 2 位，货币符号为“无”。)

2. 根据上述天易公司 2023 年 1 月发生的经济业务资料，完成记账凭证清单：

(1) 利用 CONCATENATE 函数或“&”符号，以“年＋月＋日＋序号”自动生成唯一的记账凭证编号；

(2) 根据工作表“期初总账试算平衡表”，使用“定义名称”这一功能，添加名称为“科目名称”查询索引；

(3) 引用(2)中定义的“科目名称”，利用数据有效性，设置科目名称下拉列表并完成“天易公司 2023 年 1 月经济业务”中“科目名称”的输入(摘要自行输入)；

(4) 运用 VLOOKUP 函数，通过查找科目名称自动返回科目代码；

(5) 根据资料“天易公司 2023 年 1 月发生的经济业务”完成“借方金额”和“贷方金额”的数据输入；

(6) 在标题“记账凭证清单”行下方插入一行，利用 SUM 函数和 IF 函数设置“借贷平衡提示”；

(7) 完成上述操作后，将创建的工作表命名为“记账凭证清单”，并且进行美化。

三、打印指定凭证设置

1. 打开工作簿“会计核算练习.xlsx”,完成工作表“指定凭证打印”的设置。

2. 运用连接符号&、IF函数和INDEX函数完成凭证日期的自动显示(注意:利用IF函数设置,当“记××号”中无信息时,打印记账凭证也无凭证日期显示)。

3. 完成工作表“指定凭证打印”中的记账凭证中“摘要”“科目名称”“借方金额”和“贷方金额”自动显示的设置。要求:依据“记××号”及运用IF函数、COUNTIF函数和ROW函数完成“摘要”“科目名称”“借方金额”和“贷方金额”自动显示的设置;并在借方金额和贷方金额下方设计合计项,以便审核记账凭证是否平衡。

4. 保护数据,防止被更改。要求:除“记××号”可以随时输入信息外,记账凭证的“年”“月”“日”“摘要”“科目名称”“借方金额”和“贷方金额”全部自动显示且不允许修改,保护密码为888。

学习情境三　Excel 在会计账簿中的应用

学习目标

学习本情境，能够根据“学习情境二”中相关账表编制科目汇总表、三栏式总分类账、日记账和总账试算平衡表等会计账簿。具体如下：

（1）了解常用会计账簿的种类。

（2）熟悉 Excel 中部分函数和数据透视表的功能定义。

（3）掌握这些常用函数和数据透视表的使用技巧。

（4）学会使用 Excel 编制常用的会计账簿。

情境导入

在会计核算基础工作中，设置和登记会计账簿，是连接会计凭证和会计报表的中间环节。做好这项工作，对于加强财务管理具有十分重要的意义。而合理应用 Excel 编制一些会计账表，可以极大地减少会计人员的工作量，提高办公效率。

任务一　科目汇总表及总分类账的编制

一、任务描述

【学习任务 3－1】 根据“学习情境二”中的期初总账试算平衡表和记账凭证清单，编制科目汇总表和总分类账。

二、任务分析

由于 Excel 提供了强大的表格处理函数和功能，借此可以编制各种类型的报表。本任务主要介绍如何利用 Excel 编制科目汇总表和总分类账，其流程如图 3－1 所示。

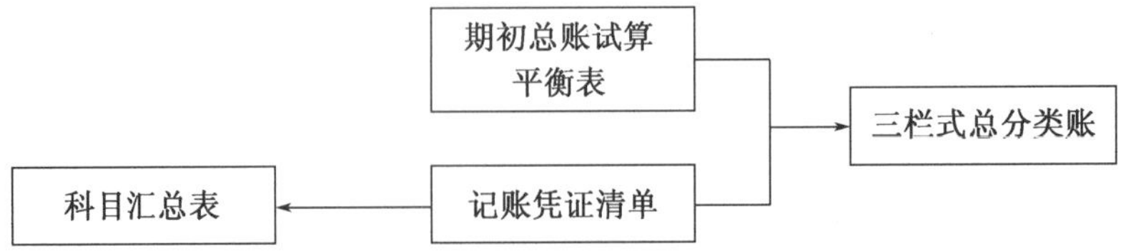

图 3－1　编制科目汇总表及总分类账的流程图

由图 3－1 可知，完成本任务需要引用“学习情境二”中 A 公司 2023 年 1 月期初总账试算平衡表和记账凭证清单，其数据见表 3－1 和表 3－2。

表 3－1　期初总账试算平衡表

科目代码	科目名称	期初借方余额	期初贷方余额
1001	库存现金	2 900.00	
1002	银行存款	187 540.00	
1012	其他货币资金		
1101	交易性金融资产		
1121	应收票据		
1122	应收账款	154 000.00	
1123	预付账款		
1221	其他应收款	5 000.00	
1231	坏账准备		2 600.00
1403	原材料	416 400.00	
1406	库存商品	156 000.00	
1411	周转材料	19 700.00	
1601	固定资产	312 400.00	
1602	累计折旧		101 202.00
1604	在建工程		
1606	固定资产清理		
1701	无形资产	20 000.00	
1801	长期待摊费用		
2001	短期借款		160 000.00
2201	应付票据		
2202	应付账款		165 000.00
2211	应付职工薪酬		28 000.00
2221	应交税费		25 640.00
2231	应付利息		10 000.00
2241	其他应付款		3 000.00
2501	长期借款		
4001	实收资本		550 000.00
4002	资本公积		
4101	盈余公积		

续 表

科目代码	科目名称	期初借方余额	期初贷方余额
4103	本年利润		
4104	利润分配		239 998.00
5001	生产成本	11 500.00	
5101	制造费用		
6001	主营业务收入		
6051	其他业务收入		
6111	投资收益		
6115	资产处置损益		
6301	营业外收入		
6401	主营业务成本		
6402	其他业务成本		
6403	税金及附加		
6601	销售费用		
6602	管理费用		
6603	财务费用		
6801	所得税费用		

表 3-2　记账凭证清单

年	月	日	序 号	凭证编号	摘　要	科目代码	科目名称	借方金额	贷方金额
2023	01	01	01	2023010101	购买办公用品	6602	管理费用	￥500.00	
2023	01	01	01	2023010101	购买办公用品	1001	库存现金		￥500.00
2023	01	02	02	2023010202	提现	1001	库存现金	￥2 000.00	
2023	01	02	02	2023010202	提现	1002	银行存款		￥2 000.00
2023	01	03	03	2023010303	生产领料	5001	生产成本	￥38 400.00	
2023	01	03	03	2023010303	生产领料	1403	原材料		￥38 400.00
2023	01	03	04	2023010304	购买原材料	1403	原材料	￥15 000.00	
2023	01	03	04	2023010304	购买原材料	2221	应交税费	￥1 950.00	
2023	01	03	04	2023010304	购买原材料	2201	应付票据		￥16 950.00
2023	01	04	05	2023010405	报销差旅费	6602	管理费用	￥4 460.00	
2023	01	04	05	2023010405	报销差旅费	1001	库存现金	￥540.00	
2023	01	04	05	2023010405	报销差旅费	1221	其他应收款		￥5 000.00

续　表

年	月	日	序 号	凭证编号	摘　要	科目代码	科目名称	借方金额	贷方金额
2023	01	05	06	2023010506	完工入库	1406	库存商品	¥30 000.00	
2023	01	05	06	2023010506	完工入库	5001	生产成本		¥30 000.00
2023	01	07	07	2023010707	购买原材料	1403	原材料	¥43 000.00	
2023	01	07	07	2023010707	购买原材料	2221	应交税费	¥5 590.00	
2023	01	07	07	2023010707	购买原材料	2202	应付账款		¥48 590.00
2023	01	10	08	2023011008	发放工资	2211	应付职工薪酬	¥28 000.00	
2023	01	10	08	2023011008	发放工资	1002	银行存款		¥28 000.00
2023	01	12	09	2023011209	收到前期货款	1002	银行存款	¥58 000.00	
2023	01	12	09	2023011209	收到前期货款	1122	应收账款		¥58 000.00
2023	01	13	10	2023011310	票据结算	2201	应付票据	¥16 950.00	
2023	01	13	10	2023011310	票据结算	1002	银行存款		¥16 950.00
2023	01	15	11	2023011511	销售产品	1122	应收账款	¥124 300.00	
2023	01	15	11	2023011511	销售产品	6001	主营业务收入		¥110 000.00
2023	01	15	11	2023011511	销售产品	2221	应交税费		¥14 300.00
2023	01	22	12	2023012212	支付广告费	6601	销售费用	¥6 000.00	
2023	01	22	12	2023012212	支付广告费	1002	银行存款		¥6 000.00
2023	01	25	13	2023012513	销售产品	1121	应收票据	¥53 675.00	
2023	01	25	13	2023012513	销售产品	6001	主营业务收入		¥47 500.00
2023	01	25	13	2023012513	销售产品	2221	应交税费		¥6 175.00
2023	01	28	14	2023012814	支付前期货款	2202	应付账款	¥165 000.00	
2023	01	28	14	2023012814	支付前期货款	1002	银行存款		¥165 000.00
2023	01	31	15	2023013115	分配并结转应付工资	5001	生产成本	¥4 800.00	
2023	01	31	15	2023013115	分配并结转应付工资	5101	制造费用	¥4 200.00	
2023	01	31	15	2023013115	分配并结转应付工资	6601	销售费用	¥15 200.00	
2023	01	31	15	2023013115	分配并结转应付工资	6602	管理费用	¥4 600.00	
2023	01	31	15	2023013115	分配并结转应付工资	2211	应付职工薪酬		¥28 800.00
2023	01	31	16	2023013116	计提折旧	5101	制造费用	¥15 064.00	

续　表

年	月	日	序 号	凭证编号	摘　要	科目代码	科目名称	借方金额	贷方金额
2023	01	31	16	2023013116	计提折旧	6602	管理费用	￥2 781.40	
2023	01	31	16	2023013116	计提折旧	6601	销售费用	￥128.00	
2023	01	31	16	2023013116	计提折旧	1602	累计折旧		￥17 973.40
2023	01	31	17	2023013117	结转产品销售成本	6401	主营业务成本	￥90 000.00	
2023	01	31	17	2023013117	结转产品销售成本	1406	库存商品		￥90 000.00
2023	01	31	18	2023013118	结转制造费用	5001	生产成本	￥19 264.00	
2023	01	31	18	2023013118	结转制造费用	5101	制造费用		￥19 264.00
2023	01	31	19	2023013119	结转本年收益	6001	主营业务收入	￥157 500.00	
2023	01	31	19	2023013119	结转本年收益	4103	本年利润		￥157 500.00
2023	01	31	20	2023013120	结转成本费用	4103	本年利润	￥123 669.40	
2023	01	31	20	2023013120	结转成本费用	6601	销售费用		￥21 328.00
2023	01	31	20	2023013120	结转成本费用	6602	管理费用		￥12 341.40
2023	01	31	20	2023013120	结转成本费用	6401	主营业务成本		￥90 000.00
2023	01	31	21	2023013121	结转本年利润	4103	本年利润	￥33 830.60	
2023	01	31	21	2023013121	结转本年利润	4104	利润分配		￥33 830.60

三、相关知识

（一）科目汇总表

科目汇总表也称为记账凭证汇总表或账户汇总表，它是将一定期间内的所有经济业务，根据相同的会计科目进行归类，定期汇总出每一个会计科目的本期借方发生额合计数和贷方发生额合计数的一种表格。

科目汇总表的编制是科目汇总表核算程序的一项重要工作，它是根据一定时期内的全部记账凭证，按科目作为归类标志进行编制的。我们可以利用 Excel 中的数据透视表功能将已形成的记账凭证清单生成科目汇总表数据。

（二）总分类账

总分类账，又称总账，它是一种会计核算账簿，按照经济业务发生的时间顺序，逐笔录入的一种总括类的账簿。每个会计科目都有一个相应的总分类账，比如银行存款总分类账、库存现金总分类账等。根据公司业务量的多少，以及业务发生时涉及的会计科目，设定相应的总分类账。总账是每个公司必不可少的一种账簿，是会计编制财务报表的依据。

总分类账一般采用订本式账簿，其账页格式一般采用三栏式，包括“借方”“贷方”“余额”，也可以采用多栏式格式，如把序时记录和总分类记录结合在一起的联合账簿，即日记总账。

(三) IFERROR 函数介绍

在 EXCEL 中可以使用 IFERROR 函数捕获和处理公式中的错误。IFERROR 返回公式计算结果为错误时指定的值；否则，它将返回公式的结果。其功能与语法见表 3－3。

表 3－3　IFERROR 函数的功能与语法

IFERROR 函数的功能	捕获和处理公式中的错误。
IFERROR 函数的语法	IFERROR(value, value_if_error)
	value(必需)：检查是否存在错误的参数。 value_if_error(必需)：公式计算结果为错误时要返回的值。评估以下错误类型：#N/A、#VALUE!、#REF!、#DIV/0!、#NUM!、#NAME?、#NULL!

四、任务实施

(一) 科目汇总表的编制

根据表 3－2 记账凭证清单编制科目汇总表，操作步骤如下：

(1) 打开“学习情境二”中的“A 公司账簿. xlsx”工作簿，建立一个新工作表为“科目汇总表”。

(2) 在工作表“记账凭证清单”中，单击“插入”→“数据透视表”命令，打开“创建数据透视表”对话框，设置“选择一个表或区域”为“记账凭证清单！$A$2：$J$56”，设置“选择放置数据透视表的位置”为“现有工作表：科目汇总表！$A$1”，如图 3－2 所示。

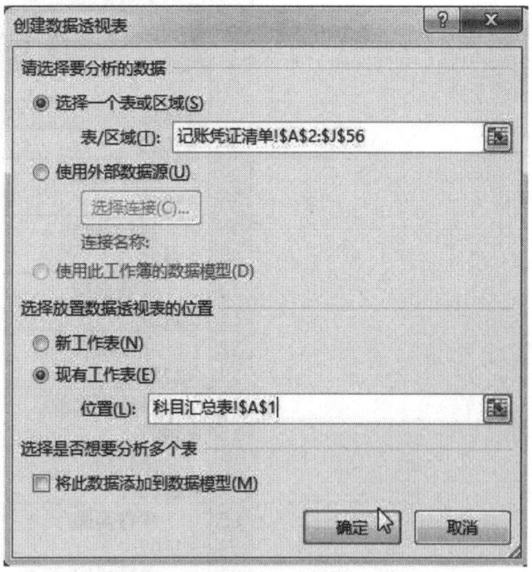

图 3－2　创建数据透视表

(3) 单击“确定”按钮，在“科目汇总表”的右侧自动打开“数据透视表字段”窗口。将“年”“月”拖动到“筛选器”区域，将“科目代码”“科目名称”拖动到“行”区域，将“借方金额”“贷方金额”拖动到“值”区域，如图 3 3 所示。

(4) 在“值”区域单击“计数项：借方金额”右侧的下三角，在打开的列表中选择“值字段设置”命令。打开“值字段设置”对话框，设置“值汇总方式”为“求和”，如图 3－4 所示。单击“数字格式”按钮，打开“设置单元格格式”对话框，选择格式为“会计专用”，“小数点位数”为“2”，“货币符号”为“无”。

图 3-3 数据透视表字段设置

图 3-4 值字段设置

(5) 同理,设置"计数项:贷方金额"。设置完成后生成科目汇总数据,如图 3-5 所示。

	A	B	C
1	年	(全部)	
2	月	(全部)	
3			
4	行标签	求和项:借方金额	求和项:贷方金额
5	⊟1001	2540	500
6	库存现金	2540	500
7	⊟1002	58000	217950
8	银行存款	58000	217950
9	⊟1121	53675	
10	应收票据	53675	
11	⊟1122	124300	58000
12	应收账款	124300	58000
13	⊟1221		5000
14	其他应收款		5000
15	⊟1403	58000	38400
16	原材料	58000	38400
17	⊟1406	30000	90000
18	库存商品	30000	90000
19	⊟1602		17973.4
20	累计折旧		17973.4
21	⊟2201	16950	16950
22	应付票据	16950	16950
23	⊟2202	165000	48590
24	应付账款	165000	48590

图 3-5 科目汇总数据

(6) 选择数据透视表中任一单元格,单击"数据透视表工具"→"设计"→"报表布局"按钮,选择"以表格形式显示"命令,如图 3-6 所示。

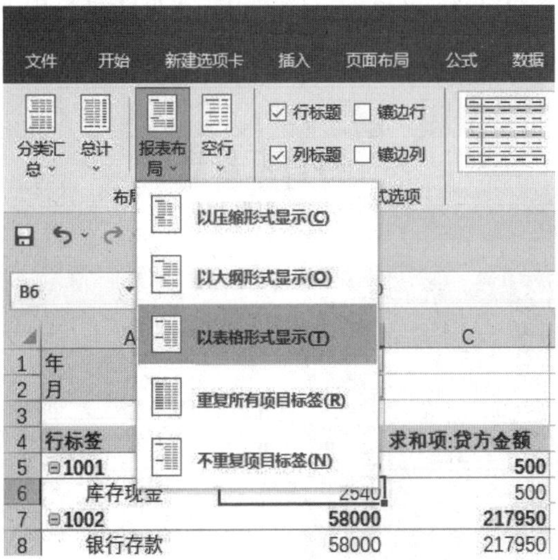

图 3-6　报表布局设置

（7）选择“科目代码”字段并单击鼠标右键，取消勾选“分类汇总科目代码”。因“科目代码”列的折叠按钮无意义，选择“科目代码”字段并单击鼠标右键，在弹出的快捷菜单中选择“数据透视表选项”命令。打开“数据透视表选项”对话框，单击“显示”选项卡，取消勾选“显示展开/折叠按钮”命令，如图 3-7 所示。

图 3-7　数据透视表选项设置

（8）在工作表“科目汇总表”中插入标题行为“科目汇总表”，并进行相应的格式设置。将 C6 单元格“求和项:借方金额”和 D6 单元格“求和项:贷方金额”更改为“借方发生额”

和“贷方发生额”。选择“年”为“2023”、“月”为“01”，完成科目汇总表的建立，如图 3－8 所示。

	A	B	C	D
1-2	科目汇总表			
3	年	2023		
4	月	01		
5				
6	科目代码	科目名称	借方发生额	贷方发生额
7	1001	库存现金	2,540.00	500.00
8	1002	银行存款	58,000.00	217,950.00
9	1121	应收票据	53,675.00	
10	1122	应收账款	124,300.00	58,000.00
11	1403	原材料	58,000.00	38,400.00
12	1406	库存商品	30,000.00	90,000.00
13	1602	累计折旧		17,973.40
14	2211	应付职工薪酬	28,000.00	28,800.00
15	2221	应交税费	7,540.00	20,475.00
16	4103	本年利润	157,500.00	157,500.00
17	4104	利润分配		33,830.60
18	5001	生产成本	62,464.00	30,000.00
19	5101	制造费用	19,264.00	19,264.00
20	6001	主营业务收入	157,500.00	157,500.00
21	6401	主营业务成本	90,000.00	90,000.00
22	6601	销售费用	21,328.00	21,328.00
23	6602	管理费用	12,341.40	12,341.40
24	2201	应付票据	16,950.00	16,950.00
25	1221	其他应收款		5,000.00
26	2202	应付账款	165,000.00	48,590.00
27	总计		1,064,402.40	1,064,402.40

图 3－8　科目汇总表

（二）总分类账的编制

在实际工作中，总分类账的账页格式一般采用三栏式，因此本任务中以编制三栏式总分类账为例。根据表 3－1 期初总账试算平衡表和表 3－2 记账凭证清单编制三栏式总分类账，操作步骤如下：

（1）在工作簿“A 公司账簿. xlsx”中新建工作表，并命名为“三栏式总分类账”。

（2）在工作表“记账凭证清单”中，单击“插入”→“数据透视表”命令，打开“创建数据透视表”对话框，设置“选择一个表或区域”为“记账凭证清单！$A$2：$J$56”，设置“选择放置数据透视表的位置”为“现有工作表：三栏式总分类账！$A$1”，如图 3－9 所示。

（3）单击“确定”按钮，在“科目汇总表”的右侧自动打开“数据透视表字段”窗口。将“科目名称”拖动到“筛选器”区域，将“年”“月”“日”“凭证编号”“摘要”拖动到“行”区域，将“借方金额”“贷方金额”拖动到“值”区域，如图 3－10 所示。

（4）在“值”区域单击“计数项：借方金额”右侧的下三角，在打开的列表中选择“值字段设置”。打开“值字段设置”对话框，选择“值汇总方式”为“求和”。单击“数字格式”按钮，打开“设置单元格格式”对话框，选择格式为“数值”，“小数点位数”为“0”。同理，设置“计数项：贷方金额”。设置完成后生成三栏式总分类账数据，如图 3－11 所示。

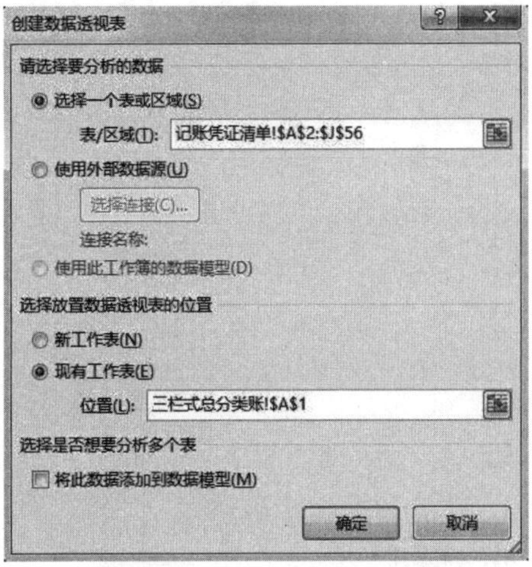

图3-9　创建数据透视表

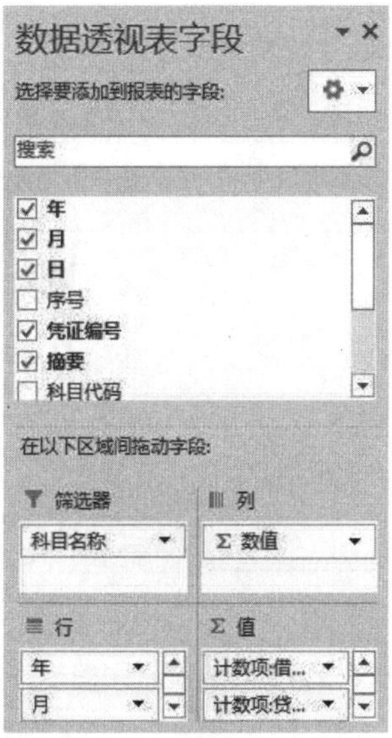

图3-10　数据透视表字段设置

	A	B	C
1	科目名称	(全部)	
2			
3	行标签	求和项:借方金额	求和项:贷方金额
4	⊟2023	1064402.40	1064402.40
5	⊟01	1064402.40	1064402.40
6	⊟01	500.00	500.00
7	⊟2023010101	500.00	500.00
8	购买办公用品	500.00	500.00
9	⊟02	2000.00	2000.00
10	⊟2023010202	2000.00	2000.00
11	提现	2000.00	2000.00
12	⊟03	55350.00	55350.00
13	⊟2023010303	38400.00	38400.00
14	生产领料	38400.00	38400.00
15	⊟2023010304	16950.00	16950.00
16	购买原材料	16950.00	16950.00
17	⊟04	5000.00	5000.00
18	⊟2023010405	5000.00	5000.00
19	报销差旅费	5000.00	5000.00
20	⊟05	30000.00	30000.00
21	⊟2023010506	30000.00	30000.00
22	完工入库	30000.00	30000.00
23	⊟07	48590.00	48590.00
24	⊟2023010707	48590.00	48590.00
25	购买原材料	48590.00	48590.00

图3-11　三栏式总分类账数据

(5) 选择数据透视表中任一单元格,单击“数据透视表工具”→“设计”→“报表布局”按钮,选择“以表格形式显示”命令。

(6) 选择“年”字段并单击鼠标右键,取消勾选“分类汇总年”。同理,取消勾选字段“月”“日”“凭证编号”“摘要”的“分类汇总”,如图3-12所示。

	A	B	C	D	E	F	G
1	科目名称	(全部)					
2							
3	年	月	日	凭证编号	摘要	求和项:借方金额	求和项:贷方金额
4	⊟2023	⊟01	⊟01	⊟2023010101	购买办公用品	500.00	500.00
5			⊟02	⊟2023010202	提现	2000.00	2000.00
6			⊟03	⊟2023010303	生产领料	38400.00	38400.00
7				⊟2023010304	购买原材料	16950.00	16950.00
8			⊟04	⊟2023010405	报销差旅费	5000.00	5000.00
9			⊟05	⊟2023010506	完工入库	30000.00	30000.00
10			⊟07	⊟2023010707	购买原材料	48590.00	48590.00
11			⊟10	⊟2023011008	发放工资	28000.00	28000.00
12			⊟12	⊟2023011209	收到前期货款	58000.00	58000.00
13			⊟13	⊟2023011310	票据结算	16950.00	16950.00
14			⊟15	⊟2023011511	销售产品	124300.00	124300.00
15			⊟22	⊟2023012212	支付广告费	6000.00	6000.00
16			⊟25	⊟2023012513	销售产品	53675.00	53675.00
17			⊟28	⊟2023012814	支付前期货款	165000.00	165000.00
18			⊟31	⊟2023013115	分配并结转应付工资	28800.00	28800.00
19				⊟2023013116	计提折旧	17973.40	17973.40
20				⊟2023013117	结转产品销售成本	90000.00	90000.00
21				⊟2023013118	结转制造费用	19264.00	19264.00
22				⊟2023013119	结转本年收益	157500.00	157500.00
23				⊟2023013120	结转成本费用	123669.40	123669.40
24				⊟2023013121	结转本年利润	33830.60	33830.60
25	总计					1064402.40	1064402.40

图 3－12　取消字段分类汇总

（7）在工作表“三栏式总分类账”中插入标题行为“三栏式总分类账”，并进行相应的格式设置。将 F4 单元格“求和项:借方金额”和 G4 单元格“求和项:贷方金额”更改为“借方发生额”和“贷方发生额”。在 H3 单元格和 I3 单元格中依次录入“方向”和“余额”，并设置“余额”列格式为“数值”且负数显示为红色，如图 3－13 所示。

	A	B	C	D	E	F	G	H	I
1	三栏式总分类账								
2	科目名称	(全部)							
3								方向	余额
4	年	月	日	凭证编号	摘要	借方发生额	贷方发生额		
5	⊟2023	⊟01	⊟01	⊟2023010101	购买办公用品	500.00	500.00		
6			⊟02	⊟2023010202	提现	2000.00	2000.00		
7			⊟03	⊟2023010303	生产领料	38400.00	38400.00		
8				⊟2023010304	购买原材料	16950.00	16950.00		
9			⊟04	⊟2023010405	报销差旅费	5000.00	5000.00		
10			⊟05	⊟2023010506	完工入库	30000.00	30000.00		
11			⊟07	⊟2023010707	购买原材料	48590.00	48590.00		
12			⊟10	⊟2023011008	发放工资	28000.00	28000.00		
13			⊟12	⊟2023011209	收到前期货款	58000.00	58000.00		
14			⊟13	⊟2023011310	票据结算	16950.00	16950.00		
15			⊟15	⊟2023011511	销售产品	124300.00	124300.00		
16			⊟22	⊟2023012212	支付广告费	6000.00	6000.00		
17			⊟25	⊟2023012513	销售产品	53675.00	53675.00		
18			⊟28	⊟2023012814	支付前期货款	165000.00	165000.00		
19			⊟31	⊟2023013115	分配并结转应付工资	28800.00	28800.00		
20				⊟2023013116	计提折旧	17973.40	17973.40		
21				⊟2023013117	结转产品销售成本	90000.00	90000.00		
22				⊟2023013118	结转制造费用	19264.00	19264.00		
23				⊟2023013119	结转本年收益	157500.00	157500.00		
24				⊟2023013120	结转成本费用	123669.40	123669.40		
25				⊟2023013121	结转本年利润	33830.60	33830.60		
26	总计					1064402.40	1064402.40		

图 3－13　设置“三栏式总分类账”格式

(8) 有关公式定义见表 3－4。

表 3－4　“三栏式总分类账”中公式的定义

单元格	公　式
I4	=IF(B2="(全部)","请在 B2 单元格选择科目!",VLOOKUP(B2,期初总账试算平衡表!B3:D47,2,0)－VLOOKUP(B2,期初总账试算平衡表!B3:D47,3,0))
H4	=IF(I4="请在 B2 单元格选择科目!","",IF(I4=0,“平”,IF(I4>0,"借","贷")))
I5	=IFERROR(IF(D5="","",I4+F5－G5),"")
H5	=IF(I5="","",IF(I5=0,"平",IF(I5>0,"借","贷")))

(9) 利用自动填充柄，完成表内单元格 H6 到 I24 的计算，计算结果如图 3－14 所示。因为 B2 单元格未选择具体的科目名称，所以 I4 单元格提示“请在 B2 单元格选择科目!”，H:I 列其他单元格计算结果显示为空。

H5　=IF(I5="","",IF(I5=0,"平",IF(I5>0,"借","贷")))

	A	B	C	D	E	F	G	H	I
1	三栏式总分类账								
2	科目名称	(全部)							
3								方向	余额
4	年	月	日	凭证编号	摘要	借方发生额	贷方发生额		请在B2单元格选择科目!
5	2023	01	01	2023010101	购买办公用品	500	500		
6			02	2023010202	提现	2000	2000		
7			03	2023010303	生产领料	38400	38400		
8				2023010304	购买原材料	16950	16950		
9			04	2023010405	报销差旅费	5000	5000		
10			05	2023010506	完工入库	30000	30000		
11			07	2023010707	购买原材料	48590	48590		
12			10	2023011008	发放工资	28000	28000		
13			12	2023011209	收到前期货款	58000	58000		
14			13	2023011310	票据结算	16950	16950		
15			15	2023011511	销售产品	124300	124300		
16			22	2023012212	支付广告费	6000	6000		
17			25	2023012513	销售产品	53675	53675		
18			28	2023012814	支付前期货款	165000	165000		
19			31	2023013115	分配并结转应付工资	28800	28800		
20				2023013116	计提折旧	17973.4	17973.4		
21				2023013117	结转产品销售成本	90000	90000		
22				2023013118	结转制造费用	19264	19264		
23				2023013119	结转本年收益	157500	157500		
24				2023013120	结转成本费用	123669.4	123669.4		
25				2023013121	结转本年利润	33830.6	33830.6		
26	总计					1064402.4	1064402.4		

图 3－14　“三栏式总分类账”中的计算

任务二　银行存款日记账及总账试算平衡表的编制

一、任务描述

【学习任务 3－2】　根据任务一中的相关账表，编制银行存款日记账和总账试算平衡表。

二、任务分析

Excel 提供了强大的表格处理函数和功能，借此可以编制各种类型的报表。本任务主要介绍根据任务一中编制的三栏式总分类账利用 Excel 编制银行存款日记账，根据任务一中期初总账试算平衡表和记账凭证清单利用 Excel 编制总账试算平衡表。

三、相关知识

（一）银行存款日记账

银行存款日记账是由出纳人员按照银行存款的收、付款记账凭证逐日逐笔顺序登记，用以记录和反映银行存款收支及结存情况的一种特种日记账。银行存款日记账必须采用订本式账簿，其账页格式一般采用“借方”“贷方”和“余额”三栏式，分别反映银行存款收入、支出和结存情况，以便检查监督各项收入和支出款项，避免坐支现金的出现，并便于定期同银行送来的对账单进行核对。

（二）总账试算平衡表

总账试算平衡表是对会计总账科目发生额及余额进行试算平衡的基础报表。它定期地加计分类账各账户的借贷方发生额及余额的合计数，用以检查借贷方是否平衡暨账户记录有无错误。

总账试算平衡表通常设有“账户名称”栏和“期初余额”“本期发生额”“期末余额”三个金额栏。通过总分类账户本期发生额和余额对照表，除可验算全部总分类账户发生额及期末余额是否平衡外，还可了解该期间经济活动和预算执行的概况；另外，该表提供的数据通过必要的计算和调整，也可作为编制会计报表的重要依据。

总账试算平衡表包括三个基本公式：

（1）全部账户的借方期初余额合计数等于全部账户的贷方期初余额合计数；

（2）全部账户的借方发生额合计数等于全部账户的贷方发生额合计数；

（3）全部账户的借方期末余额合计数等于全部账户的贷方期末余额合计数。

四、任务实施

（一）银行存款日记账的编制

根据任务一中的三栏式总分类账编制银行存款日记账，操作步骤如下：

（1）在工作簿“A 公司账簿. xlsx”中打开工作表“三栏式总分类账”，利用“移动或复制工作表”的功能复制该表，并重命名为“银行存款日记账”，如图 3－15 所示。

三栏式总分类账

科目名称	(全部)							
							方向	余额
年	月	日	凭证编号	摘要	借方发生额	贷方发生额		请在B2单元格选择科目!
2023	01	01	2023010101	购买办公用品	500	500		
		02	2023010202	提现	2000	2000		
		03	2023010303	生产领料	38400	38400		
			2023010304	购买原材料	16950	16950		
		04	2023010405	报销差旅费	5000	5000		
		05	2023010506	完工入库	30000	30000		
		07	2023010707	购买原材料	48590	48590		
		10	2023011008	发放工资	28000	28000		
		12	2023011209	收到前期货款	58000	58000		
		13	2023011310	票据结算	16950	16950		
		15	2023011511	销售产品	124300	124300		
		22	2023012212	支付广告费	6000	6000		
		25	2023012513	销售产品	53675	53675		
		28	2023012814	支付前期货款	165000	165000		
		31	2023013115	分配并结转应付工资	28800	28800		
			2023013116	计提折旧	17973.4	17973.4		
			2023013117	结转产品销售成本	90000	90000		
			2023013118	结转制造费用	19264	19264		
			2023013119	结转本年收益	157500	157500		

三栏式总分类账　银行存款日记账

图 3－15　复制工作表"三栏式总分类账"

(2) 在工作表"银行存款日记账"中修改标题为"银行存款日记账",并选择"科目名称"为"银行存款",相关的数据自动更新,如图 3－16 所示。由图可知,银行存款账户在 1 月份共发生了 6 笔业务,期初余额为 187 540 元,期末余额为 27 590 元。

银行存款日记账

科目名称	银行存款							
							方向	余额
年	月	日	凭证编号	摘要	借方发生额	贷方发生额	借	187540.00
2023	01	02	2023010202	提现		2000	借	185540.00
		10	2023011008	发放工资		28000	借	157540.00
		12	2023011209	收到前期货款	58000		借	215540.00
		13	2023011310	票据结算		16950	借	198590.00
		22	2023012212	支付广告费		6000	借	192590.00
		28	2023012814	支付前期货款		165000	借	27590.00
总计					58000	217950		

图 3－16　银行存款日记账

(二) 总账试算平衡表的编制

根据表 3－1 期初总账试算平衡表和表 3－2 记账凭证清单中的数据,利用 Excel 进行总账试算平衡表的编制,操作步骤如下:

(1) 在工作簿"A 公司账簿. xlsx"中新建工作表,并命名为"总账试算平衡表",其格式设计如图 3－17 所示。

总 账 试 算 平 衡 表

科目代码	总账科目	期初余额		本期发生额		期末余额	
		借方	贷方	借方	贷方	借方	贷方

图 3－17　"总账试算平衡表"格式设计

(2) 由于期末余额＝期初借方余额－期初贷方余额＋本期借方发生额－本期贷方发

生额，因此，当期末余额大于 0，则直接填入期末借方余额，期末贷方余额为 0；当期末余额小于 0，则对其取绝对值填入期末贷方余额，期末借方余额为 0。期末余额的计算见表 3－5。

表 3－5 期末余额的计算

	期末借方的结果	期末贷方的结果
该科目的期末余额＞0	期末余额	0
该科目的期末余额＝0	0(或期末余额)	0
该科目的期末余额＜0	0	期末余额的绝对值

(3) 有关公式定义见表 3－6。

表 3－6 “总账试算平衡表”中公式的定义

单元格	公 式
A4	＝期初总账试算平衡表!A3
B4	＝期初总账试算平衡表!B3
C4	＝期初总账试算平衡表!C3
D4	＝期初总账试算平衡表!D3
E4	＝SUMIF(记账凭证清单!$H:$H,$B4,记账凭证清单!$I:$I)
F4	＝SUMIF(记账凭证清单!$H:$H,$B4,记账凭证清单!$J:$J)
G4	＝IF(((C4－D4)＋(E4－F4))＞＝0,(C4－D4)＋(E4－F4),0)
H4	＝IF(((C4－D4)＋(E4－F4))＜0,ABS((C4－D4)＋(E4－F4)),0)
C49	＝SUM(C4:C48)

(4) 利用自动填充柄，完成表内单元区域 A5:H48 和 D49:H49 的计算，计算结果如图 3－18 所示。

	A	B	C	D	E	F	G	H
1	总账试算平衡表							
2	科目代码	总账科目	期初余额		本期发生额		期末余额	
3			借方	贷方	借方	贷方	借方	贷方
4	1001	库存现金	2900	0	2540	500	4940	0
5	1002	银行存款	187540	0	58000	217950	27590	0
6	1012	其他货币资金	0	0	0	0	0	0
7	1101	交易性金融资产	0	0	0	0	0	0
8	1121	应收票据	0	0	53675	0	53675	0
9	1122	应收账款	154000	0	124300	58000	220300	0
10	1123	预付账款	0	0	0	0	0	0
11	1221	其他应收款	5000	0	0	5000	0	0
12	1231	坏账准备	0	2600	0	0	0	2600
13	1403	原材料	416400	0	58000	38400	436000	0
14	1406	库存商品	156000	0	30000	90000	96000	0
15	1411	周转材料	19700	0	0	0	19700	0
16	1601	固定资产	312400	0	0	0	312400	0
17	1602	累计折旧	0	101202	0	17973.4	0	119175.4
18	1604	在建工程	0	0	0	0	0	0
19	1606	固定资产清理	0	0	0	0	0	0
20	1701	无形资产	20000	0	0	0	20000	0
21	1801	长期待摊费用	0	0	0	0	0	0
22	2001	短期借款	0	160000	0	0	0	160000
23	2201	应付票据	0	0	16950	16950	0	0
24	2202	应付账款	0	165000	165000	48590	0	48590
25	2211	应付职工薪酬	0	28000	28000	28800	0	28800
26	2221	应交税费	0	25640	7540	20475	0	38575
49		合计	1285440	1285440	1064402.4	1064402.4	1234569	1234569

银行存款日记账　总账试算平衡表

图 3－18 “总账试算平衡表”中的计算

（5）根据生成的总账试算平衡表，可以分析得出全部账户的借贷方均平衡，具体见表 3－7。

表 3－7　“总账试算平衡表”分析

单元格	含　义
C49＝D49	全部账户的借方期初余额合计数等于全部账户的贷方期初余额合计数
E49＝F49	全部账户的借方发生额合计数等于全部账户的贷方发生额合计数
G49＝H49	全部账户的借方期末余额合计数等于全部账户的贷方期末余额合计数

任务实训　会计核算练习二

一、利用 Excel 编制科目汇总表、三栏式总分类账

1. 打开工作簿“会计核算练习. xlsx”，利用 Excel 编制科目汇总表。

新建一个工作表，根据工作表“记账凭证清单”，运用数据透视的功能完成科目汇总表的编制，完成后将该工作表重命名为“科目汇总表”。

2. 利用 Excel 编制三栏式总分类账。

（1）新建一个工作表，根据工作表“记账凭证清单”，运用数据透视的功能编制三栏式总分类账的本期发生额的数据。

（2）在本期发生额后面设置方向和余额。注意：利用 IF 函数和 VLOOKUP 函数完成期初余额的设置，利用 IF 函数完成滚动余额的设置。

二、利用 Excel 编制现金日记账和总账试算平衡表

1. 打开工作簿“会计核算练习. xlsx”，利用 Excel 编制现金日记账。

2. 利用 Excel 编制总账试算平衡表。

（1）打开工作簿“会计核算练习. xlsx”，新建一个工作表，并命名为“总账试算平衡表”，利用不同工作表之间的数据链接功能从工作表“期初总账试算平衡表”中提取“科目代码”“总账科目”“期初借方余额”“期初贷方余额”到工作表“总账试算平衡表”中，并完成表头设置，包括“科目代码”“科目名称”“期初余额”“本期发生额”“期末余额”。

（2）根据工作表“记账凭证清单”，利用 SUMIF 函数完成“本期发生额”的计算。

（3）利用 IF 函数和 ABS 函数计算期末余额。

（4）在工作表下方利用 SUM 函数完成期初余额、本期发生额和期末余额的借方和贷方的求和。

（5）完成上述任务后将工作表设置保护并隐藏公式。

学习情境四　Excel 在会计报表中的应用

学习目标

学习本情境，了解利用 Excel 的函数功能和工作表之间的数据链接功能实现财务报表编制的思路，掌握从总账试算平衡表中提取数据完成企业财务报表编制的技能。

(1) 掌握 Excel 中一个工作表的数据可以被不同工作表所引用的方法。

(2) 掌握利用 Excel 中函数及数据链接的功能完成资产负债表编制的方法。

(3) 掌握利用 Excel 中函数及数据链接的功能完成利润表编制的方法。

情境导入

通过前面的学习，我们已经掌握了以记账凭证汇总表的数据为依据，利用 Excel 的函数功能生成总账试算平衡表，以及利用数据透视功能分别生成科目汇总表和三栏式总分类账。本情境中，我们将学习以总账试算平衡表的数据为依据，利用 Excel 的函数功能和数据链接功能实现企业财务报表的编制工作。

任务一　利润表的编制

一、任务描述

【学习任务 4－1】 根据“学习情境三”中的总账试算平衡表，进行利润表的编制。

二、任务分析

本任务中编制企业利润表需要以总账试算平衡表的数据为依据，利用 Excel 的函数功能和数据链接功能来实现。

A 公司 2023 年 1 月的总账试算平衡表，如图 4－1 所示。

总账试算平衡表							
科目代码	总账科目	期初余额		本期发生额		期末余额	
		借方	贷方	借方	贷方	借方	贷方
1001	库存现金	2900	0	2540	500	4940	0
1002	银行存款	187540	0	58000	217950	27590	0
1012	其他货币资金	0	0	0	0	0	0
1101	交易性金融资产	0	0	0	0	0	0
1121	应收票据	0	0	53675	0	53675	0
1122	应收账款	154000	0	124300	58000	220300	0
1123	预付账款	0	0	0	0	0	0
1221	其他应收款	5000	0	0	5000	0	0
1231	坏账准备	0	2600	0	0	0	2600
1403	原材料	416400	0	58000	38400	436000	0
1406	库存商品	156000	0	30000	90000	96000	0
1411	周转材料	19700	0	0	0	19700	0
1601	固定资产	312400	0	0	0	312400	0
1602	累计折旧	0	101202	0	17973.4	0	119175.4
1604	在建工程	0	0	0	0	0	0
1606	固定资产清理	0	0	0	0	0	0
1701	无形资产	20000	0	0	0	20000	0
1801	长期待摊费用	0	0	0	0	0	0
2001	短期借款	0	160000	0	0	0	160000
2201	应付票据	0	0	16950	16950	0	0
2202	应付账款	0	165000	165000	48590	0	48590
2211	应付职工薪酬	0	28000	28000	28800	0	28800
2221	应交税费	0	25640	7540	20475	0	38575
2231	应付利息	0	10000	0	0	0	10000
2241	其他应付款	0	3000	0	0	0	3000
2501	长期借款	0	0	0	0	0	0
4001	实收资本	0	550000	0	0	0	550000
4002	资本公积	0	0	0	0	0	0
4101	盈余公积	0	0	0	0	0	0
4103	本年利润	0	0	157500	157500	0	0
4104	利润分配	0	239998	0	33830.6	0	273828.6
5001	生产成本	11500	0	62464	30000	43964	0
5101	制造费用	0	0	19264	19264	0	0
6001	主营业务收入	0	0	157500	157500	0	0
6051	其他业务收入	0	0	0	0	0	0
6111	投资收益	0	0	0	0	0	0
6301	营业外收入	0	0	0	0	0	0
6401	主营业务成本	0	0	90000	90000	0	0
6402	其他业务成本	0	0	0	0	0	0
6403	税金及附加	0	0	0	0	0	0
6601	销售费用	0	0	21328	21328	0	0
6602	管理费用	0	0	12341.4	12341.4	0	0
6603	财务费用	0	0	0	0	0	0
6115	资产处置损益	0	0	0	0	0	0
6801	所得税费用	0	0	0	0	0	0
	合计	1285440	1285440	1064402.4	1064402.4	1234569	1234569

图 4－1　总账试算平衡表

三、相关知识

（一）利润表的格式和内容

利润表，又称损益表，是反映企业在一定会计期间的经营成果的会计报表。利润表的列报必须充分反映企业经营业绩的主要来源和构成，有助于使用者判断净利润的质量及其风险，有助于使用者预测净利润的持续性，从而做出正确的决策。

由于不同的国家和地区对会计信息要求不完全相同，利润表的结构也不完全相同。但目前比较普遍的利润表的结构有单步式和多步式两种。我国一般采用多步式利润表格式，《企业会计准则》应用指南规定的一般企业利润表的格式和内容如图 4－2 所示。

利润表主要反映以下几个方面的内容：

(1) 营业利润，即企业日常经营活动中收入减去费用的业绩。

(2) 利润总额，即营业利润加上或者减去直接计入当期利润的利得或者损失，即反映企业非日常活动经营业绩的营业外收入和营业外支出。

(3) 净利润，是指利润总额减去所得税费用之后的可以用以分配的利润。

此外，为了使报表使用者通过比较不同期间利润的实现情况，判断企业经营成果的未来发展趋势，企业需要提供比较利润表，利润表需要将各项目分为“本期金额”和“上期金额”两栏分别填列。

	A	B	C
1	利润表		
2	编制单位：	2023年1月	单位：元
3	项目	本期金额	上期金额
4	一、营业收入		
5	减：营业成本		
6	税金及附加		
7	销售费用		
8	管理费用		
9	研发费用		
10	财务费用		
11	其中：利息费用		
12	利息收入		
13	资产减值损失		
14	信用减值损失		
15	加：其他收益		
16	投资收益（损失以“-”号填列）		
17	其中：对联营企业和合营企业的投资收益		
18	公允价值变动收益（损失以“-”号填列）		
19	资产处置收益（损失以“-”号填列）		
20	二、营业利润（亏损以“-”号填列）		
21	加：营业外收入		
22	减：营业外支出		
23	三、利润总额（亏损总额以“-”号填列）		
24	减：所得税费用		
25	四、净利润（净亏损以“-”号填列）		

图 4－2　利润表样表

（二）利润表的编制方法

利润表中的栏目分为“本期金额”栏和“上期金额”栏。其中当期利润表中的“上期金额”栏的数据来源为上期利润表中的“本期金额”栏。当期利润表中的“本期金额”栏的数据填列分为两种：一种是根据当期本科目的发生额分析填列，如“营业收入”“营业成本”“税金及附加”“销售费用”“管理费用”“研发费用”“财务费用”“资产减值损失”“信用减值损失”“营业外收入”“营业外支出”“所得税费用”等；另外一种是根据利润表中的相关项目计算填列，如“营业利润”“利润总额”“净利润”等。

（三）VALUE 函数

VALUE 函数是 Excel 中将表示数字的文本字符串转换成数字的函数，其功能与语法见表 4－1。

表 4－1　VALUE 函数的功能与语法

VALUE 函数的功能	将表示数字的文本字符串转换为数字
VALUE 函数的语法	VALUE(text)
	text(必需)：用引号括起来的文本或包含要转换文本的单元格的引用

四、任务实施

（一）利润表的模板建立

1. 设置利润表格式

根据样表，可以依据“学习情境一”所学的技能要点，通过新建工作表、设置工作表格式等操作步骤完成利润表的格式设置，如图 4－2 所示。

2. 在利润表中添加日期

企业利润表是为了对企业经营过程中的某一时期的财务状况进行分析，因此只需要设置分析的年月即可，具体可以利用定义名称和数据有效性来完成。操作步骤如下：

(1) 打开“学习情境三”中的“A 公司账簿. xlsx”工作簿，建立一个新工作表为“利润表”。

(2) 在工作表“利润表”中的某一个单元区域输入分析当年的 1 月至 12 月，并将格式设置为“×年×月”，如图 4－3 所示。将 B2 单元格的格式也设置为“×年×月”。

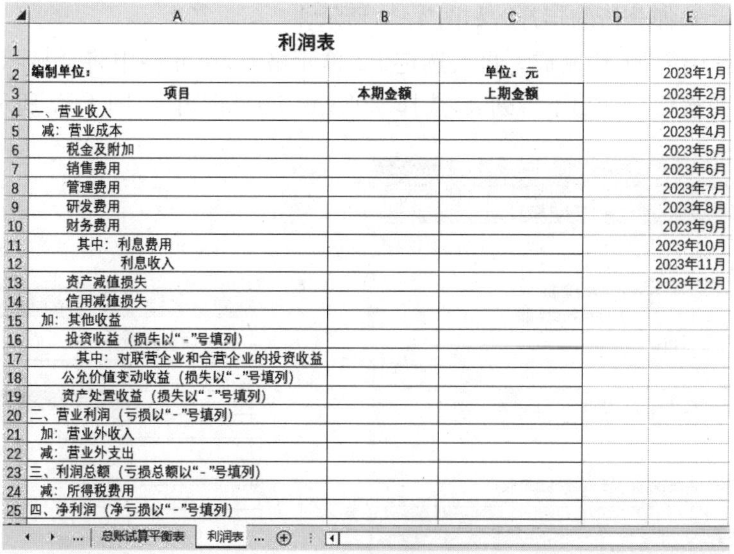

	A	B	C	D	E
1	利润表				
2	编制单位：		单位：元		2023年1月
3	项目	本期金额	上期金额		2023年2月
4	一、营业收入				2023年3月
5	减：营业成本				2023年4月
6	税金及附加				2023年5月
7	销售费用				2023年6月
8	管理费用				2023年7月
9	研发费用				2023年8月
10	财务费用				2023年9月
11	其中：利息费用				2023年10月
12	利息收入				2023年11月
13	资产减值损失				2023年12月
14	信用减值损失				
15	加：其他收益				
16	投资收益（损失以“-”号填列）				
17	其中：对联营企业和合营企业的投资收益				
18	公允价值变动收益（损失以“-”号填列）				
19	资产处置收益（损失以“-”号填列）				
20	二、营业利润（亏损以“-”号填列）				
21	加：营业外收入				
22	减：营业外支出				
23	三、利润总额（亏损总额以“-”号填列）				
24	减：所得税费用				
25	四、净利润（净亏损以“-”号填列）				

图 4－3　输入选择的年月

(3) 将单元格区域命名为“选择分析的年月”。选择 E2:E13 区域,单击“公式”→“定义名称”命令,弹出“编辑名称”对话框,设置“名称”为“选择分析的年月”,“引用位置”文本框中检查单元格区域是否正确或者直接在文本框中输入公式:=利润表! $E$2: $E$13,如图 4-4 所示。

(4) 将 E 列进行隐藏,因为 E 列是用于设置数据下拉列表的数据源,作为辅助列往往需要进行隐藏,但不可删除。具体操作:选定 E 列,单击鼠标右键弹出相应的快捷菜单,在菜单中选择“隐藏”命令,如图 4-5 所示。

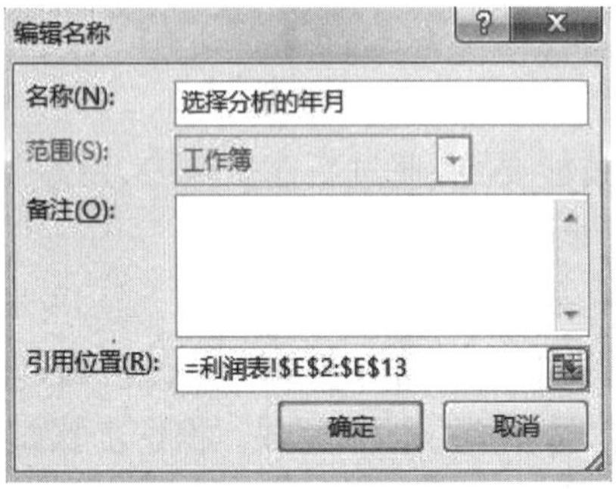

图 4-4 定义名称

图 4-5 辅助列进行隐藏

(5) 设置输入“分析年月”的单元格。选择 B2 单元格,然后单击“数据”→“数据验证”命令。在弹出的“数据验证”对话框中,设置数据有效性的条件。在这里我们需要设置数据的下拉列表,因此在“数据验证”区域中的“允许”下拉列表中选择“序列”,并在“来源”文本框中输入“=选择分析的年月”,如图 4-6 所示。

(6) 单击“确定”按钮完成。再次选定 B2 单元格时,单元格中将会显示一个下拉按钮,单击此下拉按钮会弹出下拉列表,选择“2023 年 1 月”即可,如图 4-7 所示。

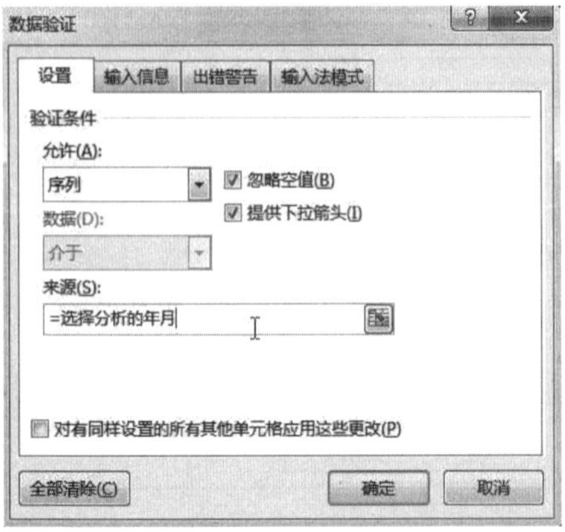

图 4-6 “分析年月”的数据有效性设置

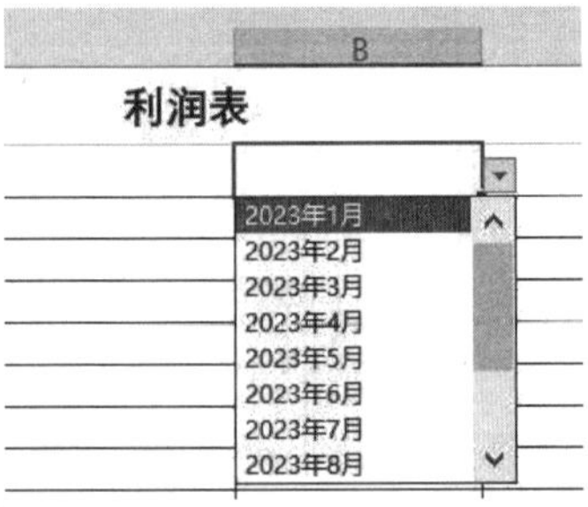

图 4-7 利润表的分析年月

(7) 完成后利润表的模板如图 4－8 所示。

	A	B	C
1	利润表		
2	编制单位：	2023年1月	单位：元
3	项目	本期金额	上期金额
4	一、营业收入		
5	减：营业成本		
6	税金及附加		
7	销售费用		
8	管理费用		
9	研发费用		
10	财务费用		
11	其中：利息费用		
12	利息收入		
13	资产减值损失		
14	信用减值损失		
15	加：其他收益		
16	投资收益（损失以“-”号填列）		
17	其中：对联营企业和合营企业的投资收益		
18	公允价值变动收益（损失以“-”号填列）		
19	资产处置收益（损失以“-”号填列）		
20	二、营业利润（亏损以“-”号填列）		
21	加：营业外收入		
22	减：营业外支出		
23	三、利润总额（亏损总额以“-”号填列）		
24	减：所得税费用		
25	四、净利润（净亏损以“-”号填列）		

图 4－8　利润表的模板

(二) 直接引用法下利润表项目的数据填列

在进行利润表的数据填列前需要了解利润表中各个项目的计算规则，也就是利润表中各项目之间以及项目和会计科目之间的数据勾稽关系，再通过工作表之间互相引用的方法完成数据的填列。

1. 营业收入

根据“营业收入＝主营业务收入＋其他业务收入”，引用工作表“总账试算平衡表”中“主营业务收入”和“其他业务收入”科目的贷方发生额数据，并进行求和计算，如图 4－9 所示。

公式设置：

营业收入 B4＝总账试算平衡表!F37＋总账试算平衡表!F38

B4　=总账试算平衡表!F37+总账试算平衡表!F38

	A	B	C
1	利润表		
2	编制单位：	2023年1月	单位：元
3	项目	本期金额	上期金额
4	一、营业收入	157,500.00	

图 4－9　用直接引用的思路计算营业收入的本期金额

2. 营业成本

根据“营业成本＝主营业务成本＋其他业务成本”，引用工作表“总账试算平衡表”中“主营业务成本”和“其他业务成本”科目的借方发生额数据，并进行求和计算，如图 4－10 所示。

公式设置：

营业成本 B5＝总账试算平衡表！E41＋总账试算平衡表！E42

B5 =总账试算平衡表!E41+总账试算平衡表!E42

	A	B	C
1	利润表		
2	编制单位:	2023年1月	单位：元
3	项目	本期金额	上期金额
4	一、营业收入	157,500.00	
5	减：营业成本	90,000.00	

图 4－10　用直接引用的思路计算营业成本的本期金额

3. 税金及附加

直接引用工作表“总账试算平衡表”中“税金及附加”科目的借方发生额数据，如图 4－11 所示。

公式设置：

税金及附加 B6＝总账试算平衡表！E43

B6 =总账试算平衡表!E43

	A	B	C
1	利润表		
2	编制单位:	2023年1月	单位：元
3	项目	本期金额	上期金额
4	一、营业收入	157,500.00	
5	减：营业成本	90,000.00	
6	税金及附加	0.00	

图 4－11　用直接引用的思路计算税金及附加的本期金额

同理，将利润表中的“销售费用”“管理费用”“研发费用”“财务费用”以及“资产减值损失”“信用减值损失”“其他收益”“投资收益”“公允价值变动收益”“资产处置收益”等逐一进行填列。有关公式定义见表 4－2。

表 4－2　利润表中损益类科目的公式的定义

项　目	公　式	项　目	公　式
销售费用 B7	＝总账试算平衡表！E44	信用减值损失 B14	0
管理费用 B8	＝总账试算平衡表！E45	其他收益 B15	0
研发费用 B9	0	投资收益 B16	＝总账试算平衡表！F39
财务费用 B10	＝总账试算平衡表！E46	公允价值变动收益 B18	0
资产减值损失 B13	0	资产处置收益 B19	＝总账试算平衡表！E47

4. 营业利润

根据会计科目的勾稽关系：营业利润＝营业收入－营业成本－税金及附加－期间费用－研发费用－资产减值损失－信用减值损失＋其他收益＋投资收益（－投资损失）＋公允价值变动收益（－公允价值变动损失）＋资产处置收益（－资产处置损失）计算填列营业利润，如图4－12所示。

B20 =B4-B5-B6-B7-B8-B9-B10-B13-B14+B15+B16+B18+B19

	A	B	C
1	利润表		
2	编制单位：	2023年1月	单位：元
3	项目	本期金额	上期金额
4	一、营业收入	157,500.00	
5	减：营业成本	90,000.00	
6	税金及附加	0.00	
7	销售费用	21,328.00	
8	管理费用	12,341.40	
9	研发费用	0.00	
10	财务费用	0.00	
11	其中：利息费用		
12	利息收入		
13	资产减值损失	0.00	
14	信用减值损失	0.00	
15	加：其他收益	0.00	
16	投资收益（损失以"-"号填列）	0.00	
17	其中：对联营企业和合营企业的投资收益		
18	公允价值变动收益（损失以"-"号填列）	0.00	
19	资产处置收益（损失以"-"号填列）	0.00	
20	二、营业利润（亏损以"-"号填列）	33,830.60	

图4－12 根据会计科目的勾稽关系计算营业利润的本期金额

5. 净利润

根据会计科目的勾稽关系：利润总额＝营业利润＋营业外收入－营业外支出，所得税费用＝利润总额×25％，净利润＝利润总额－所得税费用，对利润表的剩余项目进行填列，有关公式定义见表4－3，最后得到的利润表效果如图4－13所示。

表4－3 利润表中相关利润的公式的定义

项　目	公　式
利润总额B23	＝B20＋B21－B22
所得税费用B24	＝B23＊25％
净利润B25	＝B23－B24

	A	B	C
1	利润表		
2	编制单位：	2023年1月	单位：元
3	项目	本期金额	上期金额
4	一、营业收入	157,500.00	
5	减：营业成本	90,000.00	
6	税金及附加	0.00	
7	销售费用	21,328.00	
8	管理费用	12,341.40	
9	研发费用	0.00	
10	财务费用	0.00	
11	其中：利息费用		
12	利息收入		
13	资产减值损失	0.00	
14	信用减值损失	0.00	
15	加：其他收益	0.00	
16	投资收益（损失以"-"号填列）	0.00	
17	其中：对联营企业和合营企业的投资收益		
18	公允价值变动收益（损失以"-"号填列）	0.00	
19	资产处置收益（损失以"-"号填列）	0.00	
20	二、营业利润（亏损以"-"号填列）	33,830.60	
21	加：营业外收入		
22	减：营业外支出		
23	三、利润总额（亏损总额以"-"号填列）	33,830.60	
24	减：所得税费用	8,457.65	
25	四、净利润（净亏损以"-"号填列）	25,372.95	

图 4－13　完成后利润表的效果

（三）SUMIF 函数下利润表项目的数据填列

利润表中数据的填制也可以利用条件求和函数 SUMIF 来完成，操作步骤如下。

1. 营业收入

由于营业收入项目包括"主营业务收入""其他业务收入"两个科目，所以在函数 SUMIF 中用条件"主营业务收入"和"其他业务收入"来搜索需要的数据，如图 4－14 所示。

公式设置：

营业收入 B4＝SUMIF(总账试算平衡表！$B:$B,"主营业务收入",总账试算平衡表！$F:$F)＋SUMIF(总账试算平衡表！$B:$B,"其他业务收入",总账试算平衡表！$F:$F)

B4　=SUMIF(总账试算平衡表!$B:$B,"主营业务收入",总账试算平衡表!$F:$F)+SUMIF(总账试算平衡表!$B:$B,"其他业务收入",总账试算平衡表!$F:$F)

	A	B	C	D
1	利润表			
2	编制单位：	2023年1月	单位：元	
3	项目	本期金额	上期金额	
4	一、营业收入	157,500.00		

图 4－14　用 SUMIF 的思路计算营业收入的本期金额

2. 营业成本

由于营业成本项目包括"主营业务成本""其他业务成本"两个科目，所以在函数

SUMIF 中用条件“主营业务成本”和“其他业务成本”来搜索需要的数据，如图 4－15 所示。

公式设置：

营业成本 B5＝SUMIF(总账试算平衡表！$B：$B,"主营业务成本"，总账试算平衡表！$E：$E)＋SUMIF(总账试算平衡表！$B：$B,"其他业务成本"，总账试算平衡表！$E：$E)

图 4－15　用 SUMIF 的思路计算营业成本的本期金额

3. 税金及附加

由于税金及附加项目仅包括“税金及附加”这个科目，所以在函数 SUMIF 中用条件“税金及附加”来搜索需要的数据，如图 4－16 所示。

公式设置：

税金及附加 B6 ＝SUMIF(总账试算平衡表！$B：$B,"税金及附加"，总账试算平衡表！$E：$E)

图 4－16　用 SUMIF 的思路计算税金及附加的本期金额

利润表中的其他项目均可以参照以上分析进行公式的设置，但要格外注意，收入类科目和费用类科目的借贷方向相反，在 SUMIF 函数中的求和区域不一致。有关公式定义见表 4－4。

表 4－4　SUMIF 函数下利润表中部分公式的定义

项　目	公　式
销售费用 B7	＝SUMIF(总账试算平衡表！$B：$B,"销售费用"，总账试算平衡表！$E：$E)
管理费用 B8	＝SUMIF(总账试算平衡表！$B：$B,"管理费用"，总账试算平衡表！$E：$E)
研发费用 B9	＝SUMIF(总账试算平衡表！$B：$B,"研发费用"，总账试算平衡表！$E：$E)

续 表

项　目	公　式
财务费用 B10	=SUMIF(总账试算平衡表! $B: $B,"财务费用",总账试算平衡表! $E: $E)
资产减值损失 B13	=SUMIF(总账试算平衡表! $B: $B,"资产减值损失",总账试算平衡表! $E: $E)
信用减值损失 B14	=SUMIF(总账试算平衡表! $B: $B,"信用减值损失",总账试算平衡表! $E: $E)
其他收益 B15	=SUMIF(总账试算平衡表! $B: $B,"其他收益",总账试算平衡表! $F: $F)
投资收益 B16	=SUMIF(总账试算平衡表! $B: $B,"投资收益",总账试算平衡表! $F: $F)
公允价值变动收益 B18	=SUMIF(总账试算平衡表! $B: $B,"公允价值变动收益",总账试算平衡表! $F: $F)
资产处置收益 B19	=SUMIF(总账试算平衡表! $B: $B,"资产处置损益",总账试算平衡表! $F: $F)
营业利润 B20	=B4－B5－B6－B7－B8－B9－B10－B13－B14＋B15＋B16＋B18＋B19
利润总额 B23	=B20＋B21－B22
所得税费用 B24	=B23 * 25%
净利润 B25	=B23－B24

任务二　资产负债表的编制

一、任务描述

【学习任务 4－2】 根据“学习情境三”中的总账试算平衡表，进行资产负债表的编制。

二、任务分析

在本任务中，以工作表“总账试算平衡表”中的数据为依据，根据资产负债表的编制思路，利用 Excel 的函数功能和数据链接功能实现企业资产负债表的编制工作。

三、相关知识

（一）资产负债表概述

资产负债表根据“资产＝负债＋所有者权益(股东权益)”这一会计等式进行编制，属于静态报表，反映的是企业在某一特定日期(一般指月末或年末)的财务状况。《企业会计准则》应用指南中一般企业资产负债表的格式和内容，如图 4－17 所示。

	A	B	C	D	E	F
1	资产负债表					
2						
3	编制单位：			xx年x月x日		单位：元
4	资产	期末余额	年初余额	负债和所有者权益（或股东权益）	期末余额	年初余额
5	流动资产:			流动负债:		
6	货币资金			短期借款		
7	交易性金融资产			交易性金融负债		
8	应收票据			应付票据		
9	应收账款			应付账款		
10	预付款项			预收款项		
11	其他应收款			合同负债		
12	存货			应付职工薪酬		
13	合同资产			应交税费		
14	持有待售资产			其他应付款		
15	一年内到期的非流动资产			持有待售负债		
16	其他流动资产			一年内到期的非流动负债		
17	流动资产合计			其他流动负债		
18	非流动资产:			流动负债合计		
19	债权投资			非流动负债:		
20	其他债券投资			长期借款		
21	长期应收款			应付债券		
22	长期股权投资			长期应付款		
23	其他权益工具投资			预计负债		
24	其他非流动金融资产			递延收益		
25	投资性房地产			递延所得税负债		
26	固定资产			其他非流动负债		
27	在建工程			非流动负债合计		
28	生产性生物资产			负债合计		
29	油气资产			所有者权益（或股东权益）:		
30	无形资产			实收资本（或股本）		
31	开发支出			其他权益工具		
32	商誉			其中：优先股		
33	长期待摊费用			永续债		
34	递延所得税资产			资本公积		
35	其他非流动资产			减：库存股		
36	非流动资产合计			其他综合收益		
37				盈余公积		
38				未分配利润		
39				所有者权益（或股东权益）合计		
40	资产总计			负债和所有者权益（或股东权益）总计		

图 4－17　资产负债表样表

对企业的管理部门、上级主管部门及投资者而言，资产负债表具有重要的作用，其中各项目期末数据，主要可以通过以下几种方式获得：

(1) 直接根据总账科目的余额填列。如“交易性金融资产”“交易性金融负债”“短期借款”“实收资本”等项目，直接根据有关总账科目的期末余额分析填列。

(2) 根据明细科目的余额填列。如“应付票据及应付账款”项目，需要根据“应付票据”“应付账款”和“预付账款”科目的有关明细科目的期末贷方余额计算填列；“未分配利润”项目，应根据“利润分配”科目中所属的“未分配利润”明细科目的期末余额填列。

(3) 根据几个总账科目的期末余额合计数填列。如“货币资金”项目，根据“现金”“银行存款”“其他货币资金”科目的期末总账科目余额计算填列。

(4) 根据有关科目余额减去其备抵科目余额后的净额分析计算填列。如“固定资产”“无形资产”项目,应根据相关科目的期末余额扣减相关的累计折旧(或摊销)填列,已计提减值准备的,还应扣除相应的减值准备。

(5) 根据总账科目和明细账科目余额分析计算填列。例如,“长期借款”项目,应根据“长期借款”总账科目余额扣除“长期借款”科目所属的明细科目中将在资产负债表日起一年内到期,且企业不能自主地将清偿义务展期的长期借款后的金额计算填列。“长期待摊费用”项目,应根据“长期待摊费用”科目的期末余额减去将于一年内(含一年)摊销的数额后的金额填列;“其他非流动负债”项目,应根据有关科目的期末余额减去将于一年内(含一年)到期偿还的数额后的金额填列。

(6) 综合运用上述填列方法分析填列。主要包括:“应收利息”“应收股利”“其他应收款”项目,应根据相关科目的期末余额,减去“坏账准备”科目中有关坏账准备期末余额后的金额填列;“应收票据及应收账款”项目,应根据“应收票据”“应收账款”和“预收账款”科目所属各明细科目的期末借方余额合计数,减去“坏账准备”科目中有关应收账款计提的坏账准备期末余额后的金额填列;“存货”项目,应根据“材料采购”“原材料”“发出商品”“库存商品”“周转材料”“委托加工物资”“生产成本”“受托代销商品”等科目的期末余额合计,减去“存货跌价准备”科目期末余额后的金额填列,材料采用计划成本核算以及库存商品采用计划成本或售价核算的企业,还应按加(或减)材料成本差异、商品进销差价后的金额填列。

资产负债表“年初余额”栏内各项数字,应根据上年末资产负债表“期末余额”栏内所列数字填列。如果上年度资产负债表规定的各个项目的名称和内容同本年度不相一致,应对上年末资产负债表各项目的名称和内容按照本年度的规定进行调整,填入本年资产负债表“年初余额”栏内。

(二) 相关函数介绍

1. DATE 函数

DATE 函数是 Excel 中返回特定日期的函数,其功能与语法见表 4-5。

表 4-5 DATE 函数的功能与语法

DATE 函数的功能	返回表示特定日期的连续序列号
DATE 函数的语法	DATE(year, month, day)
	year(必需):year 参数的值可以包含 1 到 4 位数字。Excel 将根据计算机正在使用的日期系统来解释 year 参数。默认情况下,Microsoft Excel for Windows 使用的是 1900 日期系统,这表示第一个日期为 1900 年 1 月 1 日。 month(必需):一个正整数或负整数,表示一年中从 1 月至 12 月的各个月。 day(必需):一个正整数或负整数,表示一月中从 1 日到 31 日的各天

2. YEAR函数

YEAR函数是Excel中返回特定年份的函数，其功能与语法见表4-6。

表4-6 YEAR函数的功能与语法

YEAR函数的功能	返回对应于某个日期的年份。Year作为1 900～9 999的整数返回
YEAR函数的语法	YEAR(serial_number)
	serial_number(必需)：要查找的年份的日期。应使用DATE函数输入日期，或者将日期作为其他公式或函数的结果输入。如果日期以文本形式输入，则会出现问题

3. MONTH函数

MONTH函数是Excel中返回特定月份的函数，其功能与语法见表4-7。

表4-7 MONTH函数的功能与语法

MONTH函数的功能	返回日期(以序列数表示)中的月份。月份是介于1月到12月之间的整数
MONTH函数的语法	MONTH(serial_number)
	serial_number(必需)：要查找的月份日期。应使用DATE函数输入日期，或将日期作为其他公式或函数的结果输入。如果日期以文本形式输入，则会出现问题

四、任务实施

(一) 资产负债表的模板建立

1. 设置资产负债表格式

根据样表，依据“学习情境一”所学的技能要点，通过新建工作表、设置工作表格式等操作步骤完成资产负债表的格式设置。

2. 资产负债表中添加日期

企业资产负债表是针对企业经营过程中的某个时间点的财务状况进行分析，通常资产负债表的分析均在某一个会计期末进行，如果需要对某个月的数据进行资产负债分析，则时间应该是该月的最后一天。所以，在资产负债表中日期的设置可以借助Excel中日期与时间函数来实现。操作步骤如下：

(1) 在工作表“资产负债表”中设置分析月份的下拉列表。在任务一利润表中已经将分析当年的1月至12月定义为以“选择分析的年月”为名称的数据区域，因此在F2单元格中可以直接以该数据区域为数据源将日期设置成数据下拉列表的形式，如图4-18所示。

图 4－18　数据有效性的有效条件设置

（2）单击“确定”按钮，再选定 F2 单元格时，单元格中将会显示一个下拉按钮，单击此下拉按钮会弹出下拉列表，选择要分析的年月，如图 4－19 所示。

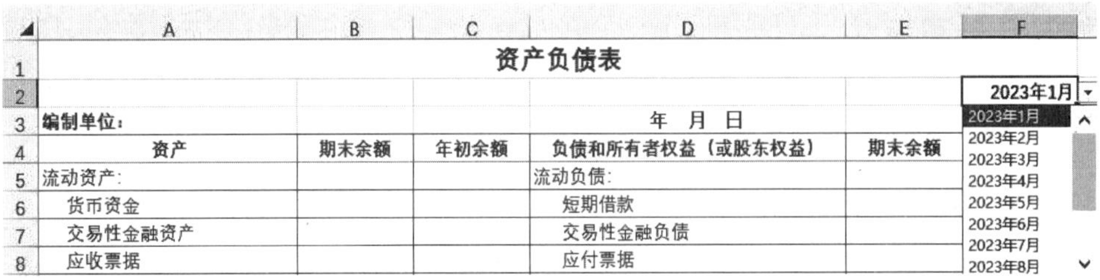

图 4－19　设置好的数据下拉列表

（3）设置好“选择分析的年月”后，接下来我们需要将“分析的年月”转换成该月的最后一天。通常，资产负债表的分析均在某一个会计期末进行，如果需要对某个月的数据进行资产负债分析，则时间应该是该月的最后一天。选择 D3 单元格，设置单元格格式为“××年×月×日”。由于下个月的第 0 天即是当前月的最后一天，所以在 D3 单元格中定义公式，如图 4－20 所示。

公式设置：D3＝DATE(YEAR(F2),MONTH(F2)＋1,0)

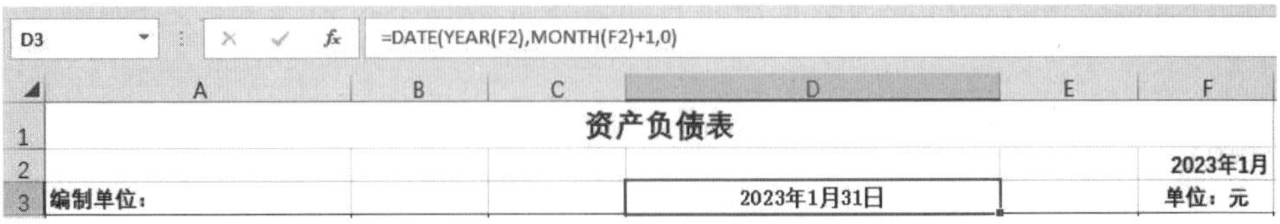

图 4－20　设置资产负债表的时间

(二) 直接引用法下资产负债表项目的数据填列

直接通过工作表之间互相引用的方法，分别引用工作表“总账试算平衡表”中“期初数”和“期末数”的相关单元格数据，进行一定的计算，完成资产负债表“年初余额”和“期末余额”的公式设置。

典型项目 1:货币资金＝库存现金＋银行存款＋其他货币资金

引用工作表“总账试算平衡表”中“库存现金”“银行存款”“其他货币资金”科目的数据，并进行求和计算。

公式设置(见图 4－21)：

货币资金期末余额 B6＝总账试算平衡表!G4＋总账试算平衡表!G5＋总账试算平衡表!G6

B6　=总账试算平衡表!G4+总账试算平衡表!G5+总账试算平衡表!G6

	A	B	C	D	E	F
1	资产负债表					
2						2023年1月
3	编制单位：			2023年1月31日		单位：元
4	资产	期末余额	年初余额	负债和所有者权益（或股东权益）	期末余额	年初余额
5	流动资产:			流动负债:		
6	货币资金	32530.00		短期借款		

图 4－21　用直接引用的思路计算货币资金的期末余额

将单元格 B6 中的公式复制到单元格 C6 中，只需要将其公式修改为“总账试算平衡表”中年初余额所对应的单元格。

公式设置(见图 4－22)：

货币资金年初余额 C6＝总账试算平衡表!C4＋总账试算平衡表!C5＋总账试算平衡表!C6

C6　=总账试算平衡表!C4+总账试算平衡表!C5+总账试算平衡表!C6

	A	B	C	D	E	F
1	资产负债表					
2						2023年1月
3	编制单位：			2023年1月31日		单位：元
4	资产	期末余额	年初余额	负债和所有者权益（或股东权益）	期末余额	年初余额
5	流动资产:			流动负债:		
6	货币资金	32530.00	190440.00	短期借款		

图 4－22　用直接引用的思路计算货币资金的年初余额

典型项目 2:应收账款净额＝应收账款－坏账准备

引用工作表“总账试算平衡表”中“应收账款”“坏账准备”科目的数据，并进行相减计算。

公式设置(见图 4－23)：

应收账款期末余额 B9＝总账试算平衡表!G9－总账试算平衡表!H12

B9 =总账试算平衡表!G9-总账试算平衡表!H12

	A	B	C	D	E	F
1	资产负债表					
2						2023年1月
3	编制单位:			2023年1月31日		单位：元
4	资产	期末余额	年初余额	负债和所有者权益（或股东权益）	期末余额	年初余额
5	流动资产:			流动负债:		
6	货币资金	32530.00	190440.00	短期借款		
7	交易性金融资产			交易性金融负债		
8	应收票据			应付票据		
9	应收账款	217700.00		应付账款		

图 4-23　用直接引用的思路计算应收账款的期末余额

公式设置(见图 4-24)：

应收账款年初余额 C9＝总账试算平衡表!C9－总账试算平衡表!D12

C9 =总账试算平衡表!C9-总账试算平衡表!D12

	A	B	C	D	E	F
1	资产负债表					
2						2023年1月
3	编制单位:			2023年1月31日		单位：元
4	资产	期末余额	年初余额	负债和所有者权益（或股东权益）	期末余额	年初余额
5	流动资产:			流动负债:		
6	货币资金	32530.00	190440.00	短期借款		
7	交易性金融资产			交易性金融负债		
8	应收票据			应付票据		
9	应收账款	217700.00	151400.00	应付账款		

图 4-24　用直接引用的思路计算应收账款的年初余额

典型项目 3:存货＝原材料＋库存商品＋周转材料＋生产成本

引用工作表“总账试算平衡表”中“原材料”“库存商品”“周转材料”“生产成本”等科目的数据,并进行求和计算。

公式设置(见图 4-25)：

存货期末余额 B12＝总账试算平衡表!G13＋总账试算平衡表!G14＋总账试算平衡表!G15＋总账试算平衡表!G35

B12 =总账试算平衡表!G13+总账试算平衡表!G14+总账试算平衡表!G15+总账试算平衡表!G35

	A	B	C	D	E	F
1	资产负债表					
2						2023年1月
3	编制单位:			2023年1月31日		单位：元
4	资产	期末余额	年初余额	负债和所有者权益（或股东权益）	期末余额	年初余额
5	流动资产:			流动负债:		
6	货币资金	32530.00	190440.00	短期借款		
7	交易性金融资产			交易性金融负债		
8	应收票据			应付票据		
9	应收账款	217700.00	151400.00	应付账款		
10	预付款项			预收款项		
11	其他应收款			合同负债		
12	存货	595664.00		应付职工薪酬		

图 4-25　用直接引用的思路计算存货的期末余额

公式设置(见图 4－26)：

存货年初余额 C12＝总账试算平衡表!C13＋总账试算平衡表!C14＋总账试算平衡表!C15＋总账试算平衡表!C35

C12　`=总账试算平衡表!C13+总账试算平衡表!C14+总账试算平衡表!C15+总账试算平衡表!C35`

	A	B	C	D	E	F
1	资产负债表					
2						2023年1月
3	编制单位：			2023年1月31日		单位：元
4	资产	期末余额	年初余额	负债和所有者权益（或股东权益）	期末余额	年初余额
5	流动资产:			流动负债:		
6	货币资金	32530.00	190440.00	短期借款		
7	交易性金融资产			交易性金融负债		
8	应收票据			应付票据		
9	应收账款	217700.00	151400.00	应付账款		
10	预付款项			预收款项		
11	其他应收款			合同负债		
12	存货	595664.00	603600.00	应付职工薪酬		

图 4－26　用直接引用的思路计算存货的年初余额

典型项目 4:固定资产净值＝固定资产－累计折旧

引用工作表“总账试算平衡表”中“固定资产”“累计折旧”科目的数据,并进行相减计算。

公式设置(见图 4－27)：

固定资产期末余额 B26＝总账试算平衡表!G16－总账试算平衡表!H17

B26　`=总账试算平衡表!G16-总账试算平衡表!H17`

	A	B	C	D	E	F
1	资产负债表					
2						2023年1月
3	编制单位：			2023年1月31日		单位：元
4	资产	期末余额	年初余额	负债和所有者权益（或股东权益）	期末余额	年初余额
5	流动资产:			流动负债:		
6	货币资金	32530.00	190440.00	短期借款		
7	交易性金融资产			交易性金融负债		
8	应收票据			应付票据		
9	应收账款	217700.00	151400.00	应付账款		
10	预付款项			预收款项		
11	其他应收款			合同负债		
12	存货	595664.00	603600.00	应付职工薪酬		
13	合同资产			应交税费		
14	持有待售资产			其他应付款		
15	一年内到期的非流动资产			持有待售负债		
16	其他流动资产			一年内到期的非流动负债		
17	流动资产合计			其他流动负债		
18	非流动资产:			流动负债合计		
19	债权投资			非流动负债:		
20	其他债券投资			长期借款		
21	长期应收款			应付债券		
22	长期股权投资			长期应付款		
23	其他权益工具投资			预计负债		
24	其他非流动金融资产			递延收益		
25	投资性房地产			递延所得税负债		
26	固定资产	193224.60		其他非流动负债		

图 4－27　用直接引用的思路计算固定资产的期末余额

公式设置(见图 4－28)：

固定资产年初余额 C26＝总账试算平衡表!C16－总账试算平衡表!D17

C26　=总账试算平衡表!C16-总账试算平衡表!D17

	A	B	C	D	E	F
1				资产负债表		
2						2023年1月
3	编制单位：			2023年1月31日		单位：元
4	资产	期末余额	年初余额	负债和所有者权益（或股东权益）	期末余额	年初余额
5	流动资产:			流动负债:		
6	货币资金	32530.00	190440.00	短期借款		
7	交易性金融资产			交易性金融负债		
8	应收票据			应付票据		
9	应收账款	217700.00	151400.00	应付账款		
10	预付款项			预收款项		
11	其他应收款			合同负债		
12	存货	595664.00	603600.00	应付职工薪酬		
13	合同资产			应交税费		
14	持有待售资产			其他应付款		
15	一年内到期的非流动资产			持有待售负债		
16	其他流动资产			一年内到期的非流动负债		
17	流动资产合计			其他流动负债		
18	非流动资产:			流动负债合计		
19	债权投资			非流动负债:		
20	其他债券投资			长期借款		
21	长期应收款			应付债券		
22	长期股权投资			长期应付款		
23	其他权益工具投资			预计负债		
24	其他非流动金融资产			递延收益		
25	投资性房地产			递延所得税负债		
26	固定资产	193224.60	211198.00	其他非流动负债		

图 4－28　用直接引用的思路计算固定资产的年初余额

典型项目 5:流动资产合计＝货币资金＋交易性金融资产＋应收票据＋应收账款＋预付款项＋其他应收款＋存货等科目

公式设置(见图 4－29)：

流动资产合计 B17＝SUM(B6:B16)

B17　=SUM(B6:B16)

	A	B	C	D	E	F
1				资产负债表		
2						2023年1月
3	编制单位：			2023年1月31日		单位：元
4	资产	期末余额	年初余额	负债和所有者权益（或股东权益）	期末余额	年初余额
5	流动资产:			流动负债:		
6	货币资金	32530.00	190440.00	短期借款		
7	交易性金融资产			交易性金融负债		
8	应收票据	53675.00	0.00	应付票据		
9	应收账款	217700.00	151400.00	应付账款		
10	预付款项			预收款项		
11	其他应收款	0.00	5000.00	合同负债		
12	存货	595664.00	603600.00	应付职工薪酬		
13	合同资产			应交税费		
14	持有待售资产			其他应付款		
15	一年内到期的非流动资产			持有待售负债		
16	其他流动资产			一年内到期的非流动负债		
17	流动资产合计	899569.00	950440.00	其他流动负债		

图 4－29　流动资产合计的公式设置

典型项目6:应交税费的期末余额=总账试算平衡表中“应交税费”项目的期末余额+利润表中的“所得税费用”项目金额

公式设置(见图4-30):

应交税费的期末余额E13=总账试算平衡表!H26+利润表!B24

因为本月账务处理中未计提所得税费用,所以应交税费中的应交企业所得税的金额只有取自利润表。

E13 =总账试算平衡表!H26+利润表!B24

	A	B	C	D	E	F
1	资产负债表					
2						2023年1月
3	编制单位:			2023年1月31日		单位:元
4	资产	期末余额	年初余额	负债和所有者权益(或股东权益)	期末余额	年初余额
5	流动资产:			流动负债:		
6	货币资金	32530.00	190440.00	短期借款	160000.00	160000.00
7	交易性金融资产			交易性金融负债		
8	应收票据	53675.00	0.00	应付票据	0.00	0.00
9	应收账款	217700.00	151400.00	应付账款	48590.00	165000.00
10	预付款项			预收款项		
11	其他应收款	0.00	5000.00	合同负债		
12	存货	595664.00	603600.00	应付职工薪酬	28800.00	28000.00
13	合同资产			应交税费	47032.65	25640.00

图4-30 用直接引用的思路计算应交税费的期末余额

典型项目7:未分配利润的期末余额=总账试算平衡表中“利润分配”项目的期初余额+利润表中的“净利润”项目金额

公式设置(见图4-31):

未分配利润期末余额E38=总账试算平衡表!D34+利润表!B25

这个数据来源的会计原理是指未分配利润期末余额等于利润表中净利润的金额加上期初的利润分配——未分配利润。

E38 =总账试算平衡表!D34+利润表!B25

	A	B	C	D	E	F
1	资产负债表					
2						2023年1月
3	编制单位:			2023年1月31日		单位:元
4	资产	期末余额	年初余额	负债和所有者权益(或股东权益)	期末余额	年初余额
29	油气资产			所有者权益(或股东权益):		
30	无形资产	20000.00	20000.00	实收资本(或股本)	550000.00	550000.00
31	开发支出			其他权益工具		
32	商誉			其中:优先股		
33	长期待摊费用			永续债		
34	递延所得税资产			资本公积		
35	其他非流动资产			减:库存股		
36	非流动资产合计	213224.60	231198.00	其他综合收益		
37				盈余公积		
38				未分配利润	265370.95	239998.00

图4-31 未分配利润的公式设置

除了以上列举的典型项目外,其他资产负债表的项目都可以参照这两种思路进行取数和计算，此处不一一列举，大家可以试着自行完成其他资产负债表项目的公式设置。设置完成后，检查资产负债表中资产合计是否和负债及所有者权益合计相等。在总账试算平衡表无误的情况下，如果“资产总计＝负债和所有者权益总计”，则说明公式的计算是正确的，如图 4－32 所示。

资产负债表

编制单位：			2023年1月31日		2023年1月 单位：元
资产	期末余额	年初余额	负债和所有者权益（或股东权益）	期末余额	年初余额
流动资产:			流动负债:		
货币资金	32530.00	190440.00	短期借款	160000.00	160000.00
交易性金融资产			交易性金融负债		
应收票据	53675.00	0.00	应付票据	0.00	0.00
应收账款	217700.00	151400.00	应付账款	48590.00	165000.00
预付款项			预收款项		
其他应收款	0.00	5000.00	合同负债		
存货	595664.00	603600.00	应付职工薪酬	28800.00	28000.00
合同资产			应交税费	47032.65	25640.00
持有待售资产			其他应付款	13000.00	13000.00
一年内到期的非流动资产			持有待售负债		
其他流动资产			一年内到期的非流动负债		
流动资产合计	899569.00	950440.00	其他流动负债		
非流动资产:			流动负债合计	297422.65	391640.00
债权投资			非流动负债:		
其他债券投资			长期借款	0.00	0.00
长期应收款			应付债券		
长期股权投资			长期应付款		
其他权益工具投资			预计负债		
其他非流动金融资产			递延收益		
投资性房地产			递延所得税负债		
固定资产	193224.60	211198.00	其他非流动负债		
在建工程			非流动负债合计	0.00	0.00
生产性生物资产			负债合计	297422.65	391640.00
油气资产			所有者权益（或股东权益）:		
无形资产	20000.00	20000.00	实收资本（或股本）	550000.00	550000.00
开发支出			其他权益工具		
商誉			其中：优先股		
长期待摊费用			永续债		
递延所得税资产			资本公积		
其他非流动资产			减：库存股		
非流动资产合计	213224.60	231198.00	其他综合收益		
			盈余公积		
			未分配利润	265370.95	239998.00
			所有者权益（或股东权益）合计	815370.95	789998.00
资产总计	1112793.60	1181638.00	负债和所有者权益（或股东权益）总计	1112793.60	1181638.00

图 4－32　完成后资产负债表的效果

（三）SUMIF 函数下资产负债表项目的数据填列

典型项目 1：货币资金＝库存现金＋银行存款＋其他货币资金

由于货币资金项目包括“库存现金”“银行存款”“其他货币资金”三个科目，所以在函数 SUMIF 中分别用条件“库存现金”“银行存款”“其他货币资金”来搜索需要的数据。

公式设置（见图 4－33）：

货币资金期末余额 B6＝SUMIF（总账试算平衡表！$B：$B,"库存现金"，总账试算平衡表！＄G：＄G)＋SUMIF(总账试算平衡表！＄B：＄B,"银行存款",总账试算平衡表！＄G：＄G)＋SUMIF(总账试算平衡表！＄B：＄B,"其他货币资金",总账试算平衡表！＄G：＄G)

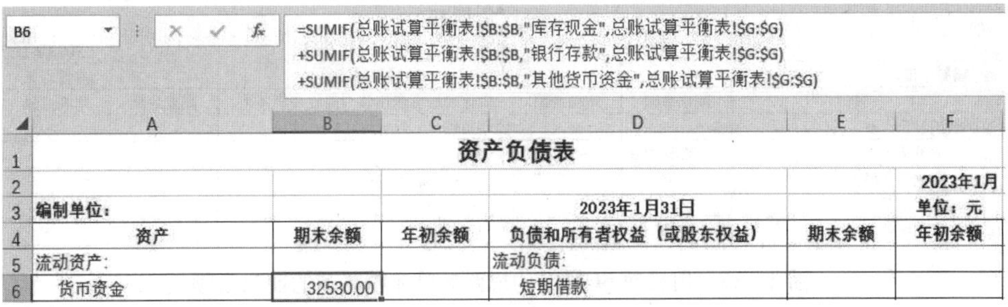

图 4－33　用函数 SUMIF 的思路计算货币资金的期末余额

同样，将单元格 B6 中的公式复制到单元格 C6 中，只需要将其公式中条件求和区域“总账平衡表！＄G：＄G”修改为“总账试算平衡表！＄C：＄C”。

公式设置(见图 4－34)：

货币资金年初余额 C6＝SUMIF(总账试算平衡表！＄B：＄B,"库存现金",总账试算平衡表！＄C：＄C)＋SUMIF(总账试算平衡表！＄B：＄B,"银行存款",总账试算平衡表！＄C：＄C)＋SUMIF(总账试算平衡表！＄B：＄B,"其他货币资金",总账试算平衡表！＄C：＄C)

图 4－34　用函数 SUMIF 的思路计算货币资金的年初余额

典型项目 2：应收账款净额＝应收账款－坏账准备

由于应收账款项目包括“应收账款”“坏账准备”两个科目，所以在函数 SUMIF 中分别用条件“应收账款”“坏账准备”来搜索需要的数据。

公式设置(见图 4－35)：

应收账款期末余额 B9＝SUMIF(总账试算平衡表！＄B：＄B,"应收账款",总账试算平衡表！＄G：＄G)－SUMIF(总账试算平衡表！＄B：＄B,"坏账准备",总账试算平衡表！＄H：＄H)

B9

```
=SUMIF(总账试算平衡表!$B:$B,"应收账款",总账试算平衡表!$G:$G)
-SUMIF(总账试算平衡表!$B:$B,"坏账准备",总账试算平衡表!$H:$H)
```

	A	B	C	D	E	F
1	资产负债表					
2						2023年1月
3	编制单位：			2023年1月31日		单位：元
4	资产	期末余额	年初余额	负债和所有者权益（或股东权益）	期末余额	年初余额
5	流动资产:			流动负债:		
6	货币资金	32530.00	190440.00	短期借款		
7	交易性金融资产			交易性金融负债		
8	应收票据			应付票据		
9	应收账款	217700.00		应付账款		

图 4－35　用函数 SUMIF 的思路计算应收账款的期末余额

公式设置(见图 4－36)：

应收账款年初余额 C9＝SUMIF(总账试算平衡表！$B：$B,"应收账款"，总账试算平衡表！$C：$C)－SUMIF(总账试算平衡表！$B：$B,"坏账准备"，总账试算平衡表！$D：$D)

C9

```
=SUMIF(总账试算平衡表!$B:$B,"应收账款",总账试算平衡表!$C:$C)
-SUMIF(总账试算平衡表!$B:$B,"坏账准备",总账试算平衡表!$D:$D)
```

	A	B	C	D	E	F
1	资产负债表					
2						2023年1月
3	编制单位：			2023年1月31日		单位：元
4	资产	期末余额	年初余额	负债和所有者权益（或股东权益）	期末余额	年初余额
5	流动资产:			流动负债:		
6	货币资金	32530.00	190440.00	短期借款		
7	交易性金融资产			交易性金融负债		
8	应收票据			应付票据		
9	应收账款	217700.00	151400.00	应付账款		

图 4－36　用函数 SUMIF 的思路计算应收账款的年初余额

典型项目 3：存货＝原材料＋库存商品＋周转材料＋生产成本

存货项目包括“原材料”“库存商品”“周转材料”“生产成本”四个科目，所以在函数 SUMIF 中分别用条件“原材料”“库存商品”“周转材料”“生产成本”来搜索需要的数据。

公式设置(见图 4－37)：

存货期末余额 B12＝SUMIF(总账试算平衡表！$B：$B,"原材料"，总账试算平衡表！$G：$G)＋SUMIF(总账试算平衡表！$B：$B,"库存商品"，总账试算平衡表！$G：$G)＋SUMIF(总账试算平衡表！$B：$B,"周转材料"，总账试算平衡表！$G：$G)＋SUMIF(总账试算平衡表！$B：$B,"生产成本"，总账试算平衡表！$G：$G)

B12

=SUMIF(总账试算平衡表!$B:$B,"原材料",总账试算平衡表!$G:$G)
+SUMIF(总账试算平衡表!$B:$B,"库存商品",总账试算平衡表!$G:$G)
+SUMIF(总账试算平衡表!$B:$B,"周转材料",总账试算平衡表!$G:$G)
+SUMIF(总账试算平衡表!$B:$B,"生产成本",总账试算平衡表!$G:$G)

	A	B	C	D	E	F
1	资产负债表					
2						2023年1月
3	编制单位：			2023年1月31日		单位：元
4	资产	期末余额	年初余额	负债和所有者权益（或股东权益）	期末余额	年初余额
5	流动资产:			流动负债:		
6	货币资金	32530.00	190440.00	短期借款		
7	交易性金融资产			交易性金融负债		
8	应收票据			应付票据		
9	应收账款	217700.00	151400.00	应付账款		
10	预付款项			预收款项		
11	其他应收款			合同负债		
12	存货	595664.00		应付职工薪酬		

图 4－37　用函数 SUMIF 的思路计算存货的期末余额

公式设置(见图 4－38)：

存货年初余额 C12＝SUMIF(总账试算平衡表！$B：$B,"原材料",总账试算平衡表！$C：$C)＋SUMIF(总账试算平衡表！$B：$B,"库存商品",总账试算平衡表！$C：$C)＋SUMIF(总账试算平衡表！$B：$B,"周转材料",总账试算平衡表！$C：$C)＋SUMIF(总账试算平衡表！$B：$B,"生产成本",总账试算平衡表！$C：$C)

C12

=SUMIF(总账试算平衡表!$B:$B,"原材料",总账试算平衡表!$C:$C)
+SUMIF(总账试算平衡表!$B:$B,"库存商品",总账试算平衡表!$C:$C)
+SUMIF(总账试算平衡表!$B:$B,"周转材料",总账试算平衡表!$C:$C)
+SUMIF(总账试算平衡表!$B:$B,"生产成本",总账试算平衡表!$C:$C)

	A	B	C	D	E	F
1	资产负债表					
2						2023年1月
3	编制单位：			2023年1月31日		单位：元
4	资产	期末余额	年初余额	负债和所有者权益（或股东权益）	期末余额	年初余额
5	流动资产:			流动负债:		
6	货币资金	32530.00	190440.00	短期借款		
7	交易性金融资产			交易性金融负债		
8	应收票据			应付票据		
9	应收账款	217700.00	151400.00	应付账款		
10	预付款项			预收款项		
11	其他应收款			合同负债		
12	存货	595664.00	603600.00	应付职工薪酬		

图 4－38　用函数 SUMIF 的思路计算存货的年初余额

典型项目 4：固定资产净值＝固定资产－累计折旧

固定资产项目包括“固定资产”“累计折旧”两个科目，所以在函数 SUMIF 中分别用条件“固定资产”“累计折旧”来搜索需要的数据。

公式设置(见图 4－39)：

固定资产期末余额 B26＝SUMIF(总账试算平衡表！$B：$B,"固定资产",总账试算平衡表！$G：$G)－SUMIF(总账试算平衡表！$B：$B,"累计折旧",总账试算平衡表！$H：$H)

B26 =SUMIF(总账试算平衡表!$B:$B,"固定资产",总账试算平衡表!$G:$G)-SUMIF(总账试算平衡表!$B:$B,"累计折旧",总账试算平衡表!$H:$H)

	A	B	C	D	E	F
1	资产负债表					
2						2023年1月
3	编制单位：			2023年1月31日		单位：元
4	资产	期末余额	年初余额	负债和所有者权益（或股东权益）	期末余额	年初余额
18	非流动资产:			流动负债合计		
19	债权投资			非流动负债:		
20	其他债券投资			长期借款		
21	长期应收款			应付债券		
22	长期股权投资			长期应付款		
23	其他权益工具投资			预计负债		
24	其他非流动金融资产			递延收益		
25	投资性房地产			递延所得税负债		
26	固定资产	193224.60		其他非流动负债		

图 4－39　用函数 SUMIF 的思路计算固定资产的期末余额

公式设置(见图 4－40)：

固定资产年初余额 C26＝SUMIF(总账试算平衡表！＄B：＄B,"固定资产",总账试算平衡表！＄C：＄C)－SUMIF(总账试算平衡表！＄B：＄B,"累计折旧",总账试算平衡表！＄D：＄D)

C26 =SUMIF(总账试算平衡表!$B:$B,"固定资产",总账试算平衡表!$C:$C)-SUMIF(总账试算平衡表!$B:$B,"累计折旧",总账试算平衡表!$D:$D)

	A	B	C	D	E	F
1	资产负债表					
2						2023年1月
3	编制单位：			2023年1月31日		单位：元
4	资产	期末余额	年初余额	负债和所有者权益（或股东权益）	期末余额	年初余额
18	非流动资产:			流动负债合计		
19	债权投资			非流动负债:		
20	其他债券投资			长期借款		
21	长期应收款			应付债券		
22	长期股权投资			长期应付款		
23	其他权益工具投资			预计负债		
24	其他非流动金融资产			递延收益		
25	投资性房地产			递延所得税负债		
26	固定资产	193224.60	211198.00	其他非流动负债		

图 4－40　用函数 SUMIF 的思路计算固定资产的年初余额

资产负债表中的其他项目均可以参照以上分析进行公式的设置，但要格外注意科目的借贷方向不同，在 SUMIF 函数中的求和区域也不同。以下列举部分项目期末余额的公式的定义，见表 4－8。

表 4－8　SUMIF 函数下资产负债表中部分公式的定义

项　目	公　式
应收票据 B8	＝SUMIF(总账试算平衡表！＄B：＄B,"应收票据",总账试算平衡表！＄G：＄G)
其他应收款 B11	＝SUMIF(总账试算平衡表！＄B：＄B,"其他应收款",总账试算平衡表！＄G：＄G)
无形资产 B30	＝SUMIF(总账试算平衡表！＄B：＄B,"无形资产",总账试算平衡表！＄G：＄G)

续　表

项　目	公　式
短期借款 E6	=SUMIF(总账试算平衡表!$B:$B,"短期借款",总账试算平衡表!$H:$H)
应付账款 E9	=SUMIF(总账试算平衡表!$B:$B,"应付账款",总账试算平衡表!$H:$H)
应付职工薪酬 E12	=SUMIF(总账试算平衡表!$B:$B,"应付职工薪酬",总账试算平衡表!$H:$H)
应交税费 E13	=SUMIF(总账试算平衡表!$B:$B,"应交税费",总账试算平衡表!$H:$H)+'利润表(SUMIF)'!B24
其他应付款 E14	=SUMIF(总账试算平衡表!$B:$B,"其他应付款",总账试算平衡表!$H:$H)+SUMIF(总账试算平衡表!$B:$B,"应付利息",总账试算平衡表!$H:$H)
实收资本 E30	=SUMIF(总账试算平衡表!$B:$B,"实收资本",总账试算平衡表!$H:$H)
未分配利润 E38	=SUMIF(总账试算平衡表!$B:$B,"利润分配",总账试算平衡表!$D:$D)+'利润表(SUMIF)'!B25

任务实训　会计核算练习三

一、利润表的编制

1. 打开工作簿“会计核算练习.xlsx”，新建一个工作表，重命名为“利润表”，根据图1所示利润表的样式编制利润表。

	A	B	C
1	利润表		
2	编制单位：	2023年1月	单位：元
3	项目	本期金额	上期金额
4	一、营业收入		
5	减：营业成本		
6	税金及附加		
7	销售费用		
8	管理费用		
9	研发费用		
10	财务费用		
11	其中：利息费用		
12	利息收入		
13	资产减值损失		
14	信用减值损失		
15	加：其他收益		
16	投资收益（损失以“-”号填列）		
17	其中：对联营企业和合营企业的投资收益		
18	公允价值变动收益（损失以“-”号填列）		
19	资产处置收益（损失以“-”号填列）		
20	二、营业利润（亏损以“-”号填列）		
21	加：营业外收入		
22	减：营业外支出		
23	三、利润总额（亏损总额以“-”号填列）		
24	减：所得税费用		
25	四、净利润（净亏损以“-”号填列）		

图1　利润表样表

2. 运用“数据有效性”设置完成利润表日期的选择输入。

3. 完成“利润表”中“本期金额”的公式设置。要求：根据工作表“总账试算平衡表”中的数据设置“本期金额”一栏中的公式。

二、资产负债表的编制

1. 打开工作簿“会计核算练习. xlsx”，新建一个工作表，重命名为“资产负债表”，根据图 2 所示资产负债表的样式编制资产负债表。

	A	B	C	D	E	F
1	资产负债表					
2						
3	编制单位：			XX年XX月XX日		单位：元
4	资产	期末余额	年初余额	负债和所有者权益（或股东权益）	期末余额	年初余额
5	流动资产：			流动负债：		
6	货币资金			短期借款		
7	交易性金融资产			交易性金融负债		
8	应收票据			应付票据		
9	应收账款			应付账款		
10	预付款项			预收款项		
11	其他应收款			合同负债		
12	存货			应付职工薪酬		
13	合同资产			应交税费		
14	持有待售资产			其他应付款		
15	一年内到期的非流动资产			持有待售负债		
16	其他流动资产			一年内到期的非流动负债		
17	流动资产合计			其他流动负债		
18	非流动资产：			流动负债合计		
19	债权投资			非流动负债：		
20	其他债券投资			长期借款		
21	长期应收款			应付债券		
22	长期股权投资			长期应付款		
23	其他权益工具投资			预计负债		
24	其他非流动金融资产			递延收益		
25	投资性房地产			递延所得税负债		
26	固定资产			其他非流动负债		
27	在建工程			非流动负债合计		
28	生产性生物资产			负债合计		
29	油气资产			所有者权益（或股东权益）：		
30	无形资产			实收资本（或股本）		
31	开发支出			其他权益工具		
32	商誉			其中：优先股		
33	长期待摊费用			永续债		
34	递延所得税资产			资本公积		
35	其他非流动资产			减：库存股		
36	非流动资产合计			其他综合收益		
37				盈余公积		
38				未分配利润		
39				所有者权益（或股东权益）合计		
40	资产总计			负债和所有者权益（或股东权益）总计		
41						
42						
43						
44						
45						

图 2　资产负债表样表

2. 运用“数据有效性”设置完成资产负债表日期的选择输入，再运用 DATE 函数、YEAR 函数、MONTH 函数、DAY 函数设置资产负债表的分析日期。

3. 完成工作表“资产负债表”中“期末余额”和“年初余额”的公式设置。要求:根据前面实训练习生成的“总账试算平衡表”数据,设置“期末余额”和“年初余额”两栏中的公式,公式计算结果必须满足“资产=负债+所有者权益”的平衡性。

学习情境五　Excel 在工资管理中的应用

学习目标

学习本情境，能够根据“学习情境一”所设计的员工工资标准表并结合公司实际情况创建员工工资表，制作工资条以及分析工资情况。具体如下：

(1) 熟悉 Excel 的常见应用操作，如数据名称的定义方法、数据分类汇总和数据透视等。

(2) 熟练掌握 Excel 有关函数的应用，如 IF 函数和 VLOOKUP 函数。

(3) 熟练应用工资管理基本表格创建员工工资表。

(4) 掌握至少一种工资条的生成方法。

(5) 能利用 Excel 数据处理功能完成常见的工资分析。

情境导入

在工资管理工作中，目前，大部分企事业单位工资核算利用工资管理系统软件来实现，比较简单方便，但在实际应用时有很大的局限性。因而，Excel 仍然是大多数工资专管人员在工资数据统计、报表制作、数据分析和报告呈送时首选的办公软件，它能很好地实现工资的核算和管理，不仅提高了效率，还能满足不同单位的个性化需求，适用于大部分会计专业和非计算机专业人员。而且基于 Excel 的强大功能制作的报表简洁清晰，对工资管理并不熟悉的高管人员也能一目了然。

任务一　创建工资管理表

一、任务描述

【学习任务 5－1】 ××公司利用 Excel 2016 软件对员工工资进行管理，具体要求如下：

(1) 建立工作簿“员工工资管理系统. xlsx”，利用不同工作簿之间的单元格引用方式将“学习情境一”中“EXCEL 应用基础. xlsx”中的两个基本表格“员工信息表”“员工工资标准”引用到该工作簿中。

(2) 创建工作表“员工考勤表”，其中出勤对应“√”、旷工对应“×”、事假对应“△”、病假对应“○”、加班对应“＋”、迟到对应“L”、早退对应“E”。在 1 月考勤中，张立功请病假 5 天，钱林加班 2 天，杨海林请事假 3 天，陈俊旷工 2 天，杜明迟到 5 天，罗松祥加班 1 天，孙晓雪请事假 2 天，王大伟早退 3 天，张韩加班 1 天。计算各员工的加班天数、迟到天数、早退天数、病假天数、事假天数、旷工天数、补发合计和扣发合计。

(3) 创建工作表“员工福利表”，该公司的员工福利包含住房补贴、伙食补贴、话费补贴三部分，具体福利政策如下：职称为高工的住房补贴为 800 元、工程师的为 500 元、助工的为 300 元，伙食补贴标准为 300 元/人，话费补贴标准为销售部 200 元/人、其他部门 50 元/人。计算各员工的住房补贴、伙食补贴、话费补贴和合计。

(4) 创建工作表“员工社保表”，该公司所在城市个人缴纳社会保险的比例为：养老保险 8%、医疗保险 2%、失业保险 0.3%，个人缴纳住房公积金的比例为 8%。计算各员工的养老保险、医疗保险、失业保险、住房公积金和合计。

(5) 创建工作表“工资管理表”，利用相关函数计算各员工的工资情况，如图 5－1 所示。（注：计算“应纳个税”时暂不考虑专项附加扣除。）

XX公司工资管理表

姓名	部门	月工资标准	住房补贴	伙食补贴	话费补贴	加班补助	考勤扣款	应发工资	养老保险	失业保险	医疗保险	住房公积金	应纳税所得额	应纳个税	实发工资
王铁柱	工程部	6000	500	300	50	0	0	6850	480	18	120	480	752	22.56	5729.44
张立功	开发部	9000	500	300	50	0	400	9450	720	27	180	720	2803	84.09	7718.91
方成英	培训部	9000	800	300	50	0	0	10150	760	29	190	760	3411.5	131.15	8280.35
王新美	销售部	8500	500	300	200	0	0	9500	560	21	140	560	3219	111.9	8107.1
徐平	培训部	9000	500	300	50	0	0	9850	680	26	170	680	3294.5	119.45	8175.05
钱林	工程部	6000	300	300	50	400	0	7050	440	17	110	440	1043.5	31.305	6012.195
杨海林	工程部	6000	500	300	50	0	240	6610	480	18	120	480	512	15.36	5496.64
黄东海	开发部	9000	500	300	50	0	0	9850	720	27	180	720	3203	110.3	8092.7
刘丽华	销售部	8500	800	300	200	0	0	9800	640	24	160	640	3336	123.6	8212.4
陈俊	开发部	9000	500	300	50	0	400	9450	720	27	180	720	2803	84.09	7718.91
杜明	工程部	6000	800	300	50	0	150	7000	560	21	140	560	719	21.57	5697.43
李翠翠	工程部	6000	800	300	50	0	0	7150	560	21	140	560	869	26.07	5842.93
李祥杰	工程部	6000	500	300	50	0	0	6850	480	18	120	480	752	22.56	5729.44
罗松祥	销售部	8500	500	300	200	200	0	9700	560	21	140	560	3419	131.9	8287.1
钱昱	开发部	8500	300	300	50	0	0	9150	680	26	170	680	2594.5	77.835	7516.665
孙晓雪	工程部	6000	800	300	50	0	160	6990	560	21	140	560	709	21.27	5687.73
王大伟	工程部	6000	500	300	50	0	90	6760	480	18	120	480	662	19.86	5642.14
张韩	开发部	9000	500	300	50	200	0	10050	720	27	180	720	3403	130.3	8272.7
赵甜甜	培训部	8500	500	300	50	0	0	9350	680	26	170	680	2794.5	83.835	7710.665
朱亮峰	销售部	8000	800	300	200	0	0	9300	640	24	160	640	2836	85.08	7750.92

员工工资标准　员工考勤表　员工福利表　员工社保表　工资管理表

图 5－1　工资管理表

二、任务分析

工资管理表是由“员工信息表”“员工工资标准”“员工考勤表”“员工福利表”“员工社保表”五个基本表格中的数据组合得到“应发工资”，并根据“个人所得税标准表”计算“应纳个税”，从而由“应发工资”扣除三险一金和“应纳个税”得到“实发工资”。

三、相关知识

（一）定义名称

定义名称，是指把一个区域或者公式定义一个名称，当需要引用这个区域或者公式时，可以直接使用自定义后的名称，而不用重复输入区域内容或者公式。在使用 Excel 进行大批量数据处理的时候，合理使用“定义名称”功能，可以极大地减少输入的工作量。

定义名称可以在“公式”选项卡下“定义的名称”命令组中，通过单击“定义名称”命令来进行设置。

(二) VLOOKUP 函数

VLOOKUP 函数是 Excel 中的一个纵向查找函数，在工作中广泛应用，如可以用来核对数据、多个表格之间快速导入数据等。其功能与语法见表 5－1。

表 5－1　VLOOKUP 函数的功能与语法

VLOOKUP 函数的功能	按列查找，最终返回该列所需查询列序所对应的值
VLOOKUP 函数的语法	VLOOKUP (lookup_value, table_array, col_index_num, [range_lookup])
	lookup_value(必需)：要查找的值。要查找的值必须位于 table_array 中指定的单元格区域的第一列中。 table_array(必需)：VLOOKUP 函数在其中搜索 lookup_value 和返回值的单元格区域。 col_index_num(必需)：其中包含返回值的单元格的编号(table_array 最左侧单元格为 1 开始编号)。 range_lookup(可选)：一个逻辑值，该值指定 VLOOKUP 函数查找近似匹配还是精确匹配。TRUE 假定表中的第一列按数字或字母排序，然后搜索最接近的值，这是未指定值时的默认方法。FALSE 在第一列中搜索精确值

(三) 个人所得税

个人所得税是调整征税机关与自然人(居民、非居民)之间在个人所得税的征纳与管理过程中所发生的社会关系的法律规范的总称。凡在中国境内有住所，或者无住所而在中国境内居住满一年的个人，从中国境内和境外取得所得的，以及在中国境内无住所又不居住或者无住所而在境内居住不满一年的个人，从中国境内取得所得的，均为个人所得税的纳税人。

2018 年 8 月 31 日，修改个人所得税法的决定通过，起征点为每月 5 000 元，2018 年 10 月 1 日起实施最新起征点和税率。个人所得税税率表见表 5－2。

表 5－2　个人所得税税率表

级　数	全月应纳税所得额	税率/%	速算扣除数
1	不超过 3 000 元	3	0
2	超过 3 000～12 000 元的部分	10	210
3	超过 12 000～25 000 元的部分	20	1 410
4	超过 25 000～35 000 元的部分	25	2 660
5	超过 35 000～55 000 元的部分	30	4 410
6	超过 55 000～80 000 元的部分	35	7 160
7	超过 80 000 元的部分	45	15 160

员工个人所得税的有关计算公式：

应纳税所得额＝月度收入－5 000元(起征点)－专项扣除(三险一金等)

应纳所得税额＝全月应纳税所得额×适用税率－速算扣除数

四、任务实施

(一) 基本表格的创建

1. 员工信息表、员工工资标准表

在工作簿“员工工资管理系统.xlsx”中，要利用不同工作簿之间的单元格引用方式将“学习情境一”中工作簿“EXCEL应用基础.xlsx”中的两个基本表格“员工信息表”“员工工资标准”引用到该工作簿中，操作步骤如下：

(1) 新建工作簿并重命名为“员工工资管理系统.xlsx”，将工作表Sheet1重命名为“员工信息表”，并打开工作簿“EXCEL应用基础.xlsx”。

(2) 在工作表“员工信息表”A1单元格中输入公式：=[EXCEL应用基础.xlsx]员工信息表!A1，按Enter键确认结束引用；或是选中A1单元格，先输入“=”，用鼠标单击工作簿“EXCEL应用基础.xlsx”中工作表“员工信息表”中的A1单元格，按Enter键确认结束引用，如图5-2所示。因不同工作簿之间的数据引用默认单元格的引用为绝对引用，为了方便其他单元格数据能快速填充，需将公式中的绝对引用调整为相对引用。

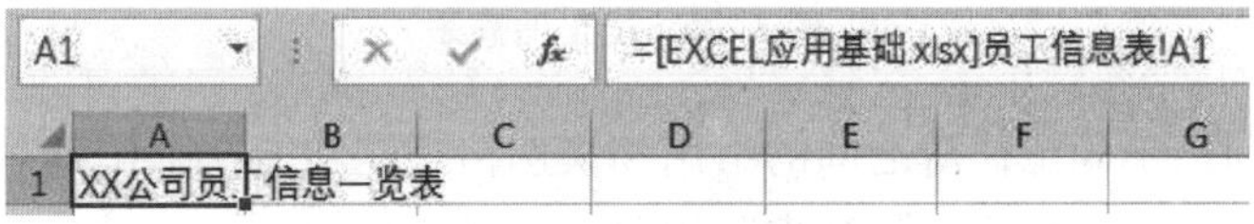

图5-2　跨工作簿单元格引用

(3) 利用填充柄进行自动填充，完成A2:A22和B2:I22单元格区域的内容，如图5-3所示。

	A	B	C	D	E	F	G	H	I	J
1	XX公司员工信息一览表									
2	工号	姓名	部门	年龄	性别	学历	职称	入职时间	银行账号	
3	00101	王铁柱	工程部	28	男	硕士	工程师	42795	6226901566660001	
4	00201	张立功	开发部	26	女	硕士	工程师	42795	6226901566660002	
5	00301	方成英	培训部	35	女	本科	高工	42795	6226901566660003	
6	00401	王新美	销售部	32	男	硕士	工程师	42795	6226901566660004	
7	00302	徐平	培训部	33	男	本科	工程师	42795	6226901566660005	
8	00102	钱林	工程部	23	男	博士	助工	42795	6226901566660006	
9	00103	杨海林	工程部	26	男	本科	工程师	42917	6226901566660007	
10	00202	黄东海	开发部	31	男	博士	工程师	42917	6226901566660008	
11	00402	刘丽华	销售部	37	女	本科	高工	42917	6226901566660009	
12	00203	陈俊	开发部	36	男	硕士	工程师	42917	6226901566660010	
13	00104	杜明	工程部	35	男	本科	高工	42917	6226901566660011	
14	00105	李翠翠	工程部	36	女	硕士	高工	43028	6226901566660012	
15	00106	李祥杰	工程部	32	男	本科	工程师	43028	6226901566660013	
16	00403	罗松祥	销售部	31	男	本科	工程师	43028	6226901566660014	
17	00204	钱昱	开发部	25	男	本科	助工	43200	6226901566660015	
18	00107	孙晓雪	工程部	38	女	硕士	高工	43200	6226901566660016	
19	00108	王大伟	工程部	30	男	本科	工程师	43200	6226901566660017	
20	00205	张韩	开发部	34	男	博士	工程师	43200	6226901566660018	
21	00303	赵甜甜	培训部	33	女	本科	工程师	43296	6226901566660019	
22	00404	朱亮峰	销售部	42	男	博士	高工	43296	6226901566660020	

图5-3　填充柄的使用

(4) 利用格式刷对工作表快速设置格式。选择工作簿“EXCEL 应用基础. xlsx”中工作表“员工工资标准”中 A1:I22 区域,单击“开始”→“剪贴板”→“格式刷”按钮,光标会变为图标 ;再选择工作簿“员工工资管理系统. xlsx”中工作表“员工信息表”中 A1:I22 区域,该区域就会快速套用原工作表中的格式,如图 5-4 所示。

	A	B	C	D	E	F	G	H	I
1	XX公司员工信息一览表								
2	工号	姓名	部门	年龄	性别	学历	职称	入职时间	银行账号
3	00101	王铁柱	工程部	28	男	硕士	工程师	2017/3/1	6226901566660001
4	00201	张立功	开发部	26	女	硕士	工程师	2017/3/1	6226901566660002
5	00301	方成英	培训部	35	女	本科	高工	2017/3/1	6226901566660003
6	00401	王新美	销售部	32	男	硕士	工程师	2017/3/1	6226901566660004
7	00302	徐平	培训部	33	男	本科	工程师	2017/3/1	6226901566660005
8	00102	钱林	工程部	23	男	博士	助工	2017/3/1	6226901566660006
9	00103	杨海林	工程部	26	男	本科	工程师	2017/7/1	6226901566660007
10	00202	黄东海	开发部	31	男	博士	工程师	2017/7/1	6226901566660008
11	00402	刘丽华	销售部	37	女	本科	高工	2017/7/1	6226901566660009
12	00203	陈俊	开发部	36	男	硕士	工程师	2017/7/1	6226901566660010
13	00104	杜明	工程部	35	男	本科	高工	2017/7/1	6226901566660011
14	00105	李翠翠	工程部	36	女	硕士	高工	2017/10/20	6226901566660012
15	00106	李祥杰	工程部	32	男	本科	工程师	2017/10/20	6226901566660013
16	00403	罗松祥	销售部	31	男	本科	工程师	2017/10/20	6226901566660014
17	00204	钱昱	开发部	25	男	本科	助工	2018/4/10	6226901566660015
18	00107	孙晓雪	工程部	38	女	硕士	高工	2018/4/10	6226901566660016
19	00108	王大伟	工程部	30	男	本科	工程师	2018/4/10	6226901566660017
20	00205	张韩	开发部	34	男	博士	工程师	2018/4/10	6226901566660018
21	00303	赵甜甜	培训部	33	女	本科	工程师	2018/7/15	6226901566660019
22	00404	朱亮峰	销售部	42	男	博士	高工	2018/7/15	6226901566660020

图 5-4 员工信息表

(5) 同理,利用不同工作簿之间的引用和快速格式刷功能在工作簿“员工工资管理系统. xlsx”中创建工作表“员工工资标准”,如图 5-5 所示。

员工工资管理系统.xlsx - Excel

文件 开始 插入 页面布局 公式 数据 审阅 视图 告诉我您想要做什么... 登录 共享

R22

	A	B	C	D	E	F	G	H	I	J
1	XX公司员工月工资标准情况一览表									
2	工号	姓名	部门	年龄	性别	学历	职称	岗位工资	资质工资	月工资标准
3	00101	王铁柱	工程部	28	男	硕士	工程师	5000	1000	6000
4	00201	张立功	开发部	26	女	硕士	工程师	8000	1000	9000
5	00301	方成英	培训部	35	女	本科	高工	7500	2000	9500
6	00401	王新美	销售部	32	男	硕士	工程师	6000	1000	7000
7	00302	徐平	培训部	33	男	本科	工程师	7500	1000	8500
8	00102	钱林	工程部	23	男	博士	助工	5000	500	5500
9	00103	杨海林	工程部	26	男	本科	工程师	5000	1000	6000
10	00202	黄东海	开发部	31	男	博士	工程师	8000	1000	9000
11	00402	刘丽华	销售部	37	女	本科	高工	6000	2000	8000

员工信息表 员工工资标准

图 5-5 员工工资标准表

2. 员工考勤表

员工考勤表是用来反映每个员工本月的迟到早退、病事假以及加班情况,以便对员工的工资进行相应的增减调整,操作步骤如下:

(1) 打开工作簿"员工工资管理系统. xlsx",新建工作表并重命名为"员工考勤表",录入原始数据。在该考勤表中,出勤对应"√"、旷工对应"×"、事假对应"△"、病假对应"○"、加班对应"+"、迟到对应"L"、早退对应"E"。在1月份的考勤中,张立功请病假5天,钱林加班2天,杨海林请事假3天,陈俊旷工2天,杜明迟到5天,罗松祥加班1天,孙晓雪请事假2天,王大伟早退3天,张韩加班1天,如图5-6所示。

XX公司1月员工考勤表

工号	姓名	部门	1日	2日	3日	4日	5日	6日	7日	8日	9日	10日	11日	12日	13日	14日	15日	16日	17日	18日	19日	20日	21日	22日	23日	24日	25日	26日	27日	28日	29日	30日	31日	加班天数	迟到天数	早退天数	病假天数	事假天数	旷工天数	补发合计	扣发合计
00101	王铁柱	工程部		√	√	√			√	√	√	√	√			√	√	√	√	√			√	√	√	√	√			√	√	√	√								
00201	张立功	开发部		○	○	○			○	○	√	√	√			√	√	√	√	√			√	√	√	√	√			√	√	√	√								
00301	方成英	培训部		√	√	√			√	√	√	√	√			√	√	√	√	√			√	√	√	√	√			√	√	√	√								
00401	王新美	销售部		√	√	√			√	√	√	√	√			√	√	√	√	√			√	√	√	√	√			√	√	√	√								
00302	徐平	培训部		√	√	√			√	√	√	√	√			√	√	√	√	√			√	√	√	√	√			√	√	√	√								
00102	钱林	工程部		√	√	√			√	√	√	√	√	+	+	√	√	√	√	√			√	√	√	√	√			√	√	√	√								
00103	杨海林	工程部		√	√	√			√	√	△	△	√			√	△	√	√	√			√	√	√	√	√			√	√	√	√								
00202	黄东海	开发部		√	√	√			√	√	√	√	√			√	√	√	√	√			√	√	√	√	√			√	√	√	√								
00402	刘丽华	销售部		√	√	√			√	√	√	√	√			√	√	√	√	√			√	√	√	√	√			√	√	√	√								
00203	陈俊	开发部		√	√	√			√	√	√	√	√			√	√	X	X	√			√	√	√	√	√			√	√	√	√								
00104	杜明	工程部		√	√	√			L	L	L	L	L			√	√	√	√	√			√	√	√	√	√			√	√	√	√								
00105	李翠翠	工程部		√	√	√			√	√	√	√	√			√	√	√	√	√			√	√	√	√	√			√	√	√	√								
00106	李祥杰	工程部		√	√	√			√	√	√	√	√			√	√	√	√	√			√	√	√	√	√			√	√	√	√								
00403	罗松祥	销售部		√	√	√			√	√	√	√	√		+	√	√	√	√	√			√	√	√	√	√			√	√	√	√								
00204	钱昱	开发部		√	√	√			√	√	√	√	√			√	√	√	√	√			√	√	√	√	√			√	√	√	√								
00107	孙晓雪	工程部		√	√	√			√	√	√	√	√			√	√	√	√	√			√	√	√	√	√			√	√	△	△								
00108	王大伟	工程部		√	√	√			√	√	√	√	√			√	√	√	√	√			√	√	E	E	E			√	√	√	√								
00205	张韩	开发部		√	√	√			√	√	√	√	√			√	√	√	√	√	+		√	√	√	√	√			√	√	√	√								
00303	赵甜甜	培训部		√	√	√			√	√	√	√	√			√	√	√	√	√			√	√	√	√	√			√	√	√	√								
00404	朱亮峰	销售部		√	√	√			√	√	√	√	√			√	√	√	√	√			√	√	√	√	√			√	√	√	√								

说明：出勤√　旷工X　事假△　病假O　加班+　迟到L　早退E

注释:
迟到或早退 30元/次
病假或事假 80元/天
旷工 200元/天
加班 200元/天

图5-6　员工考勤原始数据

(2) 利用COUNTIF函数统计出第一位员工的加班天数、迟到天数、早退天数、病假天数、事假天数、旷工天数,再根据注释计算出该员工的补发合计和扣发合计,公式定义见表5-3。

表5-3　员工考勤表中的公式的定义

单元格	公　式	单元格	公　式
AI3	=COUNTIF(D3:AH3,"+")	AM3	=COUNTIF(D3:AH3,"△")
AJ3	=COUNTIF(D3:AH3,"L")	AN3	=COUNTIF(D3:AH3,"×")
AK3	=COUNTIF(D3:AH3,"E")	AO3	=AI3＊200
AL3	=COUNTIF(D3:AH3,"○")	AP3	=AJ3＊30+AK3＊30+AL3＊80+AM3＊80+AN3＊200

(3) 利用填充柄填充其他员工的加班天数、迟到天数、早退天数、病假天数、事假天数、旷工天数、补发合计和扣发合计,结果如图5-7所示。

	A	B	C	AI	AJ	AK	AL	AM	AN	AO	AP
1	XX公司1月员工考勤表										
2	工号	姓名	部门	加班天数	迟到天数	早退天数	病假天数	事假天数	旷工天数	补发合计	扣发合计
3	00101	王铁柱	工程部	0	0	0	0	0	0	0	0
4	00201	张立功	开发部	0	0	0	5	0	0	0	400
5	00301	方成英	培训部	0	0	0	0	0	0	0	0
6	00401	王新美	销售部	0	0	0	0	0	0	0	0
7	00302	徐平	培训部	0	0	0	0	0	0	0	0
8	00102	钱林	工程部	2	0	0	0	0	0	400	0
9	00103	杨海林	工程部	0	0	0	0	3	0	0	240
10	00202	黄东海	开发部	0	0	0	0	0	0	0	0
11	00402	刘丽华	销售部	0	0	0	0	0	0	0	0
12	00203	陈俊	开发部	0	0	0	0	0	2	0	400
13	00104	杜明	工程部	0	5	0	0	0	0	0	150
14	00105	李翠翠	工程部	0	0	0	0	0	0	0	0
15	00106	李祥杰	工程部	0	0	0	0	0	0	0	0
16	00403	罗松祥	销售部	1	0	0	0	0	0	200	0
17	00204	钱昱	开发部	0	0	0	0	0	0	0	0
18	00107	孙晓雪	工程部	0	0	0	0	2	0	0	160
19	00108	王大伟	工程部	0	0	3	0	0	0	0	90
20	00205	张韩	开发部	1	0	0	0	0	0	200	0
21	00303	赵甜甜	培训部	0	0	0	0	0	0	0	0
22	00404	朱亮峰	销售部	0	0	0	0	0	0	0	0

员工信息表 | 员工工资标准 | 员工考勤表 | ...

图 5－7　员工考勤表结果

3. 员工福利表

在该任务中，员工的福利包含住房补贴、伙食补贴、话费补贴三部分，创建员工福利表的操作步骤如下：

（1）打开工作簿“员工工资管理系统. xlsx”，新建工作表并重命名为“员工福利表”。

（2）将工作表“员工福利表”中的 A2、B2、C2、D2 单元格分别引用工作表“员工工资标准”中的 A2、B2、C2、G2 单元格，并利用填充柄填充 A3:D22 区域，再录入其他内容并设置格式，如图 5－8 所示。

	A	B	C	D	E	F	G	H
1	xx公司员工福利一览表							
2	工号	姓名	部门	职称	住房补贴	伙食补贴	话费补贴	合计
3	00101	王铁柱	工程部	工程师				
4	00201	张立功	开发部	工程师				
5	00301	方成英	培训部	高工				
6	00401	王新美	销售部	工程师				
7	00302	徐平	培训部	工程师				
8	00102	钱林	工程部	助工				
9	00103	杨海林	工程部	工程师				
10	00202	黄东海	开发部	工程师				
11	00402	刘丽华	销售部	高工				
12	00203	陈俊	开发部	工程师				
13	00104	杜明	工程部	高工				
14	00105	李翠翠	工程部	高工				
15	00106	李祥杰	工程部	工程师				
16	00403	罗松祥	销售部	工程师				
17	00204	钱昱	开发部	助工				
18	00107	孙晓雪	工程部	高工				
19	00108	王大伟	工程部	工程师				
20	00205	张韩	开发部	工程师				
21	00303	赵甜甜	培训部	工程师				
22	00404	朱亮峰	销售部	高工				
24		注释：						
25		职称	住房补贴		伙食补贴标准：300元/人			
26		高工	800					
27		工程师	500		话费补贴标准：销售部200元/人，其他50元/人			
28		助工	300					

员工信息表 | 员工工资标准 | 员工考勤表 | 员工福利表

图 5－8　员工福利表原始数据

(3) 该公司的福利政策如下：职称为高工的住房补贴为 800 元、工程师的为 500 元、助工的为 300 元，伙食补贴标准为 300 元/人，话费补贴标准为销售部 200 元/人、其他部门 50 元/人。计算第一位员工的住房补贴、伙食补贴、话费补贴和合计，定义公式见表 5－4。

表 5－4　员工福利表中的公式

单元格	公　式
E3	＝IF(D3＝"高工",800,IF(D3＝"工程师",500,300))
F3	300
G3	＝IF(C3＝"销售部",200,50)
H3	＝SUM(E3:G3)

(4) 利用填充柄填充其他员工的福利数据，结果如图 5－9 所示。

	A	B	C	D	E	F	G	H
1	xx公司员工福利一览表							
2	工号	姓名	部门	职称	住房补贴	伙食补贴	话费补贴	合计
3	00101	王铁柱	工程部	工程师	500	300	50	850
4	00201	张立功	开发部	工程师	500	300	50	850
5	00301	方成英	培训部	高工	800	300	50	1150
6	00401	王新美	销售部	工程师	500	300	200	1000
7	00302	徐平	培训部	工程师	500	300	50	850
8	00102	钱林	工程部	助工	300	300	50	650
9	00103	杨海林	工程部	工程师	500	300	50	850
10	00202	黄东海	开发部	工程师	500	300	50	850
11	00402	刘丽华	销售部	高工	800	300	200	1300
12	00203	陈俊	开发部	工程师	500	300	50	850
13	00104	杜明	工程部	高工	800	300	50	1150
14	00105	李翠翠	工程部	高工	800	300	50	1150
15	00106	李祥杰	工程部	工程师	500	300	50	850
16	00403	罗松祥	销售部	工程师	500	300	200	1000
17	00204	钱昱	开发部	助工	300	300	50	650
18	00107	孙晓雪	工程部	高工	800	300	50	1150
19	00108	王大伟	工程部	工程师	500	300	50	850
20	00205	张韩	开发部	工程师	500	300	50	850
21	00303	赵甜甜	培训部	工程师	500	300	50	850
22	00404	朱亮峰	销售部	高工	800	300	200	1300

图 5－9　员工福利表结果

4. 员工社保表

该公司所在城市个人缴纳社会保险的比例为：养老保险 8%、医疗保险 2%、失业保险 0.3%，个人缴纳住房公积金的比例为 8%。创建员工社保表的操作步骤如下：

(1) 打开工作簿"员工工资管理系统.xlsx"，新建工作表并重命名为"员工社保表"。

(2) 将工作表"员工社保表"中的 A2 单元格引用工作表"员工工资标准"中的 A2 单元格，并利用填充柄填充 A3:A22 和 B2:C22 区域，再录入其他内容并设置格式，如图 5－10 所示。

	A	B	C	D	E	F	G	H
1	XX公司员工个人社会保险缴纳一览表							
2	工号	姓名	部门	养老保险	失业保险	医疗保险	住房公积金	合计
3	00101	王铁柱	工程部					
4	00201	张立功	开发部					
5	00301	方成英	培训部					
6	00401	王新美	销售部					
7	00302	徐平	培训部					
8	00102	钱林	工程部					
9	00103	杨海林	工程部					
10	00202	黄东海	开发部					
11	00402	刘丽华	销售部					
12	00203	陈俊	开发部					
13	00104	杜明	工程部					
14	00105	李翠翠	工程部					
15	00106	李祥杰	工程部					
16	00403	罗松祥	销售部					
17	00204	钱昱	开发部					
18	00107	孙晓雪	工程部					
19	00108	王大伟	工程部					
20	00205	张韩	开发部					
21	00303	赵甜甜	培训部					
22	00404	朱亮峰	销售部					
23								
24		注释：						
25			上缴比率					
26		住房公积金	8%					
27		养老保险	8%					
28		医疗保险	2%					
29		失业保险	0.3%					
30								

图 5－10　员工社保表原始数据

(3) 计算第一位员工应缴纳的养老保险、失业保险、医疗保险、住房公积金和合计，定义公式见表 5－5。

表 5－5　员工社保表中的公式的定义

单元格	公　式
D3	＝员工工资标准！J3 * $C$27
E3	＝员工工资标准！J3 * $C$29
F3	＝员工工资标准！J3 * $C$28
G3	＝员工工资标准！J3 * $C$26
H3	＝SUM(D3:G3)

(4) 利用填充柄填充其他员工应缴纳的养老保险、失业保险、医疗保险、住房公积金和合计，结果如图 5－11 所示。

XX公司员工个人社会保险缴纳一览表

工号	姓名	部门	养老保险	失业保险	医疗保险	住房公积金	合计
00101	王铁柱	工程部	480	18	120	480	1098
00201	张立功	开发部	720	27	180	720	1647
00301	方成英	培训部	760	28.5	190	760	1738.5
00401	王新美	销售部	560	21	140	560	1281
00302	徐平	培训部	680	25.5	170	680	1555.5
00102	钱林	工程部	440	16.5	110	440	1006.5
00103	杨海林	工程部	480	18	120	480	1098
00202	黄东海	开发部	720	27	180	720	1647
00402	刘丽华	销售部	640	24	160	640	1464
00203	陈俊	开发部	720	27	180	720	1647
00104	杜明	工程部	560	21	140	560	1281
00105	李翠翠	工程部	560	21	140	560	1281
00106	李祥杰	工程部	480	18	120	480	1098
00403	罗松祥	销售部	560	21	140	560	1281
00204	钱昱	开发部	680	25.5	170	680	1555.5
00107	孙晓雪	工程部	560	21	140	560	1281
00108	王大伟	工程部	480	18	120	480	1098
00205	张韩	开发部	720	27	180	720	1647
00303	赵甜甜	培训部	680	25.5	170	680	1555.5
00404	朱亮峰	销售部	640	24	160	640	1464

员工信息表　员工工资标准　员工考勤表　员工福利表　员工社保表

图 5－11　员工社保表结果

(二) 工资管理表的创建

1. 数据的输入

首先，创建工资管理表的基本框架，操作步骤如下：

(1) 打开工作簿"员工工资管理系统. xlsx"，新建工作表并重命名为"工资管理表"。

(2) 制作工作表"工资管理表"的表头，即在 A1 单元格中输入"××公司工资管理表"，在 A2:Q2 单元格中依次输入"工号""姓名""部门""月工资标准""住房补贴""伙食补贴""话费补贴""加班补助""考勤扣款""应发工资""养老保险""失业保险""医疗保险""住房公积金""应纳税所得额""应纳个税""实发工资"，并进行相应的格式设置，完成后效果如图 5－12 所示。

XX公司工资管理表

工号	姓名	部门	月工资标准	住房补贴	伙食补贴	话费补贴	加班补助	考勤扣款	应发工资	养老保险	失业保险	医疗保险	住房公积金	应纳税所得额	应纳个税	实发工资

图 5－12　"工资管理表"的表头

(3) 录入员工基本信息。工资管理表中的基本信息 A3:C2 区域的数据通过同一工作簿不同工作表的数据引用方式得到，再利用填充柄快速拖动复制完成 A4:C22 区域的数据，如图 5－13 所示。

(4) 工作表"员工工资标准"定义名称。单击"公式"→"定义的名称"→"定义名称"命令，在弹出的"新建名称"窗口中的"名称"下输入"员工工资标准"，鼠标移动到"引用位置"处，单击工作表"员工工资标准"，选中 A3:J22 区域，或者是直接在"引用位置"输入"＝员工工资标准！$A$3:$J$22"，如图 5－14 所示，单击"确定"按钮完成员工工资标准表的名称定义。

	A	B	C	D	E	F	G
2	工号	姓名	部门	月工资标准	住房补贴	伙食补贴	话费补贴
3	00101	王铁柱	工程部				
4	00201	张立功	开发部				
5	00301	方成英	培训部				
6	00401	王新美	销售部				
7	00302	徐平	培训部				
8	00102	钱林	工程部				
9	00103	杨海林	工程部				
10	00202	黄东海	开发部				
11	00402	刘丽华	销售部				
12	00203	陈俊	开发部				
13	00104	杜明	工程部				
14	00105	李翠翠	工程部				
15	00106	李祥杰	工程部				
16	00403	罗松祥	销售部				
17	00204	钱昱	开发部				
18	00107	孙晓雪	工程部				
19	00108	王大伟	工程部				
20	00205	张韩	开发部				
21	00303	赵甜甜	培训部				
22	00404	朱亮峰	销售部				

图 5-13　填充员工信息

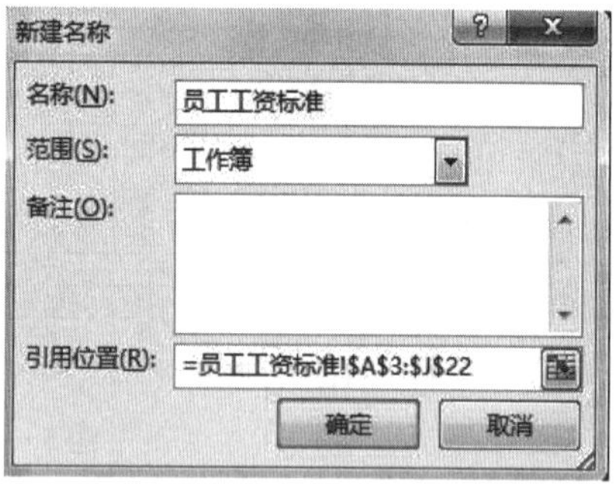

图 5-14　“新建名称”窗口

(5) 同理,分别对“员工考勤表”“员工福利表”“员工社保表”进行名称定义,具体见表 5-6。

表 5-6　基本表格名称定义

名　称	引用位置
员工考勤	=员工考勤表!$A$3:$AP$22
员工福利	=员工福利表!$A$3:$H$22
员工社保	=员工社保表!$A$3:$H$22

2. VLOOKUP 函数的应用

本任务中,“月工资标准”“住房补贴”“伙食补贴”“话费补贴”“加班补助”“考勤扣款”“养老保险”“失业保险”“医疗保险”“住房公积金”等数据均可以利用 VLOOKUP 函数来实现自动显示。下面以从工作表“员工工资标准”中提取“月工资标准”数据为例,操作步骤如下:

(1) 选中工作表“工资管理表”中 D3 单元格,单击“公式”→“函数库”→“插入函数”命令,打开“插入函数”窗口。在“或选择类别”下拉列表中选择“查找与引用”,在“选择函数”中选择“VLOOKUP”,如图 5-15 所示。

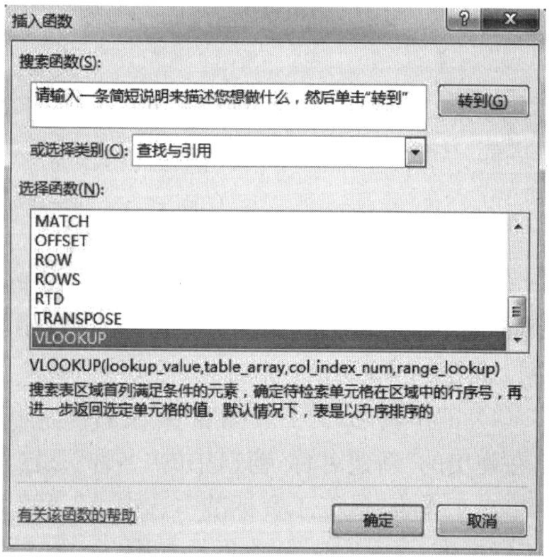

图 5-15　插入 VLOOKUP 函数

（2）单击“确定”按钮，打开“函数参数”窗口。分别输入各参数，如图5-16所示。

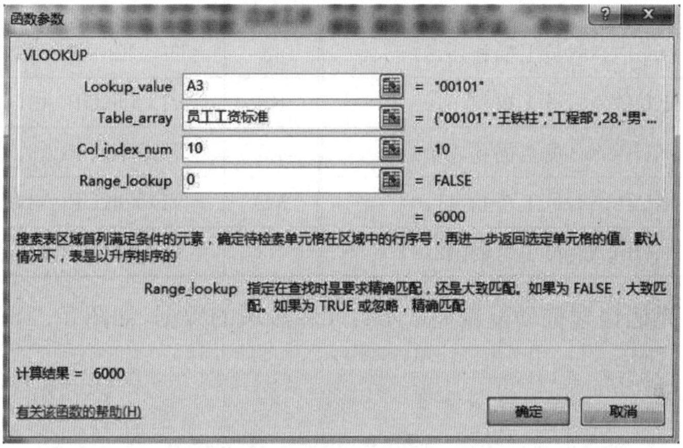

图5-16　VLOOKUP函数的参数

（3）单击“确定”按钮完成第一位员工的月工资标准的显示，再利用填充柄快速拖动复制完成D4:D22区域的数据，如图5-17所示。

D3　=VLOOKUP(A3,员工工资标准,10,0)

	A	B	C	D	E	F	G	H	I	J
1	XX公司工资管									
2	工号	姓名	部门	月工资标准	住房补贴	伙食补贴	话费补贴	加班补助	考勤扣款	应发工资
3	00101	王铁柱	工程部	6000						
4	00201	张立功	开发部	9000						
5	00301	方成英	培训部	9000						
6	00401	王新美	销售部	8500						
7	00302	徐平	培训部	9000						
8	00102	钱林	工程部	6000						
9	00103	杨海林	工程部	6000						
10	00202	黄东海	开发部	9000						
11	00402	刘丽华	销售部	8500						
12	00203	陈俊	开发部	9000						
13	00104	杜明	工程部	6000						
14	00105	李翠翠	工程部	6000						
15	00106	李祥杰	工程部	6000						
16	00403	罗松祥	销售部	8500						
17	00204	钱昱	开发部	8500						
18	00107	孙晓雪	工程部	6000						
19	00108	王大伟	工程部	6000						
20	00205	张韩	开发部	9000						
21	00303	赵甜甜	培训部	8500						
22	00404	朱亮峰	销售部	8000						

图5-17　“月工资标准”计算结果

（4）同理，利用VLOOKUP函数计算第一位员工的“住房补贴”“伙食补贴”“话费补贴”“加班补助”“考勤扣款”“养老保险”“失业保险”“医疗保险”“住房公积金”，且根据“应发工资＝月工资标准＋住房补贴＋伙食补贴＋话费补贴＋加班补助－考勤扣款”计算该员工的“应发工资”，定义公式见表5-7。

表 5－7　VLOOKUP 函数的公式的定义

单元格	公　式	单元格	公　式
E3	＝VLOOKUP(A3,员工福利,5,0)	J3	＝D3＋E3＋F3＋G3＋H3－I3
F3	＝VLOOKUP(A3,员工福利,6,0)	K3	＝VLOOKUP(A3,员工社保,4,0)
G3	＝VLOOKUP(A3,员工福利,7,0)	L3	＝VLOOKUP(A3,员工社保,5,0)
H3	＝VLOOKUP(A3,员工考勤,41,0)	M3	＝VLOOKUP(A3,员工社保,6,0)
I3	＝VLOOKUP(A3,员工考勤,42,0)	N3	＝VLOOKUP(A3,员工社保,7,0)

(5) 利用填充柄快速拖动复制完成 E4:N22 区域的数据，如图 5－18 所示。

	A	B	C	D	E	F	G	H	I	J	K	L	M	N
1	XX公司工资管理表													
2	工号	姓名	部门	月工资标准	住房补贴	伙食补贴	话费补贴	加班补助	考勤扣款	应发工资	养老保险	失业保险	医疗保险	住房公积金
3	00101	王铁柱	工程部	6000	500	300	50	0	0	6850	480	18	120	480
4	00201	张立功	开发部	9000	500	300	50	0	400	9450	720	27	180	720
5	00301	方成英	培训部	9000	800	300	50	0	0	10150	760	29	190	760
6	00401	王新美	销售部	8500	500	300	200	0	0	9500	560	21	140	560
7	00302	徐平	培训部	9000	500	300	50	0	0	9850	680	26	170	680
8	00102	钱林	工程部	6000	300	300	50	400	0	7050	440	17	110	440
9	00103	杨海林	工程部	6000	500	300	50	0	240	6610	480	18	120	480
10	00202	黄东海	开发部	9000	500	300	50	0	0	9850	720	27	180	720
11	00402	刘丽华	销售部	8500	800	300	200	0	0	9800	640	24	160	640
12	00203	陈俊	开发部	9000	500	300	50	0	400	9450	720	27	180	720
13	00104	杜明	工程部	6000	800	300	50	0	150	7000	560	21	140	560
14	00105	李翠翠	工程部	6000	800	300	50	0	0	7150	560	21	140	560
15	00106	李祥杰	工程部	6000	500	300	50	0	0	6850	480	18	120	480
16	00403	罗松祥	销售部	8500	500	300	200	200	0	9700	560	21	140	560
17	00204	钱昱	开发部	8500	300	300	50	0	0	9150	680	26	170	680
18	00107	孙晓雪	工程部	6000	800	300	50	0	160	6990	560	21	140	560
19	00108	王大伟	工程部	6000	500	300	50	0	90	6760	480	18	120	480
20	00205	张韩	开发部	9000	500	300	50	200	0	10050	720	27	180	720
21	00303	赵甜甜	培训部	8500	500	300	50	0	0	9350	680	26	170	680
22	00404	朱亮峰	销售部	8000	800	300	200	0	0	9300	640	24	160	640

员工工资标准　员工考勤表　员工福利表　员工社保表　个税计算标准表　工资管理表

图 5－18　VLOOKUP 函数的应用

3. IF 函数的应用

在该任务中，要计算“实发工资”，应先计算出“应纳税所得额”，再根据“应纳税所得额”和“个人所得税标准”利用 IF 函数得到“实发工资”的数据，操作步骤如下：

(1) 计算“应纳税所得额”。应纳税所得额＝应发工资－养老保险－失业保险－医疗保险－住房公积金－个税起征点。所以定义第一位员工的应纳税所得额 O3 单元格公式为：＝J3－K3－L3－M3－N3－5000，并利用填充柄快速拖动复制完成 O4:O22 区域的数据，如图 5－19 所示。

(2) 计算“应纳个税”。应纳个税＝全月应纳税所得额×适用税率－速算扣除数。根据最新的“个人所得税税率表”（见表 5－2），利用 IF 函数计算“应纳个

=J3-K3-L3-M3-N3-5000

N	O	P
资管理表		
住房公积金	应纳税所得额	应纳个税
480	752	
720	2803	
760	3411.5	
560	3219	
680	3294.5	
440	1043.5	
480	512	
720	3203	
640	3336	
720	2803	
560	719	
560	869	
480	752	
560	3419	
680	2594.5	
560	709	
480	662	
720	3403	
680	2794.5	
640	2836	

图 5－19　“应纳税所得额”计算结果

税”。所以定义第一位员工的应纳个税 P3 单元格公式为:=IF(O3<3000,O3*0.03,IF(O3<12000,O3*0.1-210,IF(O3<25000,O3*0.2-1410,IF(O3<35000,O3*0.25-2660,IF(O3<55000,O3*0.3-4410,IF(O3<80000,O3*0.35-7160,O3*0.45-15160)))))),并利用填充柄快速拖动复制完成 P4:P22 区域的数据,如图 5-20 所示。

	B	C	K	L	M	N	O	P	Q
1	XX公司工资管理表								
2	姓名	部门	养老保险	失业保险	医疗保险	住房公积金	应纳税所得额	应纳个税	实发工资
3	王铁柱	工程部	480	18	120	480	752	22.56	
4	张立功	开发部	720	27	180	720	2803	84.09	
5	方成英	培训部	760	29	190	760	3411.5	131.15	
6	王新美	销售部	560	21	140	560	3219	111.9	
7	徐平	培训部	680	26	170	680	3294.5	119.45	
8	钱林	工程部	440	17	110	440	1043.5	31.305	
9	杨海林	工程部	480	18	120	480	512	15.36	
10	黄东海	开发部	720	27	180	720	3203	110.3	
11	刘丽华	销售部	640	24	160	640	3336	123.6	
12	陈俊	开发部	720	27	180	720	2803	84.09	
13	杜明	工程部	560	21	140	560	719	21.57	
14	李翠翠	工程部	560	21	140	560	869	26.07	
15	李祥杰	工程部	480	18	120	480	752	22.56	
16	罗松祥	销售部	560	21	140	560	3419	131.9	
17	钱昱	开发部	680	26	170	680	2594.5	77.835	
18	孙晓雪	工程部	560	21	140	560	709	21.27	
19	王大伟	工程部	480	18	120	480	662	19.86	
20	张韩	开发部	720	27	180	720	3403	130.3	
21	赵甜甜	培训部	680	26	170	680	2794.5	83.835	
22	朱亮峰	销售部	640	24	160	640	2836	85.08	

图 5-20 “应纳个税”计算结果

(3) 计算“实发工资”。实发工资=应发工资-养老保险-失业保险-医疗保险-住房公积金-应纳个税。在 Q3 单元格中输入公式:=J3-K3-L3-M3-N3-P3,并利用填充柄功能快速填充 Q4:Q22 区域的数据,如图 5-21 所示。

Q3 =J3-K3-L3-M3-N3-P3

	B	C	J	K	L	M	N	O	P	Q	R
1	XX公司工资管理表										
2	姓名	部门	应发工资	养老保险	失业保险	医疗保险	住房公积金	应纳税所得额	应纳个税	实发工资	
3	王铁柱	工程部	6850	480	18	120	480	752	22.56	5729.44	
4	张立功	开发部	9450	720	27	180	720	2803	84.09	7718.91	
5	方成英	培训部	10150	760	29	190	760	3411.5	131.15	8280.35	
6	王新美	销售部	9500	560	21	140	560	3219	111.9	8107.1	
7	徐平	培训部	9850	680	26	170	680	3294.5	119.45	8175.05	
8	钱林	工程部	7050	440	17	110	440	1043.5	31.305	6012.195	
9	杨海林	工程部	6610	480	18	120	480	512	15.36	5496.64	
10	黄东海	开发部	9850	720	27	180	720	3203	110.3	8092.7	
11	刘丽华	销售部	9800	640	24	160	640	3336	123.6	8212.4	
12	陈俊	开发部	9450	720	27	180	720	2803	84.09	7718.91	
13	杜明	工程部	7000	560	21	140	560	719	21.57	5697.43	
14	李翠翠	工程部	7150	560	21	140	560	869	26.07	5842.93	
15	李祥杰	工程部	6850	480	18	120	480	752	22.56	5729.44	
16	罗松祥	销售部	9700	560	21	140	560	3419	131.9	8287.1	
17	钱昱	开发部	9150	680	26	170	680	2594.5	77.835	7516.665	
18	孙晓雪	工程部	6990	560	21	140	560	709	21.27	5687.73	
19	王大伟	工程部	6760	480	18	120	480	662	19.86	5642.14	
20	张韩	开发部	10050	720	27	180	720	3403	130.3	8272.7	
21	赵甜甜	培训部	9350	680	26	170	680	2794.5	83.835	7710.665	
22	朱亮峰	销售部	9300	640	24	160	640	2836	85.08	7750.92	

员工工资标准 | 员工考勤表 | 员工福利表 | 员工社保表 | 个税计算标准表 | 工资管理表

图 5-21 “实发工资”计算结果

任务二　制作工资条

一、任务描述

【学习任务 5－2】　××公司每个月需要将工资的各项明细发放给员工，请根据任务一中的工作表“工资管理表”中的相关数据制作工资表。

二、任务分析

工资条是员工所在单位定期给员工反映工资的纸条。常见的工资条需要一页打印多个人的工资明细，每个人的工资条对应工资项目和工资明细，两个工资条之间空一行。利用 Excel 制作工资条的方法有很多种，这里介绍两种最常见的方法，构造辅助列排序法和函数法。

三、相关知识

（一）函数介绍

1. MOD 函数

MOD 函数是一个求余函数，其功能与语法见表 5－8。

表 5－8　MOD 函数的功能与语法

MOD 函数的功能	返回两数相除的余数，结果的符号与除数相同
MOD 函数的语法	MOD(number，divisor)
	number（必需）：要计算余数的被除数。 divisor（必需）：除数

2. ROW 函数

ROW 函数的作用是返回一个引用的行号，其功能与语法见表 5－9。

表 5－9　ROW 函数的功能与语法

ROW 函数的功能	返回引用的行号
ROW 函数的语法	ROW([reference])
	reference（可选）：需要得到其行号的单元格或单元格区域。如果省略 reference，则假定是对函数 ROW 所在单元格的引用

3. COLUMN 函数

COLUMN 函数的作用是返回一个引用的列号，其功能与语法见表 5－10。

表 5－10　COLUMN 函数的功能与语法

COLUMN 函数的功能	返回指定单元格引用的列号
COLUMN 函数的语法	COLUMN([reference])
	reference(可选)：需要得到其列号的单元格或单元格区域。如果省略 reference，则假定是对函数 COLUMN 所在单元格的引用

4. INT 函数

INT 函数是将一个要取整的实数(可以为数学表达式)向下取整为最接近的整数的函数，其功能与语法见表 5－11。

表 5－11　INT 函数的功能与语法

INT 函数的功能	将数字向下舍入到最接近的整数
INT 函数的语法	INT(number)
	number(必需)：需要进行向下舍入取整的实数

5. INDEX 函数

INDEX 函数是返回表或区域中的值或值的引用的函数，其功能与语法见表 5－12。

表 5－12　INDEX 函数的功能与语法

INDEX 函数的功能	返回表或区域中的值或值的引用
INDEX 函数的语法	INDEX(array, row_num, [column_num])
	array(必需)：单元格区域或数组常量。 row_num(必需)：选择数组中的某行，函数从该行返回数值。如果省略 row_num，则必须有 column_num。 column_num(可选)：选择数组中的某列，函数从该列返回数值。如果省略 column_num，则必须有 row_num

四、任务实施

(一) 构造辅助列排序法

这个方法比较简单，基本思路是：首先复制多行标题，之后添加辅助列，并进行排序即可。操作步骤如下：

(1) 复制工作表“工资管理表”。打开工作簿“员工工资管理系统. xlsx”中的工作表“工资管理表”，右键单击“工资管理表”工作表标签，在打开的菜单中选择“移动或复制”命令，弹出“移动或复制工作表”对话框，依次选择“将选定工作表移至工作簿”为“员工工资管理系统. xlsx”，“下列选定工作表之前”为“(移至最后)”，并勾选“建立副本”，如图 5－22 所示。

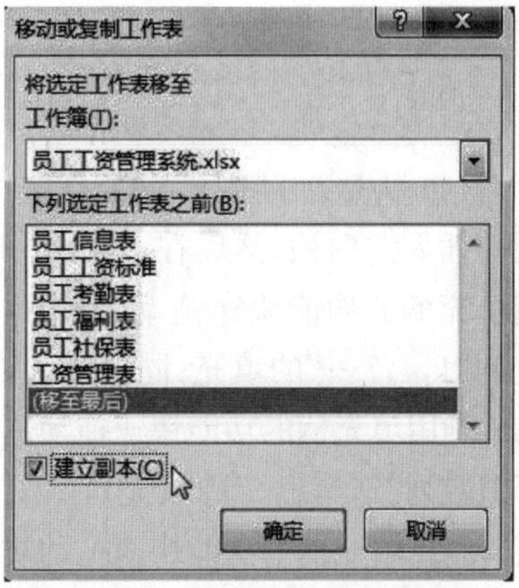

图 5－22　复制工作表“工资管理表”

（2）单击“确定”按钮完成“工资管理表”的复制。将复制的“工资管理表(2)”重命名为“制作工资条(一)”，并删除标题“薪资管理表”，如图 5－23 所示。

	A	B	C	D	E	F	G	H	I	J	K	L	M	N	O	P	Q
1	工号	姓名	部门	月工资标准	住房补贴	伙食补贴	话费补贴	加班补助	考勤扣款	应发工资	养老保险	失业保险	医疗保险	住房公积金	应纳税所得额	应纳个税	实发工资
2	00101	王铁柱	工程部	6000	500	300	50	0	0	6850	480	18	120	480	752	22.56	5729.44
3	00201	张立功	开发部	9000	500	300	50	0	400	9450	720	27	180	720	2803	84.09	7718.91
4	00301	方成英	培训部	9000	800	300	50	0	0	10150	760	28.5	190	760	3411.5	131.15	8280.35
5	00401	王新美	销售部	8500	500	300	200	0	0	9500	560	21	140	560	3219	111.9	8107.1
6	00302	徐平	培训部	9000	500	300	50	0	0	9850	680	25.5	170	680	3294.5	119.45	8175.05
7	00102	钱林	工程部	6000	300	300	50	400	0	7050	440	16.5	110	440	1043.5	31.305	6012.195
8	00103	杨海林	工程部	6000	500	300	50	0	240	6610	480	18	120	480	512	15.36	5496.64
9	00202	黄东海	开发部	9000	500	300	50	0	0	9850	720	27	180	720	3203	110.3	8092.7
10	00402	刘丽华	销售部	8500	800	300	200	0	0	9800	640	24	160	640	3336	123.6	8212.4
11	00203	陈俊	开发部	9000	500	300	50	0	400	9450	720	27	180	720	2803	84.09	7718.91
12	00104	杜明	工程部	6000	800	300	50	0	150	7000	560	21	140	560	719	21.57	5697.43
13	00105	李翠翠	工程部	6000	800	300	50	0	0	7150	560	21	140	560	869	26.07	5842.93
14	00106	李祥杰	工程部	6000	500	300	50	0	0	6850	480	18	120	480	752	22.56	5729.44
15	00403	罗松祥	销售部	8500	500	300	200	200	0	9700	560	21	140	560	3419	131.9	8287.1
16	00204	钱昱	开发部	8500	300	300	50	0	0	9150	680	25.5	170	680	2594.5	77.835	7516.665
17	00107	孙晓雪	工程部	6000	800	300	50	0	160	6990	560	21	140	560	709	21.27	5687.73
18	00108	王大伟	工程部	6000	500	300	50	0	90	6760	480	18	120	480	662	19.86	5642.14
19	00205	张韩	开发部	9000	500	300	50	200	0	10050	720	27	180	720	3403	130.3	8272.7
20	00303	赵甜甜	培训部	8500	500	300	50	0	0	9350	680	25.5	170	680	2794.5	83.835	7710.665
21	00404	朱亮峰	销售部	8000	800	300	200	0	0	9300	640	24	160	640	2836	85.08	7750.92
22																	
23																	
24																	

… 员工工资标准 | 员工考勤表 | 员工福利表 | 员工社保表 | 工资管理表 | 制作工资条（一）

图 5－23　员工工资条数据

（3）添加标题行。在第一行和第二行之间插入 19 行空白行(员工总人数－1)，利用填充柄的功能将第一行的内容快速拖动复制到 A2:Q20 区域，如图 5－24 所示。

	A	B	C	D	E	F	G	H	I	J	K	L	M	N	O	P	Q
1	工号	姓名	部门	月工资标准	住房补贴	伙食补贴	话费补贴	加班补助	考勤扣款	应发工资	养老保险	失业保险	医疗保险	住房公积金	应纳税所得额	应纳个税	实发工资
2	工号	姓名	部门	月工资标准	住房补贴	伙食补贴	话费补贴	加班补助	考勤扣款	应发工资	养老保险	失业保险	医疗保险	住房公积金	应纳税所得额	应纳个税	实发工资
3	工号	姓名	部门	月工资标准	住房补贴	伙食补贴	话费补贴	加班补助	考勤扣款	应发工资	养老保险	失业保险	医疗保险	住房公积金	应纳税所得额	应纳个税	实发工资
4	工号	姓名	部门	月工资标准	住房补贴	伙食补贴	话费补贴	加班补助	考勤扣款	应发工资	养老保险	失业保险	医疗保险	住房公积金	应纳税所得额	应纳个税	实发工资
5	工号	姓名	部门	月工资标准	住房补贴	伙食补贴	话费补贴	加班补助	考勤扣款	应发工资	养老保险	失业保险	医疗保险	住房公积金	应纳税所得额	应纳个税	实发工资
6	工号	姓名	部门	月工资标准	住房补贴	伙食补贴	话费补贴	加班补助	考勤扣款	应发工资	养老保险	失业保险	医疗保险	住房公积金	应纳税所得额	应纳个税	实发工资
7	工号	姓名	部门	月工资标准	住房补贴	伙食补贴	话费补贴	加班补助	考勤扣款	应发工资	养老保险	失业保险	医疗保险	住房公积金	应纳税所得额	应纳个税	实发工资
8	工号	姓名	部门	月工资标准	住房补贴	伙食补贴	话费补贴	加班补助	考勤扣款	应发工资	养老保险	失业保险	医疗保险	住房公积金	应纳税所得额	应纳个税	实发工资
9	工号	姓名	部门	月工资标准	住房补贴	伙食补贴	话费补贴	加班补助	考勤扣款	应发工资	养老保险	失业保险	医疗保险	住房公积金	应纳税所得额	应纳个税	实发工资
10	工号	姓名	部门	月工资标准	住房补贴	伙食补贴	话费补贴	加班补助	考勤扣款	应发工资	养老保险	失业保险	医疗保险	住房公积金	应纳税所得额	应纳个税	实发工资
11	工号	姓名	部门	月工资标准	住房补贴	伙食补贴	话费补贴	加班补助	考勤扣款	应发工资	养老保险	失业保险	医疗保险	住房公积金	应纳税所得额	应纳个税	实发工资
12	工号	姓名	部门	月工资标准	住房补贴	伙食补贴	话费补贴	加班补助	考勤扣款	应发工资	养老保险	失业保险	医疗保险	住房公积金	应纳税所得额	应纳个税	实发工资
13	工号	姓名	部门	月工资标准	住房补贴	伙食补贴	话费补贴	加班补助	考勤扣款	应发工资	养老保险	失业保险	医疗保险	住房公积金	应纳税所得额	应纳个税	实发工资
14	工号	姓名	部门	月工资标准	住房补贴	伙食补贴	话费补贴	加班补助	考勤扣款	应发工资	养老保险	失业保险	医疗保险	住房公积金	应纳税所得额	应纳个税	实发工资
15	工号	姓名	部门	月工资标准	住房补贴	伙食补贴	话费补贴	加班补助	考勤扣款	应发工资	养老保险	失业保险	医疗保险	住房公积金	应纳税所得额	应纳个税	实发工资
16	工号	姓名	部门	月工资标准	住房补贴	伙食补贴	话费补贴	加班补助	考勤扣款	应发工资	养老保险	失业保险	医疗保险	住房公积金	应纳税所得额	应纳个税	实发工资
17	工号	姓名	部门	月工资标准	住房补贴	伙食补贴	话费补贴	加班补助	考勤扣款	应发工资	养老保险	失业保险	医疗保险	住房公积金	应纳税所得额	应纳个税	实发工资
18	工号	姓名	部门	月工资标准	住房补贴	伙食补贴	话费补贴	加班补助	考勤扣款	应发工资	养老保险	失业保险	医疗保险	住房公积金	应纳税所得额	应纳个税	实发工资
19	工号	姓名	部门	月工资标准	住房补贴	伙食补贴	话费补贴	加班补助	考勤扣款	应发工资	养老保险	失业保险	医疗保险	住房公积金	应纳税所得额	应纳个税	实发工资
20	工号	姓名	部门	月工资标准	住房补贴	伙食补贴	话费补贴	加班补助	考勤扣款	应发工资	养老保险	失业保险	医疗保险	住房公积金	应纳税所得额	应纳个税	实发工资
21	00101	王铁柱	工程部	6000	500	300	50	0	0	6850	480	18	120	480	752	22.56	5729.44
22	00201	张立功	开发部	9000	500	300	50	0	400	9450	720	27	180	720	2803	84.09	7718.91
23	00301	方成英	培训部	9000	800	300	50	0	0	10150	760	28.5	190	760	3411.5	131.15	8280.35

… 员工工资标准 | 员工考勤表 | 员工福利表 | 员工社保表 | 工资管理表 | 制作工资条（一）

图 5－24　复制标题行

（4）构造辅助列。在工作表“制作工资条(一)”的首列前插入空白列，然后在 A1、A2 单元格分别输入 1、4，利用填充柄的功能快速拖动复制到 A3:A20 区域实现等差数列“1,4,7…”的填充；同理，在 A21、A22 单元格分别输入 2、5，利用填充柄的功能快速拖动复制到 A23:A40 区域实现等差数列“2,5,8…”的填充；在 A41、A42 单元格分别输入 3、6，利用填充柄的功能快速拖动复制到 A43:A60 区域实现等差数列“3,6,9…”的填充。结果如图 5－25 所示。

	A	B	C	D
1	1	工号	姓名	部门
2	4	工号	姓名	部门
3	7	工号	姓名	部门
21	2	00101	王铁柱	工程部
22	5	00201	张立功	开发部
23	8	00301	方成英	培训部
41	3			
42	6			
43	9			

图 5－25　构造辅助列

(5) 将辅助列按 A 列序号从小到大排序。选择 A1:R60 区域，单击“数据”→“排序和筛选”→“排序”命令，弹出“排序”窗口。在该窗口中取消勾选“数据包含标题”，且“主要关键字”下拉框选择“列 A”，“次序”为“升序”，如图 5-26 所示。单击“确定”按钮完成排序，结果如图 5-27 所示。

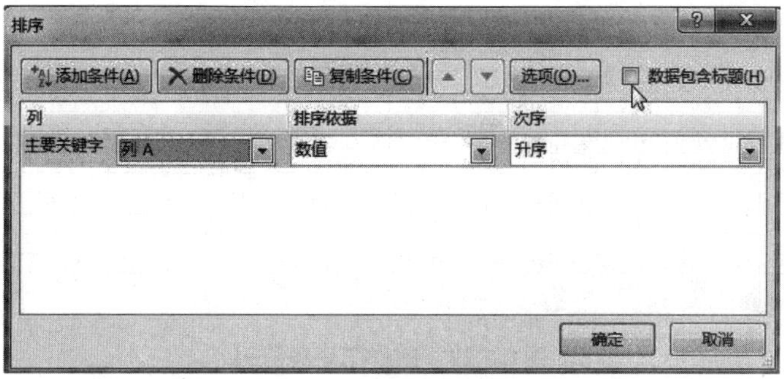

图 5-26　辅助列排序窗口

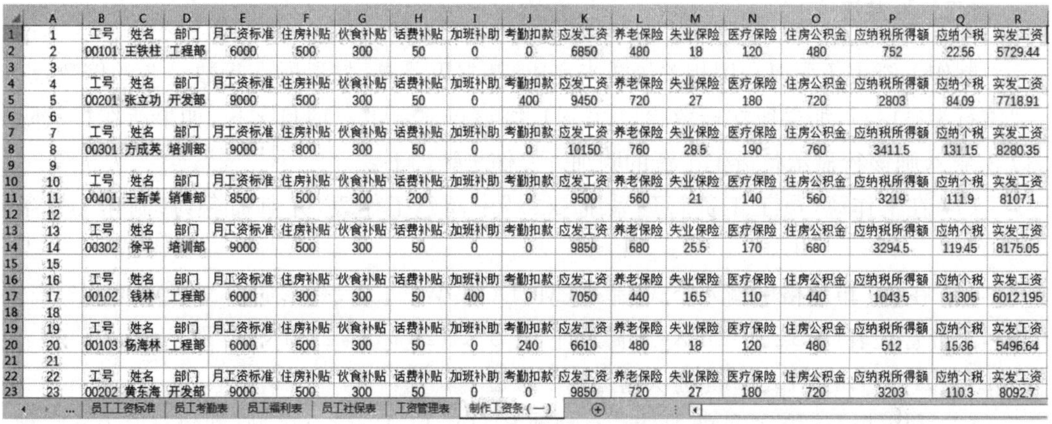

	A	B	C	D	E	F	G	H	I	J	K	L	M	N	O	P	Q	R
1	1	工号	姓名	部门	月工资标准	住房补贴	伙食补贴	话费补贴	加班补助	考勤扣款	应发工资	养老保险	失业保险	医疗保险	住房公积金	应纳税所得额	应纳个税	实发工资
2	2	00101	王铁柱	工程部	6000	500	300	50	0	0	6850	480	18	120	480	752	22.56	5729.44
3	3																	
4	4	工号	姓名	部门	月工资标准	住房补贴	伙食补贴	话费补贴	加班补助	考勤扣款	应发工资	养老保险	失业保险	医疗保险	住房公积金	应纳税所得额	应纳个税	实发工资
5	5	00201	张立功	开发部	9000	500	300	50	0	400	9450	720	27	180	720	2803	84.09	7718.91
6	6																	
7	7	工号	姓名	部门	月工资标准	住房补贴	伙食补贴	话费补贴	加班补助	考勤扣款	应发工资	养老保险	失业保险	医疗保险	住房公积金	应纳税所得额	应纳个税	实发工资
8	8	00301	方成英	培训部	9000	800	300	50	0	0	10150	760	28.5	190	760	3411.5	131.15	8280.35
9	9																	
10	10	工号	姓名	部门	月工资标准	住房补贴	伙食补贴	话费补贴	加班补助	考勤扣款	应发工资	养老保险	失业保险	医疗保险	住房公积金	应纳税所得额	应纳个税	实发工资
11	11	00401	王新美	销售部	8500	500	300	200	0	0	9500	560	21	140	560	3219	111.9	8107.1
12	12																	
13	13	工号	姓名	部门	月工资标准	住房补贴	伙食补贴	话费补贴	加班补助	考勤扣款	应发工资	养老保险	失业保险	医疗保险	住房公积金	应纳税所得额	应纳个税	实发工资
14	14	00302	徐平	培训部	9000	500	300	50	0	0	9850	680	25.5	170	680	3294.5	119.45	8175.05
15	15																	
16	16	工号	姓名	部门	月工资标准	住房补贴	伙食补贴	话费补贴	加班补助	考勤扣款	应发工资	养老保险	失业保险	医疗保险	住房公积金	应纳税所得额	应纳个税	实发工资
17	17	00102	钱林	工程部	6000	300	300	50	400	0	7050	440	16.5	110	440	1043.5	31.305	6012.195
18	18																	
19	19	工号	姓名	部门	月工资标准	住房补贴	伙食补贴	话费补贴	加班补助	考勤扣款	应发工资	养老保险	失业保险	医疗保险	住房公积金	应纳税所得额	应纳个税	实发工资
20	20	00103	杨海林	工程部	6000	500	300	50	0	240	6610	480	18	120	480	512	15.36	5496.64
21	21																	
22	22	工号	姓名	部门	月工资标准	住房补贴	伙食补贴	话费补贴	加班补助	考勤扣款	应发工资	养老保险	失业保险	医疗保险	住房公积金	应纳税所得额	应纳个税	实发工资
23	23	00202	黄东海	开发部	9000	500	300	50	0	0	9850	720	27	180	720	3203	110.3	8092.7

员工工资标准　员工考勤表　员工福利表　员工社保表　工资管理表　制作工资条（一）

图 5-27　辅助列排序结果

(6) 美化工资条。首先删除辅助列 A 列，再全选整个表格利用筛选功能筛选出非空白行，如图 5-28 所示。给筛选后的非空白行添加边框，最后取消筛选，效果如图 5-29 所示。

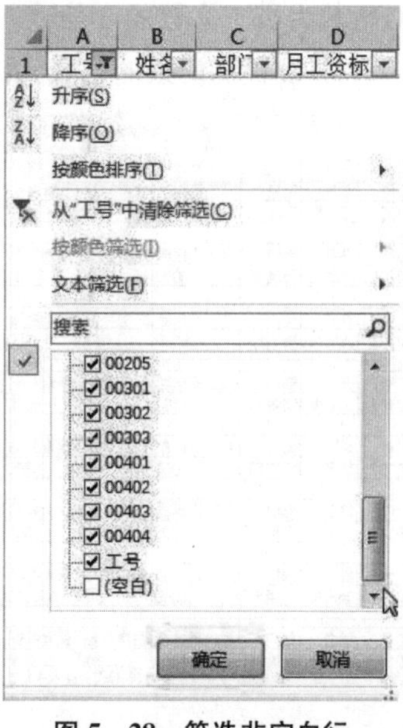

图 5-28　筛选非空白行

	A	B	C	D	E	F	G	H	I	J	K	L	M	N	O	P	Q
1	工号	姓名	部门	月工资标准	住房补贴	伙食补贴	话费补贴	加班补助	考勤扣款	应发工资	养老保险	失业保险	医疗保险	住房公积金	应纳税所得额	应纳个税	实发工资
2	00101	王铁柱	工程部	6000	500	300	50	0	0	6850	480	18	120	480	752	22.56	5729.44
3																	
4	工号	姓名	部门	月工资标准	住房补贴	伙食补贴	话费补贴	加班补助	考勤扣款	应发工资	养老保险	失业保险	医疗保险	住房公积金	应纳税所得额	应纳个税	实发工资
5	00201	张立功	开发部	9000	500	300	50	0	400	9450	720	27	180	720	2803	84.09	7718.91
6																	
7	工号	姓名	部门	月工资标准	住房补贴	伙食补贴	话费补贴	加班补助	考勤扣款	应发工资	养老保险	失业保险	医疗保险	住房公积金	应纳税所得额	应纳个税	实发工资
8	00301	方成英	培训部	9000	800	300	50	0	0	10150	760	28.5	190	760	3411.5	131.15	8280.35
9																	
10	工号	姓名	部门	月工资标准	住房补贴	伙食补贴	话费补贴	加班补助	考勤扣款	应发工资	养老保险	失业保险	医疗保险	住房公积金	应纳税所得额	应纳个税	实发工资
11	00401	王新美	销售部	8500	500	300	200	0	0	9500	560	21	140	560	3219	111.9	8107.1
12																	
13	工号	姓名	部门	月工资标准	住房补贴	伙食补贴	话费补贴	加班补助	考勤扣款	应发工资	养老保险	失业保险	医疗保险	住房公积金	应纳税所得额	应纳个税	实发工资
14	00302	徐平	培训部	9000	500	300	50	0	0	9850	680	25.5	170	680	3294.5	119.45	8175.05
15																	
16	工号	姓名	部门	月工资标准	住房补贴	伙食补贴	话费补贴	加班补助	考勤扣款	应发工资	养老保险	失业保险	医疗保险	住房公积金	应纳税所得额	应纳个税	实发工资
17	00102	钱林	工程部	6000	300	300	50	400	0	7050	440	16.5	110	440	1043.5	31.305	6012.195
18																	
19	工号	姓名	部门	月工资标准	住房补贴	伙食补贴	话费补贴	加班补助	考勤扣款	应发工资	养老保险	失业保险	医疗保险	住房公积金	应纳税所得额	应纳个税	实发工资
20	00103	杨海林	工程部	6000	500	300	50	0	240	6610	480	18	120	480	512	15.36	5496.64
21																	
22	工号	姓名	部门	月工资标准	住房补贴	伙食补贴	话费补贴	加班补助	考勤扣款	应发工资	养老保险	失业保险	医疗保险	住房公积金	应纳税所得额	应纳个税	实发工资
23	00202	黄东海	开发部	9000	500	300	50	0	0	9850	720	27	180	720	3203	110.3	8092.7

… 员工工资标准 | 员工考勤表 | 员工福利表 | 员工社保表 | 工资管理表 | 制作工资条（一）

图 5－29　制作工资条(一)

(二) 函数法

制作工资表还可以利用相关函数来完成，基本思路是：如果所在行数是 3 的倍数，那么该行为空白行；如果所在行数除以 3 余 1，则该行显示工资项目名称；如果所在行数除以 3 余 2，则该行显示各员工工资的明细。操作步骤如下：

(1) 在工作簿“员工工资管理系统. xlsx”中新建工作表，并重命名为“制作工资条(二)”。

(2) 在 A1 单元格中输入公式：＝IF(MOD(ROW(),3)＝0,"",IF(MOD(ROW(),3)＝1,工资管理表!A＄2,INDEX(工资管理表!＄A＄2:＄Q＄22,INT((ROW()＋4)/3),COLUMN()))),按 Enter 键确认输入。

(3) 利用填充柄的功能快速拖动复制到 B1:Q1 和 A2:Q60 区域(列数与原表长度相同，行数为员工人数的 3 倍)。

(4) 设置工资条的格式，方法略，结果如图 5－30 所示。

A1　　=IF(MOD(ROW(),3)=0,"",IF(MOD(ROW(),3)=1,工资管理表!A$2,INDEX(工资管理表!$A$2:$Q$22,INT((ROW()+4)/3),COLUMN())))

	A	B	C	D	E	F	G	H	I	J	K	L	M	N	O	P	Q
1	工号	姓名	部门	月工资标准	住房补贴	伙食补贴	话费补贴	加班补助	考勤扣款	应发工资	养老保险	失业保险	医疗保险	住房公积金	应纳税所得额	应纳个税	实发工资
2	00101	王铁柱	工程部	6000	500	300	50	0	0	6850	480	18	120	480	752	22.56	5729.44
3																	
4	工号	姓名	部门	月工资标准	住房补贴	伙食补贴	话费补贴	加班补助	考勤扣款	应发工资	养老保险	失业保险	医疗保险	住房公积金	应纳税所得额	应纳个税	实发工资
5	00201	张立功	开发部	9000	500	300	50	0	400	9450	720	27	180	720	2803	84.09	7718.91
6																	
7	工号	姓名	部门	月工资标准	住房补贴	伙食补贴	话费补贴	加班补助	考勤扣款	应发工资	养老保险	失业保险	医疗保险	住房公积金	应纳税所得额	应纳个税	实发工资
8	00301	方成英	培训部	9000	800	300	50	0	0	10150	760	28.5	190	760	3411.5	131.15	8280.35
9																	
10	工号	姓名	部门	月工资标准	住房补贴	伙食补贴	话费补贴	加班补助	考勤扣款	应发工资	养老保险	失业保险	医疗保险	住房公积金	应纳税所得额	应纳个税	实发工资
11	00401	王新美	销售部	8500	500	300	200	0	0	9500	560	21	140	560	3219	111.9	8107.1
12																	
13	工号	姓名	部门	月工资标准	住房补贴	伙食补贴	话费补贴	加班补助	考勤扣款	应发工资	养老保险	失业保险	医疗保险	住房公积金	应纳税所得额	应纳个税	实发工资
14	00302	徐平	培训部	9000	500	300	50	0	0	9850	680	25.5	170	680	3294.5	119.45	8175.05
15																	
16	工号	姓名	部门	月工资标准	住房补贴	伙食补贴	话费补贴	加班补助	考勤扣款	应发工资	养老保险	失业保险	医疗保险	住房公积金	应纳税所得额	应纳个税	实发工资
17	00102	钱林	工程部	6000	300	300	50	400	0	7050	440	16.5	110	440	1043.5	31.305	6012.2
18																	
19	工号	姓名	部门	月工资标准	住房补贴	伙食补贴	话费补贴	加班补助	考勤扣款	应发工资	养老保险	失业保险	医疗保险	住房公积金	应纳税所得额	应纳个税	实发工资
20	00103	杨海林	工程部	6000	500	300	50	0	240	6610	480	18	120	480	512	15.36	5496.64
21																	
22	工号	姓名	部门	月工资标准	住房补贴	伙食补贴	话费补贴	加班补助	考勤扣款	应发工资	养老保险	失业保险	医疗保险	住房公积金	应纳税所得额	应纳个税	实发工资
23	00202	黄东海	开发部	9000	500	300	50	0	0	9850	720	27	180	720	3203	110.3	8092.7

… 员工社保表 | 工资管理表 | 制作工资条（一） | 制作工资条（二）

图 5－30　制作工资条(二)

任务三　工资数据的查询

一、任务描述

【学习任务 5－3】　××公司需要利用 Excel 建立工资查询系统，根据任务一中的工作表“工资管理表”中相关数据制作工资查询系统，当输入员工工号后即可自动显示其工资明细。

二、任务分析

对于没有发放工资条给员工的单位，设置工资查询可以方便员工了解自己当月的工资结构、应发工资、补扣情况。本任务中的工资查询系统输入工号后即可自动显示该员工的工资明细，首先建立工资查询模型，再利用 VLOOKUP 函数进行公式设置即可。

三、相关知识

在 Excel 中，复制后就可以使用 Ctrl＋V 组合键粘贴了。其实除了这个最简单的粘贴，还有很多选择性粘贴的应用，具体见表 5－13。

表 5－13　选择性粘贴

选　项	作　用
粘贴	粘贴后，数值、格式完全复制，公式随单元格变化
值	粘贴后，格式和公式都不复制，只复制数值
公式	只复制值和公式，不复制格式
转置	单元格行列互换，但是格式数据完全复制，公式也复制，但会变化调整
格式	只复制格式，数值和公式都不复制
粘贴链接	复制数值，但是不复制单元格，公式全部变为“＝原有单元格”，即链接到源数据

四、任务实施

（一）工作表的创建

工作表“工资查询”的创建，可以手动输入表头，也可以利用复制粘贴完成。

1. 手动输入表头

(1) 在工作簿“员工工资管理系统.xlsx”中新建工作表，并重命名为“工资查询”。

(2) 输入工资查询项目，并进行格式设置，如图 5－31 所示。

2. 利用复制粘贴

(1) 在工作簿“员工工资管理系统.xlsx”中新建工作表，并重命名为“工资查询”。

(2) 选择工作表“工资管理表”中 A2:Q2 单元格,单击右键“复制”,或按组合键 Ctrl+C。

(3) 选择工作表“工资查询”中 A1 单元格,单击右键,在打开的菜单中选择“粘贴选项”中的“转置”命令,如图 5-32 所示。

(4) 增加标题行“工资查询”,并对 A1:B18 区域进行格式设置完成工作表的创建。

图 5-31 “工资查询”模板

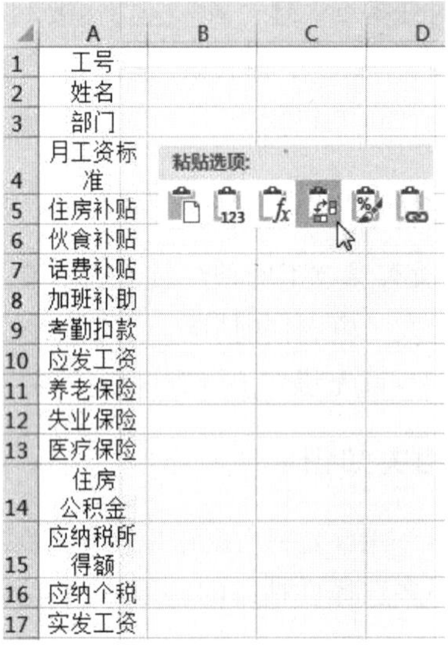

图 5-32 “转置”操作

(二) 工作表的计算

1. 定义名称

为了减少输入的工作量,先将工作表“工资管理表”中数据区域定义一个名称,操作步骤如下:

(1) 在工作簿“员工工资管理系统.xlsx”中,单击“公式”→“定义的名称”→“定义名称”命令。

(2) 在打开的“新建名称”窗口中的“名称”下输入“工资管理”,鼠标移动到“引用位置”处,选择工作表“工资管理表”中 A3:Q22 区域或者是直接在“引用位置”输入“=工资管理表! $A$3: $Q$22”,如图 5-33 所示。

图 5-33 “工资管理表”名称定义

(3) 单击“确定”按钮完成工资管理表的名称定义。

2. 函数设置

输入工号后即可自动显示该员工的工资明细,这一步可以利用 VLOOKUP 函数完成,操作步骤如下:

(1) 在工作表“工资查询”中,设置 B2 单元格的格式为文本,或者当输入员工工号时以单引号“'”开头。

(2) 在B3单元格中输入公式：=VLOOKUP($B$2,工资管理,ROW(B2),0)，如图5-34所示。

(3) 利用填充柄快速拖动复制完成B4:B18区域的数据。注意：因为员工工号未输入数据，所以所有公式的结果均显示“#N/A”。

(4) 输入任一员工工号进行检验，例如，在B2单元格中输入工号“00205”，B3:B18单元格自动显示工资明细，如图5-35所示。

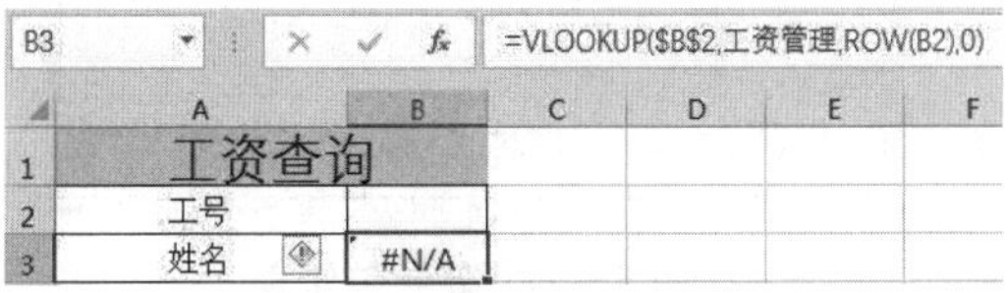

图5-34　定义查询“姓名”公式

	A	B
1	工资查询	
2	工号	00205
3	姓名	张韩
4	部门	开发部
5	月工资标准	9000
6	住房补贴	500
7	伙食补贴	300
8	话费补贴	50
9	加班补助	200
10	考勤扣款	0
11	应发工资	10050
12	养老保险	720
13	失业保险	27
14	医疗保险	180
15	住房公积金	720
16	应纳税所得额	3403
17	应纳个税	130.3
18	实发工资	8272.7

图5-35　工资查询结果

任务四　工资数据的分析

一、任务描述

【学习任务5-4】 ××公司需要计算每个部门各类职称的实发工资情况，根据任务一中的工作表“工资管理表”中的相关数据来完成。

二、任务分析

对于计算每个部门各类职称的实发工资情况，可利用数据透视表和数据透视图来进行简单的数据处理和分析。

三、相关知识

数据透视图通过对数据透视表中的汇总数据添加可视化效果来对其进行补充，以便用户轻松查看、比较和预测趋势。

数据透视图是交互式的。创建数据透视图时，会显示数据透视图筛选窗格，可使用此筛选窗格对数据透视图的基础数据进行排序和筛选。对关联数据透视表中的布局和数据的更改将立即体现在数据透视图的布局和数据中，反之亦然。

数据透视图显示数据系列、类别、数据标记和坐标轴(与标准图表相同)。也可以更改图表类型和其他选项，如标题、图例的位置、数据标签、图表位置等。

四、任务实施

(一) 工作表的创建

1. 复制工作表

(1) 在工作簿“员工工资管理系统. xlsx”中右键单击工作表“工资管理表”标签，在打开的菜单中选择“移动或复制”命令。

(2) 在打开的“移动或复制工作表”窗口中，设置“将选定工作表移至工作簿”为“员工工资管理系统. xlsx”，“下列选定工作表之前”选择“(移至最后)”，并勾选“建立副本”，如图 5 - 36 所示。

(3) 将复制的工作表“工资管理表(2)”重命名为“数据透视表”。

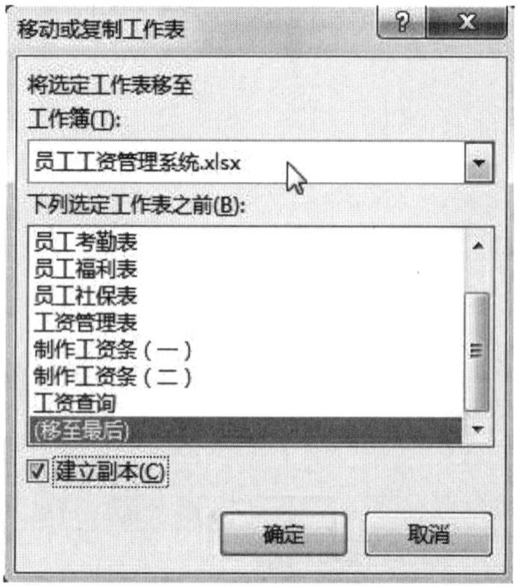

图 5 - 36　复制工作表

2. 定义公式

(1) 在工作表“数据透视表”的 D 列前插入一空白列，然后在 D2 单元格输入“职称”。

(2) 在 D3 单元格中定义公式：=VLOOKUP(A3，员工工资标准，7，0)，并利用填充柄快速拖动复制完成 D4:D22 区域的数据，如图 5 - 37 所示。

D3　=VLOOKUP(A3,员工工资标准,7,0)

XX公司工资管理表

工号	姓名	部门	职称	月工资标准	住房补贴	伙食补贴	话费补贴	加班补助	考勤扣款	应发工资	养老保险	失业保险	医疗保险	住房公积金	应纳税所得额	应纳个税	实发工资
00101	王铁柱	工程部	工程师	6000	500	300	50	0	0	6850	480	18	120	480	752	22.56	5729.44
00201	张立功	开发部	工程师	9000	500	300	50	0	400	9450	720	27	180	720	2803	84.09	7718.91
00301	方成英	培训部	高工	9000	800	300	50	0	0	10150	760	29	190	760	3411.5	131.15	8280.35
00401	王新美	销售部	工程师	8500	500	300	200	0	0	9500	560	21	140	560	3219	111.9	8107.1
00302	徐平	培训部	工程师	9000	500	300	50	0	0	9850	680	26	170	680	3294.5	119.45	8175.05
00102	钱林	工程部	助工	6000	300	300	50	400	0	7050	440	17	110	440	1043.5	31.305	6012.195
00103	杨海林	工程部	工程师	6000	500	300	50	0	240	6610	480	18	120	480	512	15.36	5496.64
00202	黄东海	开发部	工程师	9000	500	300	50	0	0	9850	720	27	180	720	3203	110.3	8092.7
00402	刘丽华	销售部	高工	8500	800	300	200	0	0	9800	640	24	160	640	3336	123.6	8212.4
00203	陈俊	开发部	工程师	9000	500	300	50	0	400	9450	720	27	180	720	2803	84.09	7718.91
00104	杜明	工程部	高工	6000	800	300	50	0	150	7000	560	21	140	560	719	21.57	5697.43
00105	李翠翠	工程部	高工	6000	800	300	50	0	0	7150	560	21	140	560	869	26.07	5842.93
00106	李祥杰	工程部	工程师	6000	500	300	50	0	0	6850	480	18	120	480	752	22.56	5729.44
00403	罗松祥	销售部	工程师	8500	500	300	200	200	0	9700	560	21	140	560	3419	131.9	8287.1
00204	钱昱	开发部	助工	8500	300	300	50	0	0	9150	680	26	170	680	2594.5	77.835	7516.665
00107	孙晓雪	工程部	高工	6000	800	300	50	0	160	6990	560	21	140	560	709	21.27	5687.73
00108	王大伟	工程部	工程师	6000	500	300	50	0	90	6760	480	18	120	480	662	19.86	5642.14
00205	张韩	开发部	工程师	9000	500	300	50	200	0	10050	720	27	180	720	3403	130.3	8272.7
00303	赵甜甜	培训部	工程师	8500	500	300	50	0	0	9350	680	26	170	680	2794.5	83.835	7710.665
00404	朱亮峰	销售部	高工	8000	800	300	200	0	0	9300	640	24	160	640	2836	85.08	7750.92

制作工资条(一)　制作工资条(二)　工资查询　数据透视表

图 5 - 37　“职称”列的计算

（二）数据透视表

有了原始数据之后，就可以利用数据透视表来分析每个部门各类职称的实发工资情况了，操作步骤如下：

（1）在工作表“数据透视表”中，单击“插入”→“表格”→“数据透视表”命令，打开“创建数据透视表”窗口。

（2）在该窗口中设置“请选择要分析的数据”为“选择一个表或区域”，在“表/区域”中选择区域为“A2:R22”，“选择放置数据透视表的位置”为“现有工作表”，“位置”选择区域“T2”，如图5-38所示。

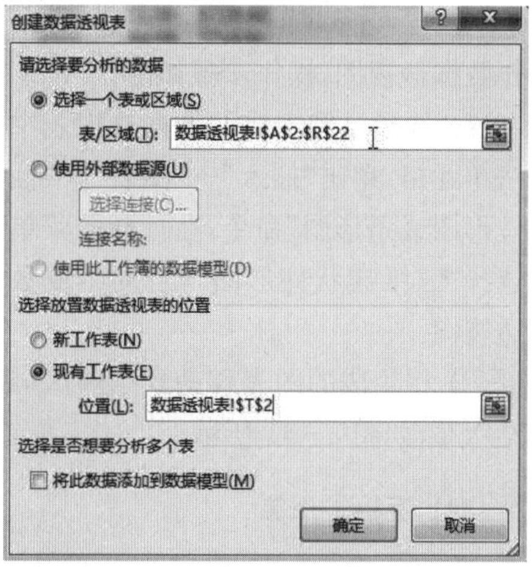

图5-38　“创建数据透视表”窗口

（3）单击“确定”按钮，显示透视表设计界面。将“部门”拖动到行字段，“职称”拖动到列字段，“实发工资”拖动到值字段，如图5-39所示。

图5-39　透视表设计界面

（4）选择数据透视区域中任一单元格，单击“数据透视表工具”→“设计”→“布局”→“报表布局”按钮，选择“以表格形式显示”命令，完成数据透视表的布局修改，并对其进行单元格修饰，结果如图5-40所示。

图5-40　“数据透视表”结果

（三）数据透视图

利用已经形成的数据透视表，可以制作数据透视图，操作步骤如下：

（1）选择已经完成的数据透视表中任一单元格，单击“插入”→“图表”→“插入柱形图或条形图”命令，在打开的菜单中选择“三维簇状柱形图”，自动生成数据透视图。

（2）将生成的图表移动到空白区域 T10:X25，如图 5－41 所示。

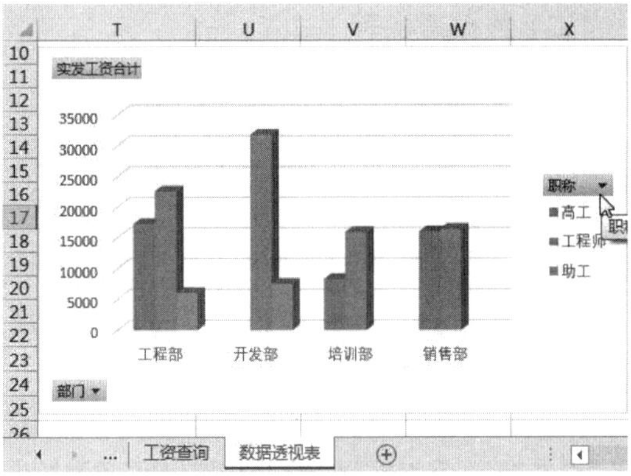

图 5－41　数据透视图

（四）保护工作簿

为了禁止他人对工作簿或工作簿中的工作表的非法操作，可以对工作簿进行保护，操作步骤如下：

（1）打开工作簿“员工工资管理系统.xlsx”，单击“文件”→“另存为”命令，在“另存为”对话框中选择“工具”按钮下的“常规选项”命令，如图 5－42 所示。

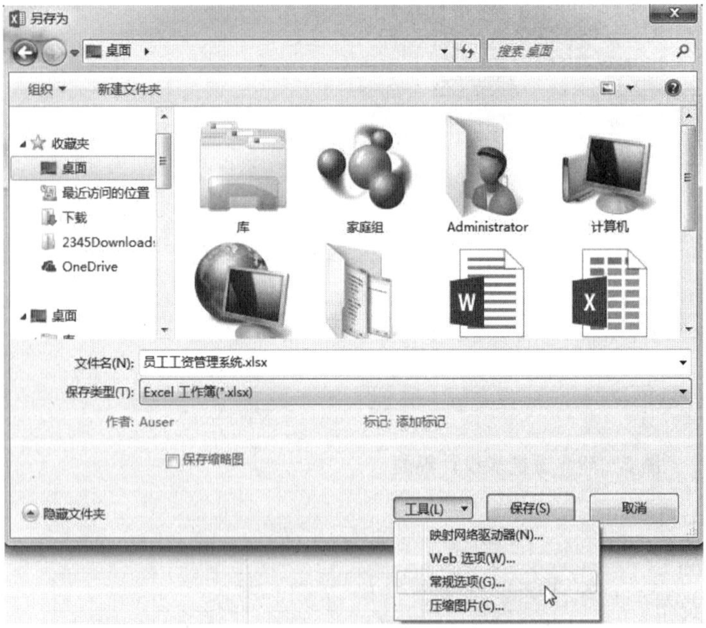

图 5－42　“另存为”对话框

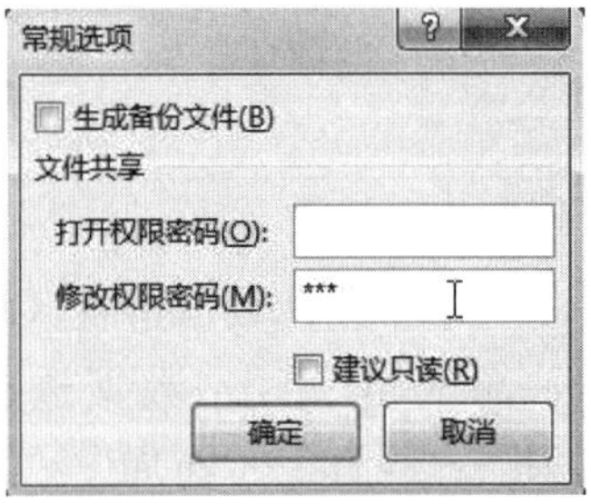

图 5－43　“常规选项”对话框

（2）打开“常规选项”对话框，在“修改权限密码”文本框中输入“123”。单击“确定”按钮，完成对该工作簿的保护，如图 5－43 所示。

任务实训　工资管理练习

一、制作工资管理表

打开工作簿“工资管理练习.xlsx”，根据职工工资基本表格创建“工资管理表”，基本表格包括“基本工资”“员工福利”“考勤”“奖金”“社会保险”以及“个税税率”。

1. 新建工作表，将其重命名为“工资管理表”，完成表格的表头输入及格式设置；

2. 利用数据的链接得到职工基本信息“工号”“姓名”“部门”；

3. 给职工基本情况相关表格定义名称，方便下一步的VLOOKUP函数的参数设置；

4. 利用VLOOKUP函数完成“基本工资”“伙食补贴”“话费补贴”“住房补贴”“奖金”“加班补助”“各项扣款”数据的自动显示；

5. 计算“应发工资”；

6. 利用VLOOKUP函数完成职工社会保险“养老保险”“失业保险”“医疗保险”“住房公积金”数据的自动显示；

7. 计算应纳税所得额，并利用IF函数根据工作表“个税税率”标准计算应纳所得税；

8. 计算“实发工资”。

二、工资查询及分析

1. 任选一种方法根据工作簿“工资管理练习.xlsx”中的工作表“工资管理表”制作“员工工资条”；

2. 利用VLOOKUP函数根据工号进行员工工资查询设置，设置完成后输入任意一名员工的工号进行查询检验；

3. 利用数据透视表和数据透视图功能，对各部门下各奖金级别的实发工资合计进行分析。

学习情境六　Excel 在固定资产管理中的应用

学习目标

固定资产的管理，主要是指固定资产折旧的计算。学习本情境，掌握利用 Excel 提供的函数计算固定资产的折旧。具体如下：

(1) 熟练掌握在 Excel 中创建固定资产清单；

(2) 熟练利用 Excel 函数完成固定资产折旧的计算；

(3) 熟练利用数据透视表进行折旧费用分析；

(4) 掌握 Excel 中相关日期时间函数和财务折旧函数；

(5) 明确 Excel 创建固定资产折旧计算明细表的思路与数据透视分析方法。

情境导入

在财务核算中，每期期末企业都需要进行固定资产折旧的计算。那么，在折旧计算中我们需要考虑哪些因素？如何利用 Excel 所提供的计算功能快速有效地判断某项固定资产是否需要在该期进行折旧的计提？是否已经到期？本期应提的折旧额是多少？带着这些问题，我们来学习 Excel 在固定资产管理中的应用。本学习情境以 2023 年 1 月编制的“固定资产管理系统”为例。

任务一　固定资产折旧计算明细表

一、任务描述

【学习任务 6－1】 ××公司需要统计本公司固定资产的折旧情况，利用 Excel 制作固定资产折旧计算明细表，效果如图 6－1 所示。

	A	B	C	D	E	F	G	H	I	J	K
3	名称	数量	原值	残值率	起始日期	使用年限	终止日期	已计提月份	本月提折旧	累计折旧	科目
4	办公楼	1	1,305,600.00	10%	2019年5月30日	20年	2039/5/30	43	4,896.00	215,424.00	管理费用
5	厂房	1	5,000,000.00	10%	2019年3月1日	20年	2039/3/1	45	18,750.00	862,500.00	管理费用
6	家具	1	6,500.00	10%	2020年2月1日	10年	2030/2/1	34	48.75	1,706.25	管理费用
7	打印机	1	8,300.00	10%	2019年6月1日	5年	2024/6/1	42	124.50	5,353.50	管理费用
8	手机	1	4,860.00	10%	2019年9月1日	[redacted]	[redacted]	[redacted]	121.50	4,860.00	管理费用
9	税控计算机	1	5,042.74	5%	2019年9月1日	5年	2024/9/1	39	79.84	3,193.60	管理费用
10	相机	1	3,250.00	5%	2019年12月1日	5年	2024/12/1	36	51.46	1,904.02	管理费用
11	手机	1	3,480.00	5%	2020年7月1日	3年	2023/7/1	29	91.83	2,754.90	管理费用
12	电脑	1	6,980.00	5%	2019年12月1日	[redacted]	[redacted]	[redacted]	184.19	6,815.03	管理费用
13	不锈钢筛机	1	15,500.00	5%	2019年12月1日	5年	2024/12/1	36	245.42	9,080.54	制造费用
14	闪蒸机	1	200,000.00	5%	2020年2月1日	10年	2030/2/1	34	1,583.33	55,416.55	制造费用
15	台秤	1	180.00	5%	2020年2月1日	5年	2025/2/1	34	2.85	99.75	制造费用
16	储存罐	1	6,900.00	5%	2019年9月1日	5年	2024/9/1	39	109.25	4,370.00	制造费用
17	手机	1	6,000.00	5%	2020年1月1日	3年	2023/1/1	35	158.33	5,699.88	管理费用
18	空调	1	1,580.00	5%	2019年9月1日	[redacted]	[redacted]	[redacted]	41.69	1,667.60	管理费用
19	彩电	1	1,498.00	5%	2019年9月1日	[redacted]	[redacted]	[redacted]	39.53	1,581.20	管理费用
20	电脑	5	17,390.00	5%	2020年2月20日	3年	2023/2/20	34	458.90	16,061.50	管理费用
21	空调	1	6,300.00	5%	2019年9月1日	[redacted]	[redacted]	[redacted]	166.25	6,650.00	管理费用
22	热水器	1	3,000.00	5%	2019年9月1日	5年	2024/9/1	39	47.50	1,900.00	管理费用
23	蒸车	1	1,144.00	5%	2019年12月1日	5年	2024/12/1	36	18.11	670.07	管理费用
24	减速机	1	9,500.00	5%	2019年12月1日	5年	2024/12/1	36	150.42	5,565.54	制造费用
25	水泵	1	3,800.00	5%	2019年12月1日	5年	2024/12/1	36	60.17	2,226.29	制造费用
26	客车	1	350,000.00	5%	2019年11月1日	4年	2023/11/1	37	6,927.08	263,229.04	管理费用
27	货车	1	126,000.00	5%	2019年12月1日	4年	2023/12/1	36	2,493.75	92,268.75	制造费用
28	合计		7,092,804.74						36,850.65	1,570,998.01	
29											

图 6－1　固定资产折旧计算明细表

二、任务分析

需要统计××公司固定资产的折旧情况，利用 Excel 制作固定资产折旧计算明细表，首先要建立固定资产折旧计算明细表，再利用相关函数进行计算分析。

三、相关知识

（一）固定资产概述

固定资产是企业用来改变劳动对象的劳动资料，与其他资产相比，固定资产具有两个主要特点：一是使用年限长，能多次加入生产过程并保持其原有实物形态；二是单位价值较高，其价值随着使用的磨损逐渐部分地通过折旧形式转移到新产品中去。固定资产折旧就是固定资产在使用过程中逐渐损耗而消失的那部分价值，这部分价值以折旧费用的形式计入各期成本费用，并从企业的营业收入中得到补偿，转化为货币资金，从而为固定资产的更新提供可能。因此，对于企业来说，固定资产折旧是固定资产管理中的一项主要内容。

影响固定资产折旧的因素主要有固定资产的原值、预计净残值和使用年限等，企业应根据固定资产的损耗情况，采用合理的方法计提折旧。固定资产折旧的计提方法主要包括直线折旧法和加速折旧法两大类。我国大部分企业的固定资产折旧一般都采用直线折旧法，对于一些技术发展较快的行业，其机器设备的折旧则可以采用加速折旧法计算。

（二）函数介绍

1. SLN 函数

SLN 函数是 Excel 中返回固定资产的每期线性折旧费的函数，其功能与语法见表 6－1。

表 6－1　SLN 函数的功能与语法

SLN 函数的功能	返回一个期间内的资产的直线折旧
SLN 函数的语法	SLN(cost，salvage，life)
	cost(必需)：资产原值。 salvage(必需)：折旧末尾时的值(有时也称资产残值)。 life(必需)：资产的折旧期数(有时也称资产的使用寿命)

2. ROUND 函数

ROUND 函数是 Excel 中按指定的位数对数值进行四舍五入的函数，其功能与语法见表 6－2。

表 6－2　ROUND 函数的功能与语法

ROUND 函数的功能	将数字四舍五入到指定的位数
ROUND 函数的语法	ROUND(number，num_digits)
	number(必需)：要四舍五入的数字。 num_digits(必需)：要进行四舍五入运算的位数

四、任务实施

首先，我们要根据固定资产折旧计算的因素，创建固定资产折旧计算明细表，其中应该包括固定资产名称、固定资产原值、预计净残值、使用年限、折旧起始日期等基本因素，同时还应该包括会影响固定资产折旧计算的其他因素，如当前计提日期、折旧终止日期、已计提月份、本期应计提折旧、累计折旧、折旧应计入的成本费用科目等。

（一）建立固定资产折旧计算明细表

新建一个空白 Excel 工作簿，并命名为“固定资产管理系统. xlsx”。在工作表 Sheet1 中建立固定资产折旧计算明细表，并将工作表重命名为“固定资产折旧计算明细表”，表头由名称、数量、原值、残值率、起始日期、使用年限、终止日期、已计提月份、本月提折旧、累计折旧、科目等组成，并录入该公司固定资产的相关资料，其设置如图 6－2 所示。

固定资产折旧计算明细表

单位：　　　　　　　　　　　　　　时间：　　　　　　　　　　　　　　单位：元

名称	数量	原值	残值率	起始日期	使用年限	终止日期	已计提月份	本月提折旧	累计折旧	科目
办公楼	1	1,305,600.00	10%	2019年5月30日						
厂房	1	5,000,000.00	10%	2019年3月1日						
家具	1	6,500.00	10%	2020年2月1日						
打印机	1	8,300.00	10%	2019年6月1日						
手机	1	4,860.00	10%	2019年9月1日						
税控计算机	1	5,042.74	5%	2019年9月1日						
相机	1	3,250.00	5%	2019年12月1日						
手机	1	3,480.00	5%	2020年7月1日						
电脑	1	6,980.00	5%	2019年12月1日						
不锈钢筛机	1	15,500.00	5%	2019年12月1日						
闪蒸机	1	200,000.00	5%	2020年2月1日						
台秤	1	180.00	5%	2020年2月1日						
储存罐	1	6,900.00	5%	2019年9月1日						
手机	1	6,000.00	5%	2020年1月1日						
空调	1	1,580.00	5%	2019年9月1日						
彩电	1	1,498.00	5%	2019年9月1日						
电脑	5	17,390.00	5%	2020年2月20日						
空调	1	6,300.00	5%	2019年9月1日						
热水器	1	3,000.00	5%	2019年9月1日						
蒸车	1	1,144.00	5%	2019年12月1日						
减速机	1	9,500.00	5%	2019年12月1日						
水泵	1	3,800.00	5%	2019年12月1日						
客车	1	350,000.00	5%	2019年11月1日						
货车	1	126,000.00	5%	2019年12月1日						
合计										

图 6－2　固定资产折旧计算明细表的结构

(二) 固定资产折旧计算明细表的相关设置

1. 使用年限的填列

大家所看到的固定资产折旧计算明细表中"使用年限"列一般是"×年"，但不要错误地理解为是直接输入"×年"，若直接输入，该单元格格式为文本型数据，在以后的折旧计算中会出现错误提示"＃VALUE!"。因此，该列的数据填列是只输入数字年份，而单位"年"是通过自定义格式设置而成的，操作步骤如下：

(1) 在 F 列录入各固定资产的使用年限，注意只录入数字。

(2) 选择 F4:F27 区域，单击鼠标右键选择"设置单元格格式"，设置"分类"为"自定义"、"类型"为"＃"年""，如图 6－3 所示。

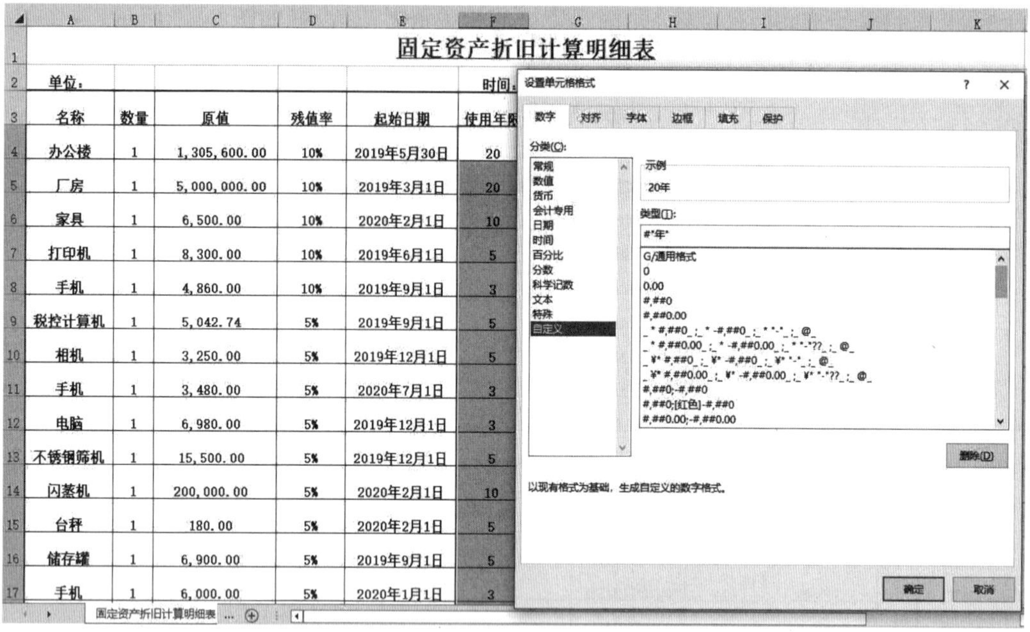

图 6－3　带“年”单位的使用年限数据格式设置

2. 计提折旧的当前日期

计提折旧的当前日期可以使用 Excel 中的日期函数 NOW 或者 TODAY 来完成。使用这两个函数的好处是可以使折旧计算明细表随着系统日期的更新而自动更新计算的数据。操作步骤如下：

（1）选择 G2 单元格，设置其格式为日期型，显示年月即可，如图 6－4 所示。否则会显示为日期所对应的序列号。

图 6－4　设置格式为日期型

(2) 在G2单元格中输入公式：=NOW( )或=TODAY( )，按Enter键确认输入，结果如图6-5所示。

G2 =NOW()

	A	B	C	D	E	F	G	H	I	J	K
1	固定资产折旧计算明细表										
2	单位：					时间：	2023年1月				单位：元

图6-5 计提折旧的当前日期设置

3. 终止日期

固定资产应当按月计提折旧，通常对当月增加的固定资产，当月不提折旧，从下月起计提折旧；对当月减少的固定资产，当月照提折旧，从下月起不提折旧。因此，终止日期的设置主要是起到提醒该项固定资产是否已经到了停止计提折旧的作用。终止日期的计算与起始日期和使用年限有关。操作步骤如下：

(1) 选择G4单元格，将公式设置为：=DATE(YEAR(E4)+F4,MONTH(E4),DAY(E4))，如图6-6所示。

G4 =DATE(YEAR(E4)+F4,MONTH(E4),DAY(E4))

	A	B	C	D	E	F	G
1	固定资产折旧计算明细						
2	单位：					时间：	2023年1月
3	名称	数量	原值	残值率	起始日期	使用年限	终止日期
4	办公楼	1	1,305,600.00	10%	2019年5月30日	20年	2039/5/30

图6-6 终止日期的公式设置

(2) 由于每个固定资产终止日期的计算都是采用相同的方法，我们可以利用填充柄将该公式复制到其他固定资产终止日期的单元格中，如图6-7所示。

	A	B	C	D	E	F	G	
1	固定资产折旧计算明细表							
2	单位：					时间：	2023年1月	
3	名称	数量	原值	残值率	起始日期	使用年限	终止日期	已计
4	办公楼	1	1,305,600.00	10%	2019年5月30日	20年	2039/5/30	
5	厂房	1	5,000,000.00	10%	2019年3月1日	20年	2039/3/1	
6	家具	1	6,500.00	10%	2020年2月1日	10年	2030/2/1	
7	打印机	1	8,300.00	10%	2019年6月1日	5年	2024/6/1	
8	手机	1	4,860.00	10%	2019年9月1日	3年	2022/9/1	
9	税控计算机	1	5,042.74	5%	2019年9月1日	5年	2024/9/1	
10	相机	1	3,250.00	5%	2019年12月1日	5年	2024/12/1	
11	手机	1	3,480.00	5%	2020年7月1日	3年	2023/7/1	
12	电脑	1	6,980.00	5%	2019年12月1日	3年	2022/12/1	
13	不锈钢筛机	1	15,500.00	5%	2019年12月1日	5年	2024/12/1	
14	闪蒸机	1	200,000.00	5%	2020年2月1日	10年	2030/2/1	
15	台秤	1	180.00	5%	2020年2月1日	5年	2025/2/1	

图6-7 通过填充柄复制公式

4. 已计提月份

已计提月份是指从起始日期开始到当前日期，该项固定资产已经计提折旧的月份。如果固定资产是该月新增的，则已计提月份为 0；如果不是该月新增的，由于我国会计制度规定当月新增的固定资产从下月开始计算折旧，所以计算出来的月份数的差额还应减去 1，才能得出正确的已计提折旧的月份数。下面介绍三种计算方法。

方法一：H4＝(12－MONTH(E4))＋((YEAR($G$2)－YEAR(E4)－1)＊12＋MONTH($G$2))－1

公式解析：把已计提月份划分为三个部分。一是起始当年计提的月份“12－MONTH(E4)”；二是中间的整年份已计提的月份“(YEAR($G$2)－YEAR(E4)－1)＊12”；三是计提当年已计提的月份“MONTH($G$2)”。三部分相加后再减去 1 就是该项固定资产总共已计提的月份。

方法二：H4＝(YEAR($G$2)－YEAR(E4))＊12＋MONTH($G$2)－MONTH(E4)－1

公式解析：根据当前日期和起始日期之间的月份差来计算已计提折旧的月份数，计算出来的月份数的差额再减去 1 就是该项固定资产总共已计提的月份。

方法三：H4＝INT(DAYS360(E4，$G$2)/30)－1

公式解析：根据函数 DAYS360 按照一年 360 天的算法(每个月以 30 天计，一年共计 12 个月)，返回两日期间相差的天数，由相差的天数转换为月份取整后减去 1，可以得到该项固定资产总共已计提的月份。

以上三种方法都可以用来计算已计提月份，但有时计算出来的结果会有误差，企业选择其中任何一种方法都不会影响其折旧总额。

同样，其他各项固定资产折旧计算采用的都是相同的方法，我们可以利用填充柄将该公式复制到其他固定资产已计提月份的单元格中，在此不再赘述，计算结果如图 6－8 所示。

H4 =(12-MONTH(E4))+((YEAR($G$2)-YEAR(E4)-1)*12+MONTH($G$2))-1

	A	B	C	D	E	F	G	H
1					固定资产折旧计算明细表			
2	单位：					时间：	2023年1月	
3	名称	数量	原值	残值率	起始日期	使用年限	终止日期	已计提月份
4	办公楼	1	1,305,600.00	10%	2019年5月30日	20年	2039/5/30	43
5	厂房	1	5,000,000.00	10%	2019年3月1日	20年	2039/3/1	45
6	家具	1	6,500.00	10%	2020年2月1日	10年	2030/2/1	34
7	打印机	1	8,300.00	10%	2019年6月1日	5年	2024/6/1	42

图 6－8　已计提月份的计算

5. 到期提醒设置

前面已经提到对当月减少的固定资产，当月照提折旧，从下月起不提折旧，所以在固定资产折旧计算明细表中最好设置到期提醒，以免使用者忽略了到期时间，而继续计提折旧，待到发现时还需要做账务调整，带来不必要的麻烦。解决这个问题，可以利用 Excel

中的条件格式来设置到期提醒。操作步骤如下：

(1) 选取包含“使用年限”“终止日期”“已计提月份”三列的数据区域 F4:H27，单击“开始”→“条件格式”→“新建规则”→“使用公式确定要设置格式的单元格”命令，通过设置公式“= \$H4>= \$F4 * 12”来实现到期提醒，并设置格式为红色填充，如图 6 - 9 所示。

图 6 - 9　到期提醒的条件格式设置

(2) 设置完成后，可以看到已经到期的固定资产红色突出显示了，达到了到期提醒的目的，如图 6 - 10 所示。

	A	B	C	D	E	F	G	H
1	固定资产折旧计算明细表							
2	单位:					时间:	2023年1月	
3	名称	数量	原值	残值率	起始日期	使用年限	终止日期	已计提月份
4	办公楼	1	1,305,600.00	10%	2019年5月30日	20年	2039/5/30	43
5	厂房	1	5,000,000.00	10%	2019年3月1日	20年	2039/3/1	45
6	家具	1	6,500.00	10%	2020年2月1日	10年	2030/2/1	34
7	打印机	1	8,300.00	10%	2019年6月1日	5年	2024/6/1	42
8	手机	1	4,860.00	10%	2019年9月1日	3年	2022/9/1	39
9	税控计算机	1	5,042.74	5%	2019年9月1日	5年	2024/9/1	39
10	相机	1	3,250.00	5%	2019年12月1日	5年	2024/12/1	36
11	手机	1	3,480.00	5%	2020年7月1日	3年	2023/7/1	29
12	电脑	1	6,980.00	5%	2019年12月1日	3年	2022/12/1	36
13	不锈钢筛机	1	15,500.00	5%	2019年12月1日	5年	2024/12/1	36

图 6 - 10　到期提醒的效果

6. 本月计提折旧

我国大部分企业的固定资产折旧一般都采用直线折旧法，假设我们先考虑所有固定资产均采用直线折旧法，则在计算折旧额时只需要知道三个基本因素(原值、预计净残值、使用年限)，就可以计算出当期应提折旧。

方法一：采用 Excel 的内置折旧函数 SLN 来计算固定资产折旧额，如图 6 - 11 所示。

公式设置：I4＝SLN(C4,C4 * D4,F4 * 12)

I4　=SLN(C4,C4*D4,F4*12)

	A	B	C	D	E	F	G	H	I
1	固定资产折旧计算明细表								
2	单位：					时间：	2023年1月		
3	名称	数量	原值	残值率	起始日期	使用年限	终止日期	已计提月份	本月提折旧
4	办公楼	1	1,305,600.00	10%	2019年5月30日	20年	2039/5/30	43	4896
5	厂房	1	5,000,000.00	10%	2019年3月1日	20年	2039/3/1	45	18750
6	家具	1	6,500.00	10%	2020年2月1日	10年	2030/2/1	34	48.75
7	打印机	1	8,300.00	10%	2019年6月1日	5年	2024/6/1	42	124.5
8	手机	1	4,860.00	10%	2019年9月1日	[redacted]	[redacted]	[redacted]	121.5
9	税控计算机	1	5,042.74	5%	2019年9月1日	5年	2024/9/1	39	79.84338333
10	相机	1	3,250.00	5%	2019年12月1日	5年	2024/12/1	36	51.45833333
11	手机	1	3,480.00	5%	2020年7月1日	3年	2023/7/1	29	91.83333333
12	电脑	1	6,980.00	5%	2019年12月1日	[redacted]	[redacted]	[redacted]	184.1944444
13	不锈钢筛机	1	15,500.00	5%	2019年12月1日	5年	2024/12/1	36	245.4166667

图 6 - 11　本月提折旧的公式设置

方法二：直接用基本运算功能来计算折旧，这种方法比较简单，在此就不再显示图表。

公式设置：I4＝(C4－C4 * D4)/(12 * F4)

公式解析：本月计提折旧＝(原值－预计净残值)/使用期限

通过以上计算，有些固定资产的折旧计算出来后可能会出现很多小数位数，可以通过四舍五入函数 ROUND 将其保留为两位小数，进一步完善公式，如图 6 - 12 所示。

公式设置：I4＝ROUND(SLN(C4,C4 * D4,F4 * 12),2)

I4　=ROUND(SLN(C4,C4*D4,F4*12),2)

固定资产折旧计算明细表								
单位:					时间:	2023年1月		
名称	数量	原值	残值率	起始日期	使用年限	终止日期	已计提月份	本月提折旧
办公楼	1	1,305,600.00	10%	2019年5月30日	20年	2039/5/30	43	4,896.00
厂房	1	5,000,000.00	10%	2019年3月1日	20年	2039/3/1	45	18,750.00
家具	1	6,500.00	10%	2020年2月1日	10年	2030/2/1	34	48.75
打印机	1	8,300.00	10%	2019年6月1日	5年	2024/6/1	42	124.50
手机	1	4,860.00	10%	2019年9月1日	[redacted]	[redacted]	[redacted]	121.50
税控计算机	1	5,042.74	5%	2019年9月1日	5年	2024/9/1	39	79.84
相机	1	3,250.00	5%	2019年12月1日	5年	2024/12/1	36	51.46
手机	1	3,480.00	5%	2020年7月1日	3年	2023/7/1	29	91.83
电脑	1	6,980.00	5%	2019年12月1日	[redacted]	[redacted]	[redacted]	184.19
不锈钢筛机	1	15,500.00	5%	2019年12月1日	5年	2024/12/1	36	245.42

图 6-12　四舍五入后的折旧计算公式

7. 累计折旧的计算

因为直线折旧法是按照固定资产使用年限平均计算年折旧额的计算方法，每期的折旧额是相同的，所以累计折旧只需要通过已计提月份和本期计提折旧额就可以直接计算出来，如图 6-13 所示。

公式设置：J4＝(H4＋1)＊I4

J4　=(H4+1)*I4

固定资产折旧计算明细表									
单位:					时间:	2023年1月			
名称	数量	原值	残值率	起始日期	使用年限	终止日期	已计提月份	本月提折旧	累计折旧
办公楼	1	1,305,600.00	10%	2019年5月30日	20年	2039/5/30	43	4,896.00	215,424.00
厂房	1	5,000,000.00	10%	2019年3月1日	20年	2039/3/1	45	18,750.00	862,500.00
家具	1	6,500.00	10%	2020年2月1日	10年	2030/2/1	34	48.75	1,706.25
打印机	1	8,300.00	10%	2019年6月1日	5年	2024/6/1	42	124.50	5,353.50
手机	1	4,860.00	10%	2019年9月1日	[redacted]	[redacted]	[redacted]	121.50	4,860.00
税控计算机	1	5,042.74	5%	2019年9月1日	5年	2024/9/1	39	79.84	3,193.60
相机	1	3,250.00	5%	2019年12月1日	5年	2024/12/1	36	51.46	1,904.02
手机	1	3,480.00	5%	2020年7月1日	3年	2023/7/1	29	91.83	2,754.90
电脑	1	6,980.00	5%	2019年12月1日	[redacted]	[redacted]	[redacted]	184.19	6,815.03
不锈钢筛机	1	15,500.00	5%	2019年12月1日	5年	2024/12/1	36	245.42	9,080.54

图 6-13　累计折旧的计算

8. 费用类别科目的设置

每月计提的固定资产折旧费，应根据用途计入相关资产的成本或者当前损益，借记“制造费用”“销售费用”“管理费用”等科目。在固定资产折旧计算明细表中可以添加“科目”列，以便于日后的费用归集。科目的设置可以利用数据有效性的下拉列表功能来输入，前面已经多次讲解，此处不再赘述，效果如图 6－14 所示。

	A	B	C	D	E	F	G	H	I	J	K
1	固定资产折旧计算明细表										
2	单位：					时间：	2023年1月				单位：元
3	名称	数量	原值	残值率	起始日期	使用年限	终止日期	已计提月份	本月提折旧	累计折旧	科目
4	办公楼	1	1,305,600.00	10%	2019年5月30日	20年	2039/5/30	43	4,896.00	215,424.00	管理费用
5	厂房	1	5,000,000.00	10%	2019年3月1日	20年	2039/3/1	45	18,750.00	862,500.00	制造费用 销售费用 管理费用
6	家具	1	6,500.00	10%	2020年2月1日	10年	2030/2/1	34	48.75	1,706.25	管理费用
7	打印机	1	8,300.00	10%	2019年6月1日	5年	2024/6/1	42	124.50	5,353.50	管理费用
8	手机	1	4,860.00	10%	2019年9月1日	3年	2022/9/1	39	121.50	4,860.00	管理费用
9	税控计算机	1	5,042.74	5%	2019年9月1日	5年	2024/9/1	39	79.84	3,193.60	管理费用
10	相机	1	3,250.00	5%	2019年12月1日	5年	2024/12/1	36	51.46	1,904.02	管理费用
11	手机	1	3,480.00	5%	2020年7月1日	3年	2023/7/1	29	91.83	2,754.90	管理费用
12	电脑	1	6,980.00	5%	2019年12月1日	3年	2022/12/1	36	184.19	6,815.03	管理费用
13	不锈钢筛机	1	15,500.00	5%	2019年12月1日	5年	2024/12/1	36	245.42	9,080.54	制造费用
14	闪蒸机	1	200,000.00	5%	2020年2月1日	10年	2030/2/1	34	1,583.33	55,416.55	制造费用
15	台秤	1	180.00	5%	2020年2月1日	5年	2025/2/1	34	2.85	99.75	制造费用
16	储存罐	1	6,900.00	5%	2019年9月1日	5年	2024/9/1	39	109.25	4,370.00	制造费用
17	手机	1	6,000.00	5%	2020年1月1日	3年	2023/1/1	35	158.33	5,699.88	管理费用
18	空调	1	1,580.00	5%	2019年9月1日	3年	2022/9/1	39	41.69	1,667.60	管理费用
19	彩电	1	1,498.00	5%	2019年9月1日	3年	2022/9/1	39	39.53	1,581.20	管理费用
20	电脑	5	17,390.00	5%	2020年2月20日	3年	2023/2/20	34	458.90	16,061.50	管理费用
21	空调	1	6,300.00	5%	2019年9月1日	3年	2022/9/1	39	166.25	6,650.00	管理费用
22	热水器	1	3,000.00	5%	2019年9月1日	5年	2024/9/1	39	47.50	1,900.00	管理费用
23	蒸车	1	1,144.00	5%	2019年12月1日	5年	2024/12/1	36	18.11	670.07	管理费用
24	减速机	1	9,500.00	5%	2019年12月1日	5年	2024/12/1	36	150.42	5,565.54	制造费用
25	水泵	1	3,800.00	5%	2019年12月1日	5年	2024/12/1	36	60.17	2,226.29	制造费用
26	客车	1	350,000.00	5%	2019年11月1日	4年	2023/11/1	37	6,927.08	263,229.04	管理费用
27	货车	1	126,000.00	5%	2019年12月1日	4年	2023/12/1	36	2,493.75	92,268.75	制造费用
28	合计		7,092,804.74						36,850.65	1,570,998.01	

图 6－14 数据下拉列表设置“科目”列

任务二 创建固定资产管理系统

一、任务描述

【学习任务 6－2】 ××公司需要创建固定资产管理系统，利用 Excel 建立固定资产基础参照表，创建固定资产明细表以及固定资产卡片。

二、任务分析

××公司需要创建固定资产管理系统，首先要对固定资产基础参数进行设置，然后创建固定资产明细表，最后还要创建固定资产卡片。在对固定资产基础参数进行设置时要用到 OFFSET 函数和 COUNTA 函数；在创建固定资产明细表的时候要用到 LEFT 函数、查询函数 VLOOKUP 以及财务函数 DDB 和 SYD；在创建固定资产卡片时需用到引用函数 INDEX 和 MATCH。

三、相关知识

(一) 固定资产明细表

固定资产明细表可以用来存放与该固定资产相关的所有数据，以便对企业的固定资产做到详细、全面的管理，因此要考虑固定资产明细表应该包括哪些内容。一般来说，固定资产明细表要包括如下基本项目：资产名称、资产编号、类别编号、类别名称、使用部门、费用科目、资产状态、资产来源、资产去向、资产性质、购买日期、终止日期、资产原值、资产净残值率、使用年限、月折旧额、已计提月份、累计折旧等。根据每个企业管理的需要，还可以包括资产设备的规格型号、制造单位等一些辅助项目，项目设置的多少可以根据实际情况灵活掌握。

(二) 固定资产折旧及函数

计算固定资产折旧的方法很多，较为常见的有平均年限法、余额递减折旧法、双倍余额递减法和年限总和法。

1. 平均年限法

平均年限法也称直接折旧法，在任务一中已做讲解，此处不再赘述。

2. 余额递减折旧法

余额递减折旧法是一种加速折旧的方法，它采用一定的折旧率乘以一个递减的设备资产期初账面净值，得到每期的折旧金额，在 Excel 中使用 DB 函数实现，其功能与语法见表 6-3。

表 6-3 DB 函数的功能与语法

DB 函数的功能	使用固定余额递减法，计算一笔资产在给定期间内的折旧值
DB 函数的语法	DB(cost,salvage,life,period,[month])
	cost(必需)：资产原值。 salvage(必需)：折旧末尾时的值(有时也称资产残值)。 life(必需)：资产的折旧期数(有时也称资产的使用寿命)。 period(必需)：要计算折旧的时期。period 必须使用与 life 相同的单位。 month(可选)：第一年的月份数。如果省略月份，则假定其值为 12

3. 双倍余额递减法

双倍余额递减法是在不考虑固定资产残值的情况下，根据双倍直线法折旧率计算固定资产折旧的一种方法。采用这种方法时折旧率是固定的，计算折旧的基数是期初固定资产的账面净值。其计算公式是：

年折旧率＝1÷预计使用年限×100%×2

年折旧额＝期初固定资产账面净值×年折旧率

期初固定资产账面净值＝固定资产原值－累计折旧

根据我国会计制度的规定，企业采用双倍余额递减法计提固定资产折旧时，应当在固定资产折旧年限到期前两年内，将固定资产净值扣除预计净残值后的净额平均摊销。在 Excel 中，双倍余额递减法的函数为 DDB，其功能与语法见表 6－4。

表 6－4　DDB 函数的功能与语法

DDB 函数的功能	用双倍余额递减法或其他指定方法，返回指定期间内某项固定资产的折旧值
DDB 函数的语法	DDB(cost,salvage,life,period,[factor])
	cost(必需)：资产原值。 salvage(必需)：折旧末尾时的值(有时也称资产残值)。该值可以是 0。 life(必需)：资产的折旧期数(有时也称资产的使用寿命)。 period(必需)：要计算折旧的时期。period 必须使用与 life 相同的单位。 factor(可选)：余额递减速率。如果省略 factor，则假定其值为 2(双倍余额递减法)

4. 年限总和法

年限总和法是将固定资产原值减去预计净残值后的余额乘以一个逐年递减的分数，这个分数的分子代表固定资产尚可使用的年限，分母是使用年限的各年年数之和。其计算公式是：

年折旧率＝尚可使用的年数÷年数总和

年折旧额＝(固定资产原值－预计净残值)×年折旧率

在 Excel 中，年限总和法的函数为 SYD，其功能与语法见表 6－5。

表 6－5　SYD 函数的功能与语法

SYD 函数的功能	返回在指定期间内资产按年限总和折旧法计算的折旧
SYD 函数的语法	SYD(cost,salvage,life,per)
	cost(必需)：资产原值。 salvage(必需)：折旧末尾时的值(有时也称资产残值)。 life(必需)：资产的折旧期数(有时也称资产的使用寿命)。 per(必需)：期间，必须与 life 使用相同的单位

(三) 其他函数介绍

1. COUNTA 函数

COUNTA 函数是 Excel 中计算区域中非空单元格的个数的函数，其功能与语法见表 6－6。

表6-6　COUNTA函数的功能与语法

COUNTA函数的功能	计算范围中不为空的单元格的个数	
COUNTA函数的语法	COUNTA(value1,value2,...)	
	value1(必需):表示要计数的值的第一个参数。 value2,...(可选):表示要计数的值的其他参数,最多可包含255个参数	

2. LEFT函数

LEFT函数是Excel中从一个文本字符串的第一个字符开始返回指定个数的字符的函数,其功能与语法见表6-7。

表6-7　LEFT函数的功能与语法

LEFT函数的功能	从文本字符串的第一个字符开始返回指定个数的字符
LEFT函数的语法	LEFT(text,num_chars)
	text(必需):包含要提取的字符的文本字符串。 num_chars(可选):指定要由LEFT提取的字符的数量

3. INT函数

INT函数是Excel中将数值向下取整为最接近的整数的函数,其功能与语法见表6-8。

表6-8　INT函数的功能与语法

INT函数的功能	将数字向下舍入到最接近的整数
INT函数的语法	INT(number)
	number(必需):需要进行向下舍入取整的实数

4. AND函数

AND函数是Excel中用于确定测试中的所有条件是否均为TRUE的函数,其功能与语法见表6-9。

表6-9　AND函数的功能与语法

AND函数的功能	它是一个逻辑函数,用于确定测试中的所有条件是否均为TRUE。如果所有参数值均为TRUE,则返回TRUE
AND函数的语法	AND(logical1,logical2,...)
	logical1(必填):第一个想要测试且计算结果可为TRUE或FALSE的条件。 logical2,...(可选):其他想要测试且计算结果可为TRUE或FALSE的条件(最多包含255个条件)

四、任务实施

(一) 固定资产基础参数的设置

固定资产明细表描述的固定资产特征数据中有些数据相对固定,并且有一定的规律性,为了提高输入效率,我们可以将这些相对规律和固定的数据组成一个基础参数表。如果将这些数据设置为可供用户选择的下拉列表,还需要将这些数据区域分别命名。操作步骤如下:

(1) 打开工作簿"固定资产管理系统.xlsx",在该工作簿中新建一张工作表,重命名为"系统参数设置",并录入如图 6-15 所示的项目。

提示信息:系统参数指企业有关固定资产的状态信息,可以为"固定资产明细表"工作表的填写提供相应的依据

类别编号	类别名称	使用部门	费用科目	资产来源	资产去向	资产状态	资产性质	折旧方法
011	房屋	办公室	管理费用	购入	报废	未使用	正常	平均年限法
021	生产设备	后勤部	销售费用	自建	出售	在用	当月新增	双倍余额递减法
031	工具器具	销售部	制造费用	投入	投资转出	已提足折旧	当月减少	
041	运输工具	生产部		盘盈	盘亏	正常使用	当月新增并减少	
051	办公设备			捐赠	捐赠	报废		
				内部调拨	内部调拨			
				其他	其他			

图 6-15 "系统参数设置"录入

(2) 进行数据区域命名。单击菜单栏中的"公式"→"定义名称"命令,弹出"编辑名称"对话框,在"名称"文本框中输入名称"类别编号",为了灵活设置数据区域的大小,我们可以将区域设置为动态的单元格区域,因此在"引用位置"文本框中输入公式:=OFFSET(系统参数设置!$A$2,1,,COUNTA(系统参数设置!$A:$A)-1),如图 6-16 所示,单击"确定"按钮完成。

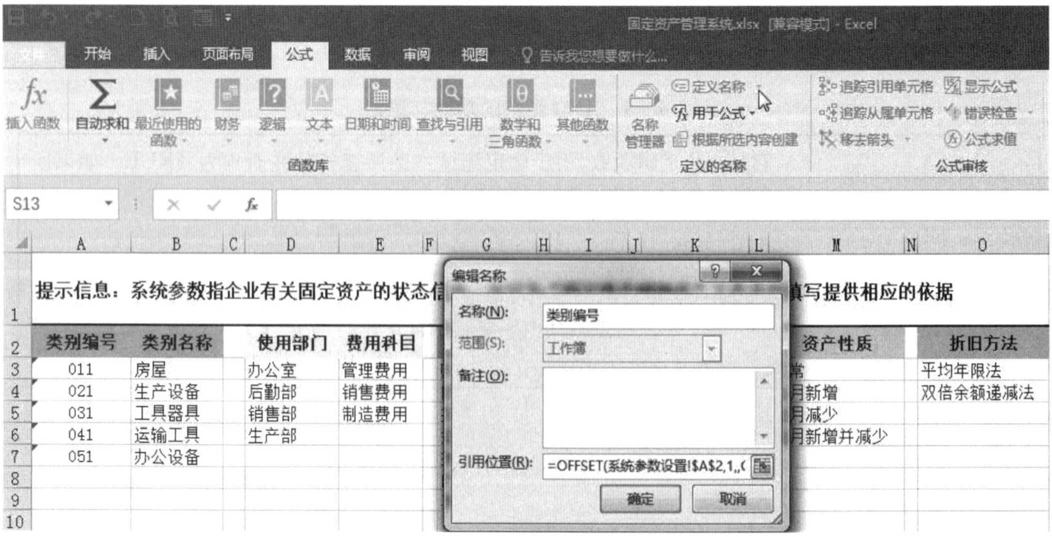

图 6-16 数据区域命名

查找与引用函数 OFFSET，在“学习情境二”中已详细介绍，此处不再赘述。

(3) 同理，可以将其他系统参数分别进行数据区域命名，具体见表 6－10。

表 6－10　“系统参数设置”名称定义

名　称	引用位置
类别编号	=OFFSET(系统参数设置!$B$2,1,,COUNTA(系统参数设置!$B:$B)-1)
使用部门	=OFFSET(系统参数设置!$D$2,1,,COUNTA(系统参数设置!$D:$D)-1)
费用科目	=OFFSET(系统参数设置!$E$2,1,,COUNTA(系统参数设置!$E:$E)-1)
资产来源	=OFFSET(系统参数设置!$G$2,1,,COUNTA(系统参数设置!$G:$G)-1)
资产去向	=OFFSET(系统参数设置!$I$2,1,,COUNTA(系统参数设置!$I:$I)-1)
资产状态	=OFFSET(系统参数设置!$K$2,1,,COUNTA(系统参数设置!$K:$K)-1)
资产性质	=OFFSET(系统参数设置!$M$2,1,,COUNTA(系统参数设置!$M:$M)-1)
折旧方法	=OFFSET(系统参数设置!$O$2,1,,COUNTA(系统参数设置!$O:$O)-1)

(二) 创建固定资产明细表

接下来需要创建固定资产明细表，即存放所有固定资产数据的工作表，主要包括三个方面的工作：一是设计明细表结构；二是添加相应的基础数据；三是设置计算固定资产折旧的相关公式。

1. 设计明细表的结构

操作步骤如下：

(1) 打开工作簿“固定资产管理系统. xlsx”，在该工作簿中新建一张工作表，重命名为“固定资产明细表”。

(2) 在 A3:S3 区域依次录入“资产编号”“资产名称”“类别编号”“类别名称”“使用部门”“费用科目”“资产状态”“资产来源”“资产性质”“原值”“残值率”“起始日期”“使用年限”“终止日期”“折旧方法”“已计提月份”“月折旧额”“本年计提月数”“本年折旧额”。由于表格中的项目太多，图 6－17 只显示部分项目。

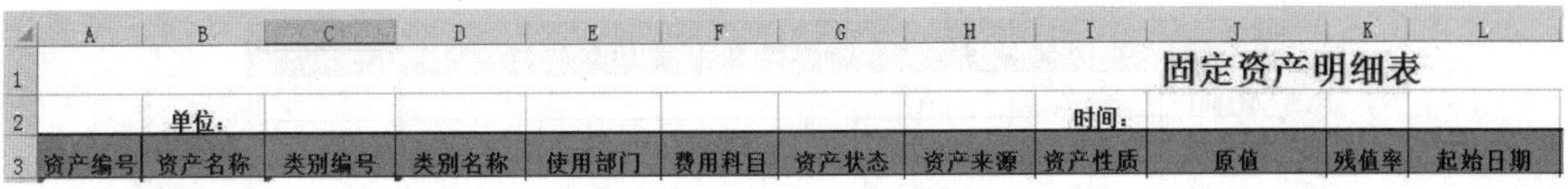

图 6－17　固定资产明细表

2. 添加基础数据

在固定资产明细表的项目中有些数据需要直接输入，如“资产编号”“资产名称”“起始日期”“资产原值”“残值率”；有些数据的填列有一定的规律性，且数据相对固定，这些数据在“系统参数设置”的讲解中已经提到，我们可以将这些数据设置为可供用户选择的下拉列表，以提高数据输入效率，如“类别编号”“使用部门”“资产来源”“资产去向”等项目。操作步骤如下：

（1）直接录入“资产编号”“资产名称”“资产原值”“残值率”“起始日期”等列数据。

（2）根据任务一中所学知识，录入“使用年限”列数据，利用公式计算当前时间 J2 单元格、“终止日期”列数据和“已计提月份”列数据。

（3）添加“类别编号”列数据。

方法一：选定“类别编号”所在的单元格区域 C4:C27，单击菜单栏“数据”→“数据验证”命令，弹出“数据验证”对话框，在“设置”选项卡中的“验证条件”区域中的“允许”下拉列表中选择“序列”，然后在“来源”文本框中键入“=类别编号”，如图 6-18 所示。

图 6-18 设置“类别编号”下拉列表

方法二：一般而言，“资产编号”中包括“类别编号”，如果固定资产明细表中的“资产编号”已经通过手工输入，那么我们也可以通过函数取值的方式得到“类别编号”。例如，“资产编号”是“011001”，编号的前三位其实代表着“类别编号”，利用字符取值函数可以直接根据“资产编号”生成“类别编号”，在 C4 单元格定义公式：=LEFT(A4,3)，如图 6-19 所示。

C4 =LEFT(A4,3)

	A	B	C	D	E	F	G
1							
2		单位：					
3	资产编号	资产名称	类别编号	类别名称	使用部门	费用科目	资产状态
4	011001	办公楼	011				
5	011002	厂房	011				
6	051001	家具	051				
7	051002	打印机	051				
8	051003	手机	051				
9	051004	税控计算机	051				
10	051005	相机	051				
11	051006	手机	051				
12	051007	电脑	051				
13	021001	不锈钢筛机	021				
14	021002	闪蒸机	021				

图 6-19 公式生成“类别编号”

(4) 添加“类别名称”列数据。

方法一:利用“数据”→“数据验证”命令设置“类别名称”的下拉列表,如图 6-20 所示。

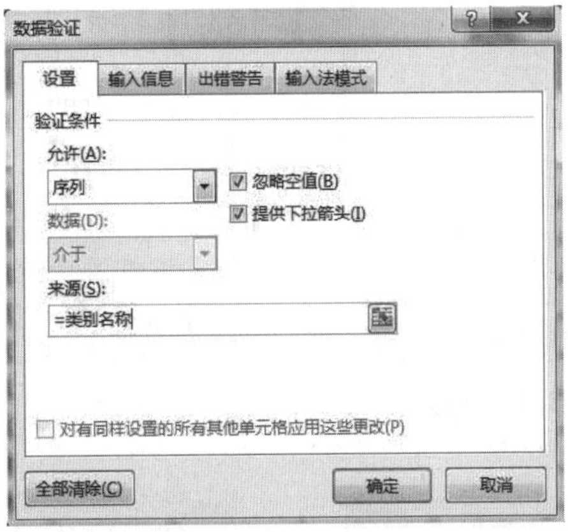

图 6-20　设置“类别名称”下拉列表

方法二:除了数据下拉列表的思路外,由于“类别编号”与“类别名称”具有相互对应关系,我们也可以采用查询函数的思路,根据“类别编号”来生成“类别名称”。因此,针对不同的情况,我们可以灵活地采用多种办法解决问题,如图 6-21 所示。

公式设置:D4＝VLOOKUP(C4,系统参数设置!＄A＄3:＄B＄7,2,FALSE)

查询函数 VLOOKUP 在前面的学习情景中已做详细讲解,此处不再赘述。

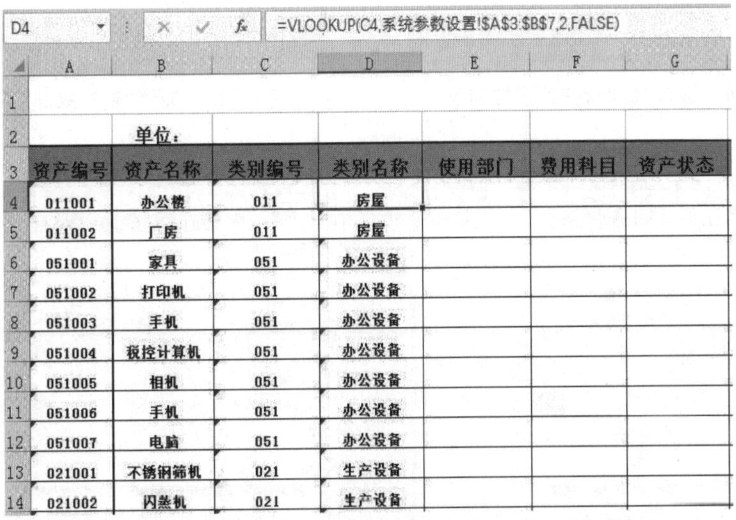

D4　=VLOOKUP(C4,系统参数设置!$A$3:$B$7,2,FALSE)

	A	B	C	D	E	F	G
1							
2		单位:					
3	资产编号	资产名称	类别编号	类别名称	使用部门	费用科目	资产状态
4	011001	办公楼	011	房屋			
5	011002	厂房	011	房屋			
6	051001	家具	051	办公设备			
7	051002	打印机	051	办公设备			
8	051003	手机	051	办公设备			
9	051004	税控计算机	051	办公设备			
10	051005	相机	051	办公设备			
11	051006	手机	051	办公设备			
12	051007	电脑	051	办公设备			
13	021001	不锈钢筛机	021	生产设备			
14	021002	闪蒸机	021	生产设备			

图 6-21　公式生成“类别名称”

(5) 同理,“使用部门”“费用科目”“资产状态”“资产来源”“资产性质”“折旧方法”项目都可以采用数据有效性设置,形成数据下拉列表,以方便数据的输入,如图 6-22 至图 6-27 所示。

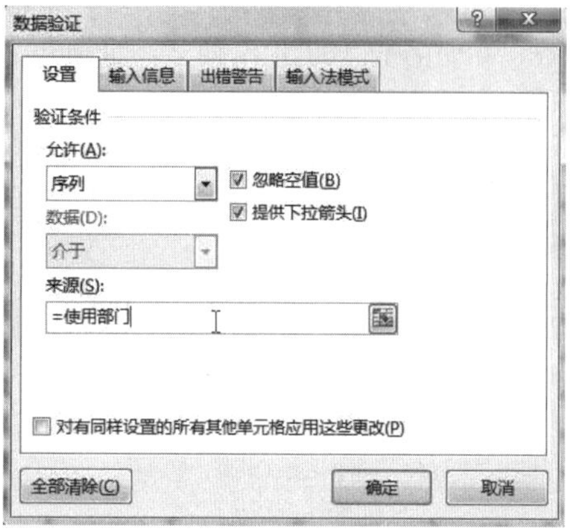

图 6－22　设置“使用部门”下拉列表

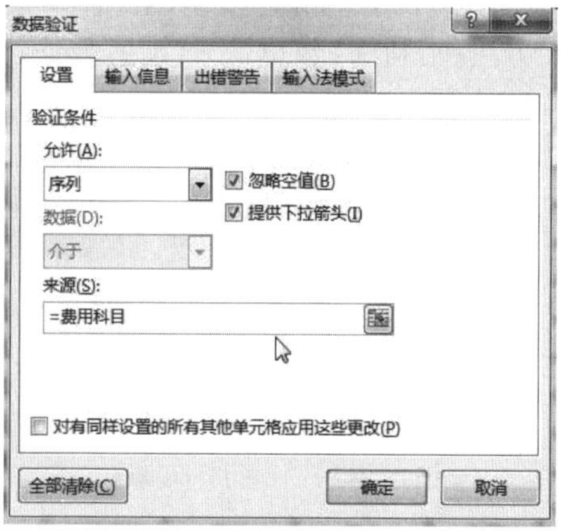

图 6－23　设置“费用科目”下拉列表

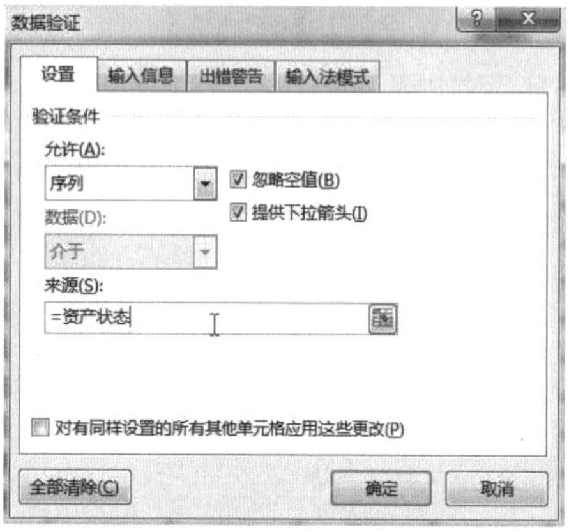

图 6－24　设置“资产状态”下拉列表

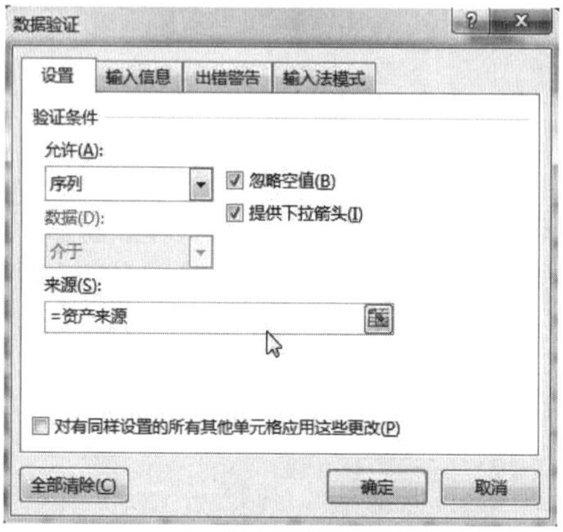

图 6－25　设置“资产来源”下拉列表

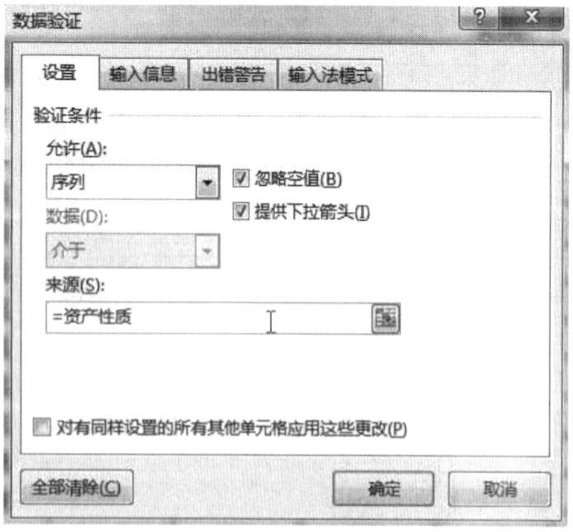

图 6－26　设置“资产性质”下拉列表

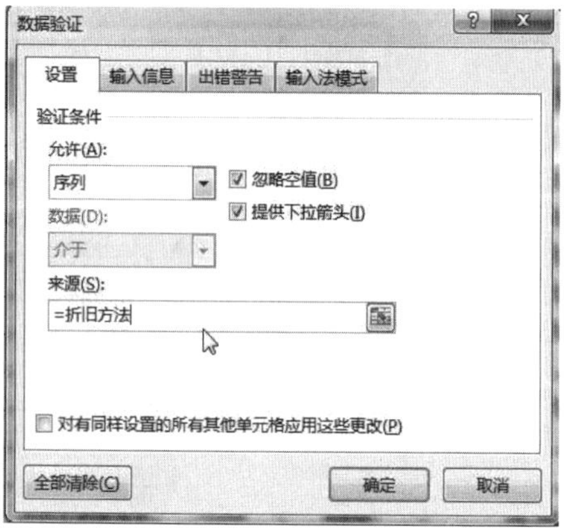

图 6－27　设置“折旧方法”下拉列表

在设置数据下拉列表时，经常会出现以下问题：

① 在对数据进行有效性设置后，点击“确定”按钮，出现如图 6－28 所示的对话框。

图 6-28　问题提示 1

解析：出现这个对话框，往往是在设置有效性条件中“来源”文本框中的数据区域没有提前命名。

解决：检查数据区域是否正确命名。

② 在设置数据有效性时，当在“来源”文本框中输入如图 6-29 所示的单元格地址，则会弹出如图 6-30 所示的对话框。

图 6-29　用单元格地址的形式表示数据来源

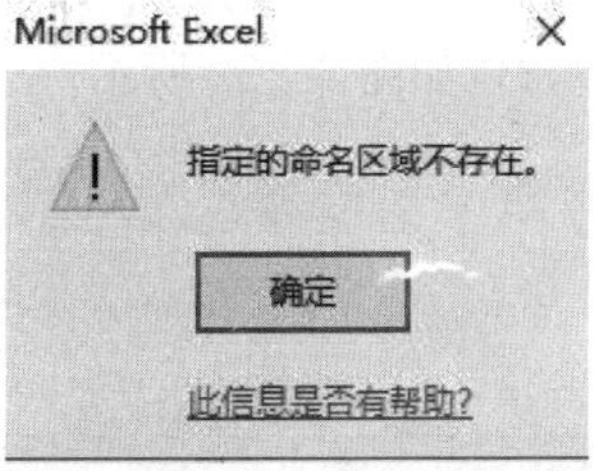

图 6-30　问题提示 2

解析：如果在“验证条件”对话框中的“允许”文本框中选择“序列”，在“来源”文本框中表示的数据区域与所设置有效性条件的单元格必须在同一张工作表中，如果不是同一张工作表，必须将数据区域进行命名，才可以作为数据来源，否则就会出现如图 6-30 所示的对话框。

解决：对数据区域进行命名（这就是在“系统参数设置”中将基础参数都要进行区域命名的原因）。

(6) 根据本企业情况，完成各固定资产的基础信息的编制，如图 6-31。

固定资产明细表

单位：　　　　时间：2023年1月

资产编号	资产名称	类别编号	类别名称	使用部门	费用科目	资产状态	资产来源	资产性质	原值	残值率	起始日期	使用年限	终止日期	折旧方法	已计提月份
011001	办公楼	011	房屋	办公室	管理费用	在用	自建	正常	1,305,600.00	10%	2019年5月30日	20年	2039/5/30	平均年限法	43
011002	厂房	011	房屋	生产部	管理费用	在用	自建	正常	5,000,000.00	5%	2019年3月1日	20年	2039/3/1	双倍余额递减法	45
051001	家具	051	办公设备	办公室	管理费用	在用	购入	正常	6,500.00	5%	2020年2月1日	10年	2030/2/1	平均年限法	34
051002	打印机	051	办公设备	办公室	管理费用	在用	购入	正常	8,300.00	5%	2019年6月1日	5年	2024/6/1	平均年限法	42
051003	手机	051	办公设备	办公室	管理费用	已提足折旧	购入	正常	4,860.00	5%	2019年9月1日	3年	2022/9/1	平均年限法	39
051004	税控计算机	051	办公设备	办公室	管理费用	在用	购入	正常	5,042.74	5%	2019年9月1日	5年	2024/9/1	平均年限法	39
051005	相机	051	办公设备	办公室	管理费用	在用	购入	正常	3,250.00	5%	2019年12月1日	5年	2024/12/1	平均年限法	36
051006	手机	051	办公设备	办公室	管理费用	在用	购入	正常	3,480.00	5%	2020年7月1日	3年	2023/7/1	平均年限法	29
051007	电脑	051	办公设备	办公室	管理费用	已提足折旧	购入	正常	6,980.00	5%	2019年12月1日	3年	2022/12/1	平均年限法	36
021001	不锈钢筛机	021	生产设备	生产部	制造费用	在用	购入	正常	15,500.00	5%	2019年12月1日	5年	2024/12/1	双倍余额递减法	36
021002	闪蒸机	021	生产设备	生产部	制造费用	在用	购入	正常	200,000.00	5%	2020年2月1日	10年	2030/2/1	双倍余额递减法	34
021003	台秤	021	生产设备	生产部	制造费用	在用	购入	正常	180.00	5%	2020年2月1日	5年	2025/2/1	平均年限法	34
021004	储存罐	021	生产设备	生产部	制造费用	在用	购入	正常	6,900.00	5%	2019年9月1日	5年	2024/9/1	平均年限法	39
051008	手机	051	办公设备	办公室	管理费用	在用	购入	正常	6,000.00	5%	2020年1月1日	3年	2023/1/1	平均年限法	35
051009	空调	051	办公设备	办公室	管理费用	已提足折旧	购入	正常	1,580.00	5%	2019年9月1日	3年	2022/9/1	平均年限法	39
051010	彩电	051	办公设备	办公室	管理费用	已提足折旧	购入	正常	1,498.00	5%	2019年9月1日	3年	2022/9/1	平均年限法	39
051011	电脑	051	办公设备	办公室	管理费用	在用	购入	正常	17,390.00	5%	2020年2月20日	3年	2023/2/20	平均年限法	34
051012	空调	051	办公设备	办公室	管理费用	已提足折旧	购入	正常	6,300.00	5%	2019年9月1日	3年	2022/9/1	平均年限法	39
021005	热水器	021	生产设备	生产部	制造费用	在用	购入	正常	3,000.00	5%	2019年9月1日	5年	2024/9/1	平均年限法	39
021006	蒸车	021	生产设备	生产部	制造费用	在用	购入	正常	1,144.00	5%	2019年12月1日	5年	2024/12/1	平均年限法	36
021007	减速机	021	生产设备	生产部	制造费用	在用	购入	正常	9,500.00	5%	2019年12月1日	5年	2024/12/1	平均年限法	36
021008	水泵	021	生产设备	生产部	制造费用	在用	购入	正常	3,800.00	5%	2019年12月1日	5年	2024/12/1	平均年限法	36
041001	客车	041	运输工具	办公室	管理费用	在用	购入	正常	350,000.00	5%	2019年11月1日	4年	2023/11/1	平均年限法	37
041002	货车	041	运输工具	后勤部	制造费用	在用	购入	正常	126,000.00	5%	2019年12月1日	4年	2023/12/1	平均年限法	36
	合计								7,092,804.74						

图 6-31　固定资产基本信息表

3. 使用折旧函数计算固定资产折旧

(1) 平均年限法。

根据任务一中所学知识，办公楼的折旧计算公式为：=ROUND(SLN(J4,J4 * K4,M4 * 12),2)，如图 6-32 所示。

Q4　=ROUND(SLN(J4,J4*K4,M4*12),2)

固定资产明细表

单位：　　2023年1月

资产编号	资产名称	原值	残值率	起始日期	使用年限	终止日期	折旧方法	已计提月份	月折旧额
011001	办公楼	1,305,600.00	10%	2019年5月30日	20年	2039/5/30	平均年限法	43	4,896.00
011002	厂房	5,000,000.00	5%	2019年3月1日	20年	2039/3/1	双倍余额递减法	45	
051001	家具	6,500.00	5%	2020年2月1日	10年	2030/2/1	平均年限法	34	
051002	打印机	8,300.00	5%	2019年6月1日	5年	2024/6/1	平均年限法	42	

图 6-32　平均年限法的公式设置

(2) 双倍余额递减法。

在熟悉了函数的使用方法后，我们就可以根据参数的要求，进行折旧的计算。例如，固定资产“厂房”，采用的折旧方法为“双倍余额递减法”，在 Q5 单元格中输入公式：=DDB(J5,J5 * K5,M5,INT(P5/12)+1)/12，如图 6-33 所示。

公式解析：在公式中，前三个参数分别代表固定资产原值、净残值、使用寿命，可以直接通过引用单元格得出，第四个参数需要通过简单的运算才能得到。INT(P5/12)+1 是根据已计提折旧的月份数计算当前的折旧期间，INT 函数的作用是向下取整，即如果该设备使用不到一年，那么此时的折旧期间是一年，所以需要加 1 后再向下取整。

Q5 =DDB(J5,J5*K5,M5,INT(P5/12)+1)/12

固定资产明细表

单位：2023年1月

资产编号	资产名称	原值	残值率	起始日期	使用年限	终止日期	折旧方法	已计提月份	月折旧额
011001	办公楼	1,305,600.00	10%	2019年5月30日	20年	2039/5/30	平均年限法	43	4,896.00
011002	厂房	5,000,000.00	5%	2019年3月1日	20年	2039/3/1	双倍余额递减法	45	30,375.00
051001	家具	6,500.00	5%	2020年2月1日	10年	2030/2/1	平均年限法	34	
051002	打印机	8,300.00	5%	2019年6月1日	5年	2024/6/1	平均年限法	42	

图 6-33 双倍余额递减法的公式设置

在使用DDB函数时，需要注意的是，由于我国的会计制度规定某年中每月的折旧额为该年折旧额在12个月内平均分摊，因此，在计算每月的折旧额时，需要将DDB函数计算出来的某年折旧额除以12，而不需要直接使用DDB函数来计算某月的折旧额。

学习了平均年限法和双倍余额递减法设置公式的思路后，可以计算出固定资产明细表中其余资产的月折旧额，在操作上可以直接在每个单元格中输入公式，也可以将采用同样折旧方法的公式复制过去。

4. 本年折旧月份数的公式设置

我国会计制度对固定资产的折旧有如下规定：

(1) 当月启用的设备从下月开始计算折旧；

(2) 设备非本年开始启用，且本年全年一直使用，则本年每月均应进行折旧；

(3) 设备本年开始启用，且一直用到年末，则本年折旧月数从启用的下一个月起至年末。

由于固定资产的使用寿命一般都有数年，所以本年启用的设备本年就停用的情况可以不予考虑。在判断本年折旧月份时，可以分为两种情况：一是如果起始的年份小于当前年份，并且当前年份小于起始年份和使用年限之和，则表示资产全年处于正常使用状态；二是本年内到期，则本年应折旧的月份数应为起始月份数。

基于以上的分析，我们可以将公式设置为：R4＝IF(G4＝"在用"，IF(AND(YEAR(L4)<YEAR($J$2)，YEAR($J$2)<YEAR(N4))，12，MONTH(L4))，0)，如图 6-34 所示。

R4 =IF(G4="在用",IF(AND(YEAR(L4)<YEAR($J$2),YEAR($J$2)<YEAR(N4)),12,MONTH(L4)),0)

固定资产明细表

单位：2023年1月

资产编号	资产名称	原值	残值率	起始日期	使用年限	终止日期	折旧方法	已计提月份	月折旧额	本年计提月数
011001	办公楼	1,305,600.00	10%	2019年5月30日	20年	2039/5/30	平均年限法	43	4,896.00	12.00
011002	厂房	5,000,000.00	5%	2019年3月1日	20年	2039/3/1	双倍余额递减法	45	30,375.00	12.00
051001	家具	6,500.00	5%	2020年2月1日	10年	2030/2/1	平均年限法	34	51.46	12.00
051002	打印机	8,300.00	5%	2019年6月1日	5年	2024/6/1	平均年限法	42	131.42	12.00
051003	手机	4,860.00	5%	2019年9月1日	3年	2022/9/1	平均年限法	39	128.25	-
051004	税控计算机	5,042.74	5%	2019年9月1日	5年	2024/9/1	平均年限法	39	79.84	12.00
051005	相机	3,250.00	5%	2019年12月1日	5年	2024/12/1	平均年限法	36	51.46	12.00
051006	手机	3,480.00	5%	2020年7月1日	3年	2023/7/1	平均年限法	29	91.83	7.00
051007	电脑	6,980.00	5%	2019年12月1日	3年	2022/12/1	平均年限法	36	184.19	-
021001	不锈钢筛机	15,500.00	5%	2019年12月1日	5年	2024/12/1	双倍余额递减法	36	111.60	12.00
021002	闪蒸机	200,000.00	5%	2020年2月1日	10年	2030/2/1	双倍余额递减法	34	2,133.33	12.00
021003	台秤	180.00	5%	2020年2月1日	5年	2025/2/1	平均年限法	34	2.85	12.00

图 6-34 本年折旧月份数的公式设置

5. 本年折旧额的计算

本年应计提折旧总额即为月折旧额乘以本年折旧月份数，因此公式为：S4＝Q4＊R4，如图 6－35 所示。

S4 =Q4*R4

固定资产明细表

	单位：	2023年1月									单位：元
资产编号	资产名称	原值	残值率	起始日期	使用年限	终止日期	折旧方法	已计提月份	月折旧额	本年计提月数	本年折旧额
011001	办公楼	1,305,600.00	10%	2019年5月30日	20年	2039/5/30	平均年限法	43	4,896.00	12.00	58,752.00
011002	厂房	5,000,000.00	5%	2019年3月1日	20年	2039/3/1	双倍余额递减法	45	30,375.00	12.00	364,500.00
051001	家具	6,500.00	5%	2020年2月1日	10年	2030/2/1	平均年限法	34	51.46	12.00	617.52
051002	打印机	8,300.00	5%	2019年6月1日	5年	2024/6/1	平均年限法	42	131.42	12.00	1,577.04
051003	手机	4,860.00	5%	2019年9月1日	3年	2022/9/1	平均年限法	39	128.25	－	－
051004	税控计算机	5,042.74	5%	2019年9月1日	5年	2024/9/1	平均年限法	39	79.84	12.00	958.08
051005	相机	3,250.00	5%	2019年12月1日	5年	2024/12/1	平均年限法	36	51.46	12.00	617.52
051006	手机	3,480.00	5%	2020年7月1日	3年	2023/7/1	平均年限法	29	91.83	7.00	642.81
051007	电脑	6,980.00	5%	2019年12月1日	3年	2022/12/1	平均年限法	36	184.19	－	－
021001	不锈钢筛机	15,500.00	5%	2019年12月1日	5年	2024/12/1	双倍余额递减法	36	111.60	12.00	1,339.20
021002	闪蒸机	200,000.00	5%	2020年2月1日	10年	2030/2/1	双倍余额递减法	34	2,133.33	12.00	25,600.00
021003	台秤	180.00	5%	2020年2月1日	5年	2025/2/1	平均年限法	34	2.85	12.00	34.20

图 6－35　本年折旧额的公式设置

6. 设置到期提醒

任务一中已经介绍过使用条件格式来新建规则，实现到期提醒。同样，选取包含“使用年限”“已计提月份”两列的数据区域 M4：P27，单击“开始”→“条件格式”→“新建规则”→“使用公式确定要设置格式的单元格”命令，通过设置公式“＝＄P4＞＝＄M4＊12”来实现到期提醒，并设置格式为红色填充，如图 6－36 所示。完成后效果如图 6－37 所示。

图 6－36　设置到期提醒

固定资产明细表

	单位：	2023年1月									单位：元
资产编号	资产名称	原值	残值率	起始日期	使用年限	终止日期	折旧方法	已计提月份	月折旧额	本年计提月数	本年折旧额
011001	办公楼	1,305,600.00	10%	2019年5月30日	20年	2039/5/30	平均年限法	43	4,896.00	12.00	58,752.00
011002	厂房	5,000,000.00	5%	2019年3月1日	20年	2039/3/1	双倍余额递减法	45	30,375.00	12.00	364,500.00
051001	家具	6,500.00	5%	2020年2月1日	10年	2030/2/1	平均年限法	34	51.46	12.00	617.52
051002	打印机	8,300.00	5%	2019年6月1日	5年	2024/6/1	平均年限法	42	131.42	12.00	1,577.04
051003	手机	4,860.00	5%	2019年9月1日	3年	2022/9/1	平均年限法	39	128.25	-	-
051004	税控计算机	5,042.74	5%	2019年9月1日	5年	2024/9/1	平均年限法	39	79.84	12.00	958.08
051005	相机	3,250.00	5%	2019年12月1日	5年	2024/12/1	平均年限法	36	51.46	12.00	617.52
051006	手机	3,480.00	5%	2020年7月1日	3年	2023/7/1	平均年限法	29	91.83	7.00	642.81
051007	电脑	6,980.00	5%	2019年12月1日	3年	2022/12/1	平均年限法	36	184.19	-	-
021001	不锈钢筛机	15,500.00	5%	2019年12月1日	5年	2024/12/1	双倍余额递减法	36	111.60	12.00	1,339.20
021002	闪蒸机	200,000.00	5%	2020年2月1日	10年	2030/2/1	双倍余额递减法	34	2,133.33	12.00	25,600.00
021003	台秤	180.00	5%	2020年2月1日	5年	2025/2/1	平均年限法	34	2.85	12.00	34.20
021004	储存罐	6,900.00	5%	2019年9月1日	5年	2024/9/1	平均年限法	39	109.25	12.00	1,311.00
051008	手机	6,000.00	5%	2020年1月1日	3年	2023/1/1	平均年限法	35	158.33	1.00	158.33
051009	空调	1,580.00	5%	2019年9月1日	3年	2022/9/1	平均年限法	39	41.69	-	-
051010	彩电	1,498.00	5%	2019年9月1日	3年	2022/9/1	平均年限法	39	39.53	-	-
051011	电脑	17,390.00	5%	2020年2月20日	3年	2023/2/20	平均年限法	34	458.90	2.00	917.80
051012	空调	6,300.00	5%	2019年9月1日	3年	2022/9/1	平均年限法	39	166.25	-	-
021005	热水器	3,000.00	5%	2019年9月1日	5年	2024/9/1	平均年限法	39	47.50	12.00	570.00
021006	蒸车	1,144.00	5%	2019年12月1日	5年	2024/12/1	平均年限法	36	18.11	12.00	217.32
021007	减速机	9,500.00	5%	2019年12月1日	5年	2024/12/1	平均年限法	36	150.42	12.00	1,805.04
021008	水泵	3,800.00	5%	2019年12月1日	5年	2024/12/1	平均年限法	36	60.17	12.00	722.04
041001	客车	350,000.00	5%	2019年11月1日	4年	2023/11/1	平均年限法	37	6,927.08	11.00	76,197.88
041002	货车	126,000.00	5%	2019年12月1日	4年	2023/12/1	平均年限法	36	2,493.75	12.00	29,925.00
	合计	7,092,804.74							48,908.21		566,462.78

图 6－37　固定资产明细表

(三) 创建固定资产卡片

虽然固定资产明细表中包含了所有的固定资产信息，但当只需要查看某一项固定资产时，该表格就显得比较繁杂，不易于查找。固定资产卡片是按照固定资产项目开设，用以进行固定资产明细核算的账簿。在一些管理比较正规的企业，大型的机器设备类固定资产通常会通过固定资产卡片进行管理。

在 Excel 中固定资产卡片的大部分信息都可以通过公式的设置取自固定资产明细表，基本思路将在下文做详细的介绍和分析。

1. 设计固定资产卡片的格式

根据企业的具体情况，固定资产卡片的格式依企业不同而有所不同。假设某企业的固定资产格式如图 6－38 所示，下面详细介绍在 Excel 中制作固定资产卡片的方法和步骤。

(1) 打开工作簿“固定资产管理系统.xlsx”，在该工作簿中新建一张工作表，重命名为“固定资产卡片”，输入如图 6－39 所示的表格项目。

图 6－38　固定资产卡片的格式

图 6－39　固定资产卡片表格项目

(2) 合并及居中 A1:I2 单元格区域，设置字体为“华文隶书”、字号为“26”、颜色为“蓝色”、下划线为“会计用双下划线”，调整行高至合适的数值，如图 6－40 所示。

(3) 将表格项目所在单元格填充为灰色，并设置对齐方式和边框，适当调整行高和列宽，设置后的效果如图 6－41 所示。

图6-40　设置标题单元格格式

图6-41　设置好格式后的效果

2. 设置卡片编号的长度

假设卡片编号的长度是固定的，为了输入方便，我们可以提前设置好 C3 单元格的格式。例如，卡片编号的长度是 4 位，不够 4 位的前面补“0”，操作步骤如下：

选择 C3 单元格，点击鼠标右键选择“设置单元格格式”→“数字”标签，在“自定义”格式设置的“类型”文本框中选择“0000”即可，如图 6－42 所示。

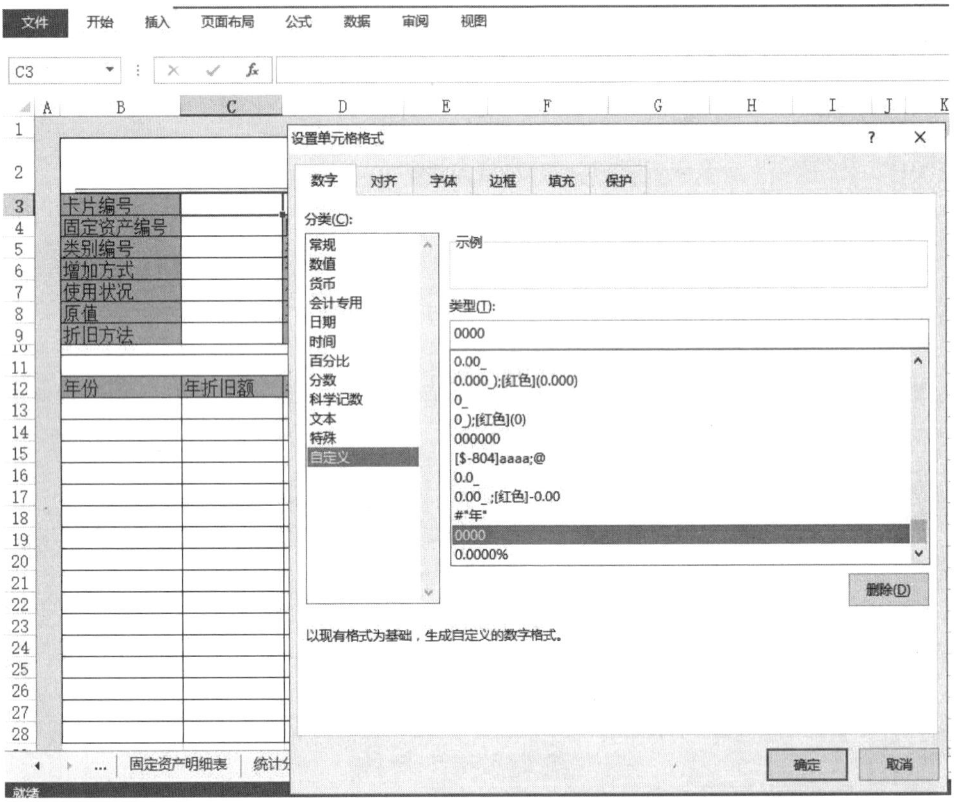

图 6－42　设置卡片编号的长度

3. 设置固定资产卡片的日期

卡片的日期可以直接取自工作表“固定资产明细表”中的日期，在 H3 单元格中输入公式：=固定资产明细表!J2，并且要将 H3 单元格的格式设置为日期型格式，否则将显示为日期所对应的序列号。如图 6－43 所示，计算当前日期。

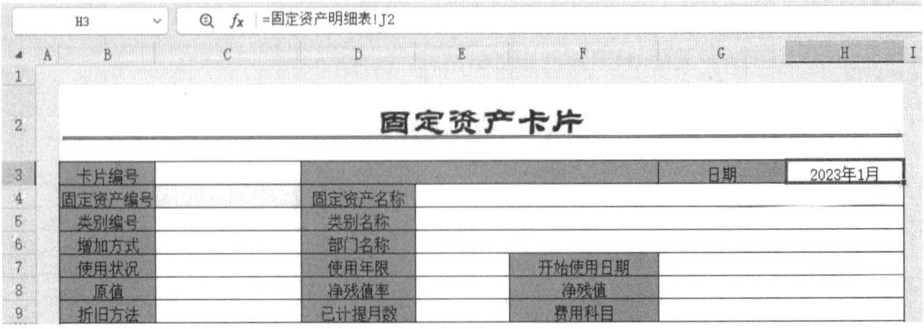

图 6－43　设置并显示当前日期

4. 固定资产编号的提示设置

每一项固定资产都有唯一的编号，编号的信息会直接影响其余固定资产信息的取得，因此我们首先设置 C4 单元格的输入提示。操作步骤如下：

(1) 选定 C4 单元格，单击菜单栏“数据”→“数据验证”命令，弹出“数据验证”对话框。

(2) 在“数据验证”对话框中，单击“输入信息”选项卡，选择“选定单元格时显示输入信息”复选框，然后在“输入信息”文本框中键入“请输入要查询制作卡片的固定资产编号”，如图 6－44 所示。

(3) 单击“确定”按钮后，关闭“数据有效性”对话框，选定工作表中的 C4 单元格，此时屏幕上将显示如图 6－45 所示的提示信息。

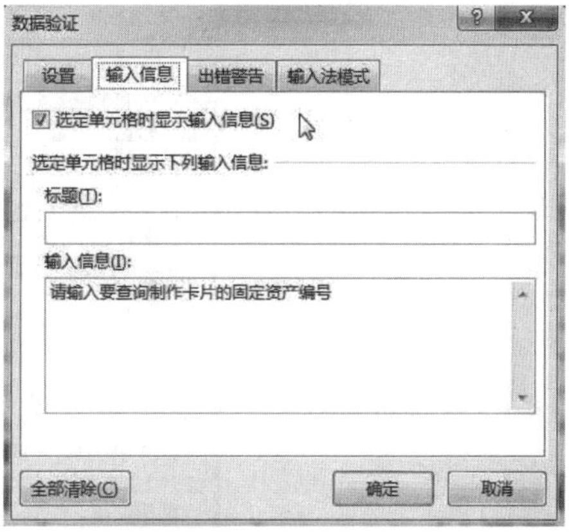

图 6－44　设置提示信息

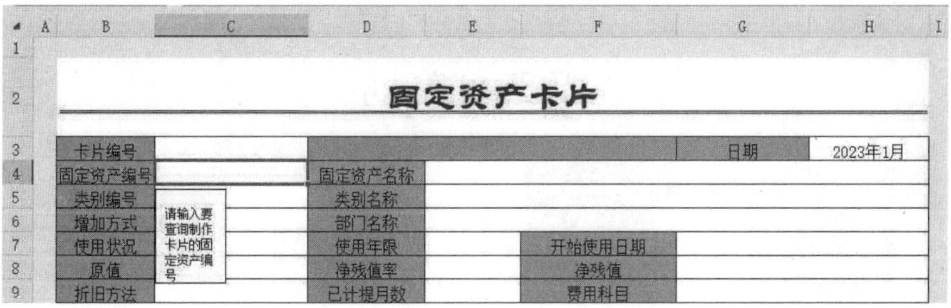

图 6－45　显示提示信息

5. 固定资产编号的下拉列表设置

设置完输入的提示信息后，为了提高输入的准确度和效率，还可以进一步将该单元格设置成下拉列表式输入。关于数据下拉列表的设置方法在前面已经多次讲解，在此需要强调的是作为数据源的区域必须提前进行区域命名。操作步骤如下：

(1) 进行数据区域命名。单击菜单栏中的“公式”→“定义名称”命令，弹出“编辑名称”对话框，在“名称”文本框中输入名称“资产编号”，在“引用位置”文本框中选择“固定资产明细表!$A$4:$A$27”，如图 6－46 所示，单击“确定”按钮完成。

(2) 选择 C4 单元格，单击菜单栏“数据”→“数据验证”命令，弹出“数据验证”对话框，单击“设置”标签，在“允许”文本框中选择“序列”，“来源”文本框中输入公式“＝资产编号”，如图 6－47 所示。

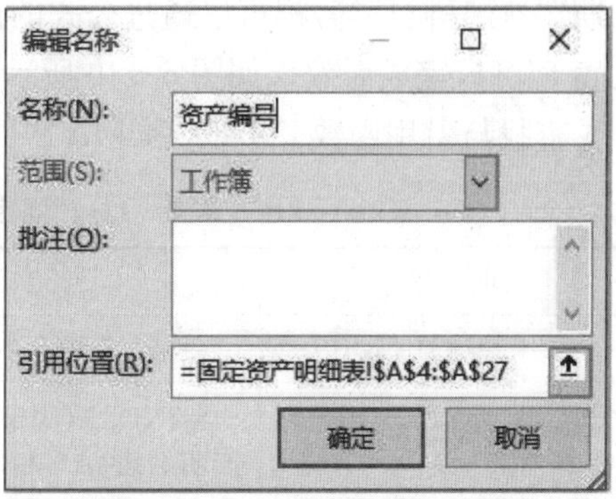

图 6－46　“资产编号”区域命名

(3) 单击“确定”按钮后，关闭“数据有效性”对话框。选择 C4 单元格，设置底纹为黄色以突出显示该单元格。完成后效果如图 6－48 所示。

图 6－47　下拉列表设置

图 6－48　设置好的下拉列表

6. 固定资产的其他信息

固定资产卡片中的其他信息，如“卡片编号”“固定资产名称”“类别编号”“类别名称”“增加方式”“部门名称”“使用状况”“原值”“净残值”“折旧方法”“已计提月数”“开始使用日期”“费用科目”等，都可以通过公式的设置，取自工作表“固定资产明细表”。公式设置见表 6－11，完成后效果如图 6－49 所示。

查找与引用函数 INDEX 和 MATCH 在“学习情境二”中已详细介绍，此处不再赘述。

表 6－11　“固定资产卡片”中公式的定义

项　目	公　式
卡片编号 C3	＝MATCH(C4,资产编号,0)
类别编号 C5	＝INDEX(固定资产明细表!C$4:C$500,MATCH($C$4,固定资产明细表!A$4:A$500,0))
增加方式 C6	＝INDEX(固定资产明细表!H$4:H$500,MATCH($C$4,固定资产明细表!A$4:A$500,0))

续　表

项　目	公　式
使用状况 C7	=INDEX(固定资产明细表!I$4:I$500,MATCH($C$4,固定资产明细表!A$4:A$500,0))
原值 C8	=INDEX(固定资产明细表!J$4:J$500,MATCH($C$4,固定资产明细表!A$4:A$500,0))
折旧方法 C9	=INDEX(固定资产明细表!O$4:O$500,MATCH($C$4,固定资产明细表!A$4:A$500,0))
固定资产名称 E4	=INDEX(固定资产明细表!B$4:B$500,MATCH($C$4,固定资产明细表!$A$4:$A$500,0))
类别名称 E5	=INDEX(固定资产明细表!D$4:D$500,MATCH($C$4,固定资产明细表!$A$4:$A$500,0))
部门名称 E6	=INDEX(固定资产明细表!E$4:E$500,MATCH($C$4,固定资产明细表!$A$4:$A$500,0))
使用年限 E7	=INDEX(固定资产明细表!M$4:M$500,MATCH($C$4,固定资产明细表!$A$4:$A$500,0))
净残值率 E8	=INDEX(固定资产明细表!K$4:K$500,MATCH($C$4,固定资产明细表!$A$4:$A$500,0))
已计提月数 E9	=INDEX(固定资产明细表!P$4:P$500,MATCH($C$4,固定资产明细表!$A$4:$A$500,0))
开始使用日期 G7	=INDEX(固定资产明细表!L$4:L$500,MATCH($C$4,固定资产明细表!$A$4:$A$500,0))
费用科目 G9	=INDEX(固定资产明细表!F$4:F$500,MATCH($C$4,固定资产明细表!$A$4:$A$500,0))
净残值 G8	=C8*E8

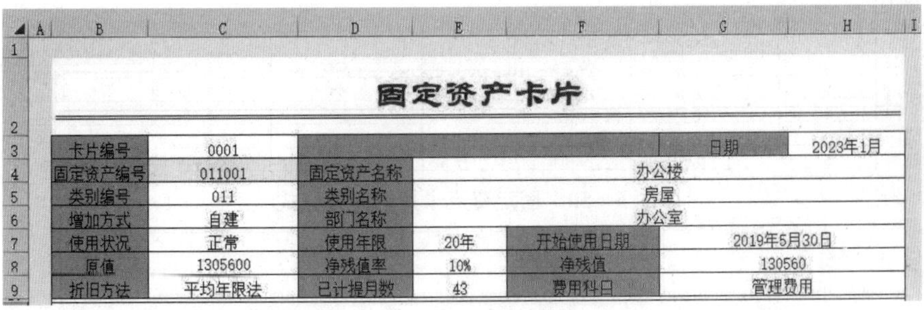

固定资产卡片

卡片编号	0001			日期	2023年1月
固定资产编号	011001	固定资产名称	办公楼		
类别编号	011	类别名称	房屋		
增加方式	自建	部门名称	办公室		
使用状况	正常	使用年限	20年	开始使用日期	2019年5月30日
原值	1305600	净残值率	10%	净残值	130560
折旧方法	平均年限法	已计提月数	43	费用科目	管理费用

图 6-49　公式运算后的结果

7. 计算折旧额

(1) 计算第1年的折旧数据，公式定义见表6-12。

表 6-12 第 1 年的折旧公式

项 目	公 式
未提折旧的初始年份 B13	0
折旧的年份 B14	=IF($C$9="","",IF(ROW()-ROW($B$13)<=$E$7,ROW()-ROW($B$13),""))
年折旧额 C14	=IF(B14="","",IF($C$9="平均年限法",SLN($C$8,$G$8,$E$7),IF($C$9="双倍余额递减法",IF(B14<=$E$7-2,DDB($C$8,$G$8,$E$7,B14),(INDEX($H$14:$H$202,MATCH($E$7-2,$B$14:$B$202))-$G$8)/2))))
年折旧率 D14	=IF(B14="","",ROUND(IF($C$9="平均年限法",(1-$E$8)/$E$7,IF($C$9="双倍余额递减法",2/$E$7)),4))
月折旧额 E14	=IF(B14="","",ROUND(C14/12,2))
月折旧率 F14	=IF(B14="","",ROUND(D14/12,4))
累计折旧额 G14	=IF(B14="","",G13+C14)
折余价值 H14	=IF(B14="","",$H$13-G14)

(2) 其余各年的公式都可以用自动填充柄进行复制生成。公式设置完成后，只需要输入卡片编号，选择固定资产编号，就可以在卡片中列示出该固定资产的相关信息，如图 6-50 所示。

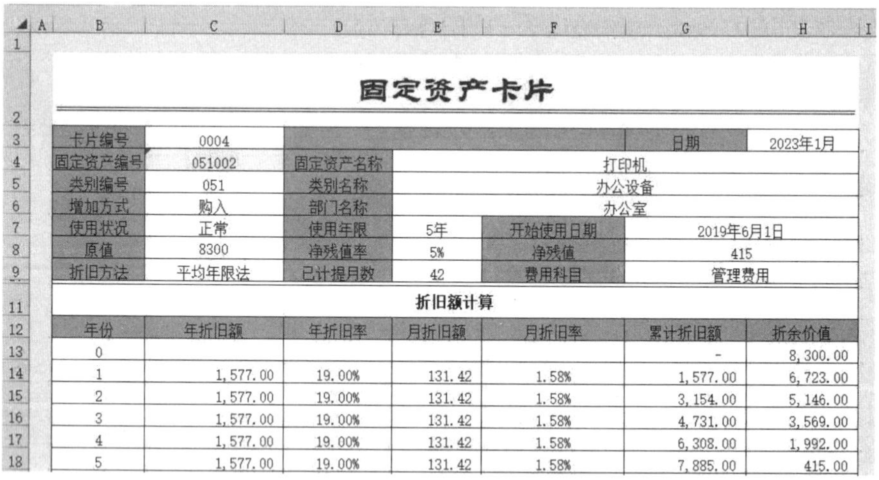

固定资产卡片

卡片编号	0004				日期	2023年1月
固定资产编号	051002	固定资产名称	打印机			
类别编号	051	类别名称	办公设备			
增加方式	购入	部门名称	办公室			
使用状况	正常	使用年限	5年	开始使用日期	2019年6月1日	
原值	8300	净残值率	5%	净残值	415	
折旧方法	平均年限法	已计提月数	42	费用科目	管理费用	

折旧额计算

年份	年折旧额	年折旧率	月折旧额	月折旧率	累计折旧额	折余价值
0					-	8,300.00
1	1,577.00	19.00%	131.42	1.58%	1,577.00	6,723.00
2	1,577.00	19.00%	131.42	1.58%	3,154.00	5,146.00
3	1,577.00	19.00%	131.42	1.58%	4,731.00	3,569.00
4	1,577.00	19.00%	131.42	1.58%	6,308.00	1,992.00
5	1,577.00	19.00%	131.42	1.58%	7,885.00	415.00

图 6-50 固定资产卡片的完整样式

任务三 固定资产折旧分析

一、任务描述

【学习任务 6-3】 根据任务二中的固定资产明细表，对固定资产折旧进行汇总分析。

二、任务分析

在已经建立的固定资产明细表的基础上，可以进行分类汇总，从而形成各种固定资产统计报表，也可以使用数据透视表对固定资产进行汇总分析。

三、相关知识

本任务对固定资产折旧进行分析需要使用到排序、筛选、分类汇总、数据透视表等功能，这些知识点在“学习情境一”中已经详细讲解，此处不再展开。

四、任务实施

(一) 建立固定资产统计分析表

为了保护原始的固定资产明细表数据，应当单独建立一个备份数据工作表，并以此工作表中的数据为基础进行各种统计分析。我们将该工作表命名为“统计分析表”。

工作表“统计分析表”的数据可以通过建立工作表“统计分析表”与工作表“固定资产明细表”的动态链接而形成，操作步骤如下：

(1) 打开工作簿“固定资产管理系统.xlsx”，在该工作簿中新建一张工作表，重命名为“统计分析表”。

(2) 在A1单元格内输入标题“固定资产统计分析表”，并设置格式。A2单元格中输入公式：=IF(固定资产明细表!A3="","",固定资产明细表!A3)。

(3) 选择A2单元格，将其向右一直填充到S2单元格。选择A2:S2单元格区域，将其向下一直填充复制到A500:S500单元格区域(或复制到更多的行数)。

(4) 通过以上的操作，就得到了动态的固定资产数据表，再对此工作表的格式进行设置，效果如图6-51所示。

A3　=IF(固定资产明细表!A4="","",固定资产明细表!A4)

	A	B	J	K	L	M	N	O	P	Q	R	S
1	固定资产统计分析表											
2	资产编号	资产名称	原值	残值率	起始日期	使用年限	终止日期	折旧方法	已计提月份	月折旧额	本年计提月数	本年折旧额
3	011001	办公楼	1,305,600.00	10.00%	2019年5月	20	2039年5月	平均年限法	43	4,896.00	12	58,752.00
4	011002	厂房	5,000,000.00	5.00%	2019年3月	20	2039年3月	双倍余额递减法	45	30,375.00	12	364,500.00
5	051001	家具	6,500.00	5.00%	2020年2月	10	2030年2月	平均年限法	34	51.46	12	617.52
6	051002	打印机	8,300.00	5.00%	2019年6月	5	2024年6月	平均年限法	42	131.42	12	1,577.04
7	051003	手机	4,860.00	5.00%	2019年9月	3	2022年9月	平均年限法	39	128.25	0	0.00
8	051004	税控计算机	5,042.74	5.00%	2019年9月	5	2024年9月	平均年限法	39	79.84	12	958.08
9	051005	相机	3,250.00	5.00%	2019年12月	5	2024年12月	平均年限法	36	51.46	12	617.52
10	051006	手机	3,480.00	5.00%	2020年7月	3	2023年7月	平均年限法	29	91.83	7	642.81
11	051007	电脑	6,980.00	5.00%	2019年12月	3	2022年12月	平均年限法	36	184.19	0	0.00
12	021001	不锈钢筛机	15,500.00	5.00%	2019年12月	5	2024年12月	双倍余额递减法	36	111.60	12	1,339.20
13	021002	闪蒸机	200,000.00	5.00%	2020年2月	10	2030年2月	双倍余额递减法	34	2,133.33	12	25,600.00
14	021003	台秤	180.00	5.00%	2020年2月	5	2025年2月	平均年限法	34	2.85	12	34.20
15	021004	储存罐	6,900.00	5.00%	2019年9月	5	2024年9月	平均年限法	39	109.25	12	1,311.00
16	051008	手机	6,000.00	5.00%	2020年1月	3	2023年1月	平均年限法	35	158.33	1	158.33
17	051009	空调	1,580.00	5.00%	2019年9月	3	2022年9月	平均年限法	39	41.69	0	0.00
18	051010	彩电	1,498.00	5.00%	2019年9月	3	2022年9月	平均年限法	39	39.53	0	0.00
19	051011	电脑	17,390.00	5.00%	2020年2月	3	2023年2月	平均年限法	34	458.90	2	917.80
20	051012	空调	6,300.00	5.00%	2019年9月	3	2022年9月	平均年限法	39	166.25	0	0.00
21	021005	热水器	3,000.00	5.00%	2019年9月	5	2024年9月	平均年限法	39	47.50	12	570.00
22	021006	蒸车	1,144.00	5.00%	2019年12月	5	2024年12月	平均年限法	36	18.11	12	217.32
23	021007	减速机	9,500.00	5.00%	2019年12月	5	2024年12月	平均年限法	36	150.42	12	1,805.04
24	021008	水泵	3,800.00	5.00%	2019年12月	5	2024年12月	平均年限法	36	60.17	12	722.04
25	041001	客车	350,000.00	5.00%	2019年11月	4	2023年11月	平均年限法	37	6,927.08	11	76,197.88
26	041002	货车	126,000.00	5.00%	2019年12月	4	2023年12月	平均年限法	36	2,493.75	12	29,925.00
27		合计	7,092,804.74							48,908.21		566,462.78

图6-51　与固定资产明细表动态链接的统计分析表

(二) 排序分析

如果要对固定资产的开始使用日期按先后顺序进行排序,需要创建一张固定资产按起始日期先后顺序排序的统计报表,操作步骤如下:

(1) 选择工作表“统计分析表”,单击鼠标右键选择“移动或复制工作表”,复制工作表并重命名为“排序”。

(2) 在工作表“排序”中,单击“数据”→“排序和筛选”→“排序”命令,选择“主要关键字”为“起始日期”、排序方式为“升序”,如图 6－52 所示。

(3) 单击“确定”按钮,排序结果如图 6－53 所示。

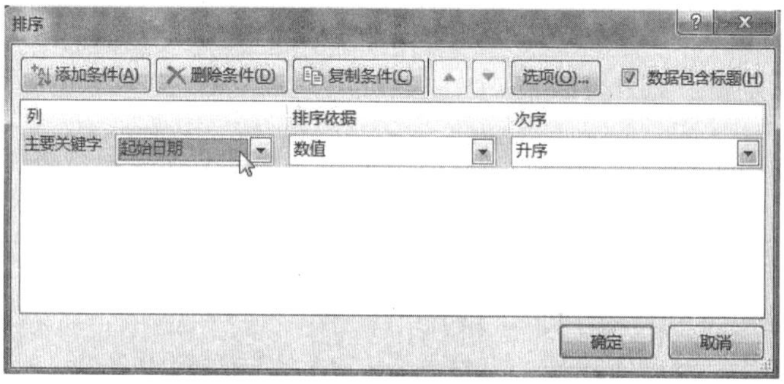

图 6－52　按起始日期排序

固定资产统计分析表

资产编号	资产名称	类别编号	类别名称	使用部门	费用科目	资产状态	资产来源	资产性质	原值	残值率	起始日期
011002	厂房	011	房屋	生产部	管理费用	在用	自建	正常	5,000,000.00	5.00%	2019年3月
011001	办公楼	011	房屋	办公室	管理费用	在用	自建	正常	1,305,600.00	10.00%	2019年5月
051002	打印机	051	办公设备	办公室	管理费用	在用	购入	正常	8,300.00	5.00%	2019年6月
051003	手机	051	办公设备	办公室	管理费用	已提足折旧	购入	正常	4,860.00	5.00%	2019年9月
051004	税控计算机	051	办公设备	办公室	管理费用	在用	购入	正常	5,042.74	5.00%	2019年9月
021004	储存罐	021	生产设备	生产部	制造费用	在用	购入	正常	6,900.00	5.00%	2019年9月
051009	空调	051	办公设备	办公室	管理费用	已提足折旧	购入	正常	1,580.00	5.00%	2019年9月
051010	彩电	051	办公设备	办公室	管理费用	已提足折旧	购入	正常	1,498.00	5.00%	2019年9月
051012	空调	051	办公设备	办公室	管理费用	已提足折旧	购入	正常	6,300.00	5.00%	2019年9月
021005	热水器	021	生产设备	生产部	制造费用	在用	购入	正常	3,000.00	5.00%	2019年9月
041001	客车	041	运输工具	办公室	管理费用	在用	购入	正常	350,000.00	5.00%	2019年11月
051005	相机	051	办公设备	办公室	管理费用	在用	购入	正常	3,250.00	5.00%	2019年12月
051007	电脑	051	办公设备	办公室	管理费用	已提足折旧	购入	正常	6,980.00	5.00%	2019年12月
021001	不锈钢筛机	021	生产设备	生产部	制造费用	在用	购入	正常	15,500.00	5.00%	2019年12月
021006	蒸车	021	生产设备	生产部	制造费用	在用	购入	正常	1,144.00	5.00%	2019年12月
021007	减速机	021	生产设备	生产部	制造费用	在用	购入	正常	9,500.00	5.00%	2019年12月

固定资产卡片　统计分析表　排序

图 6－53　排序后的固定资产分析表

(三) 筛选分析

对固定资产统计分析表进行筛选分析,操作步骤如下:

(1) 选择工作表“统计分析表”,单击鼠标右键选择“移动或复制工作表”,复制工作表并重命名为“筛选”。

(2) 在工作表“筛选”中,单击“数据”→“排序和筛选”→“自动筛选”命令,则在数据标题的旁边出现下拉箭头。单击某标题右边的下拉箭头，从下拉列表中选择需要筛选的项目，就可以将该项目筛选出来，从而得到不同的统计报表。

（3）比如，要查看所有已提足折旧的资产情况，单击“资产状态”G2单元格右边的下拉箭头，只勾选“已提足折旧”命令，如图6-54所示。

（4）单击“确定”按钮，完成筛选后效果如图6-55所示。

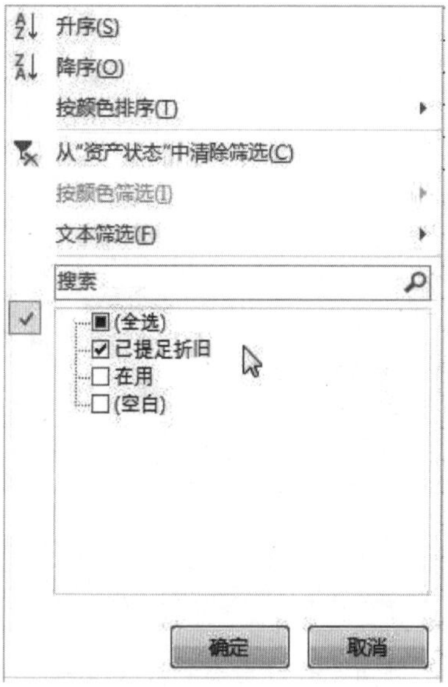

图6-54　“资产状态”筛选框

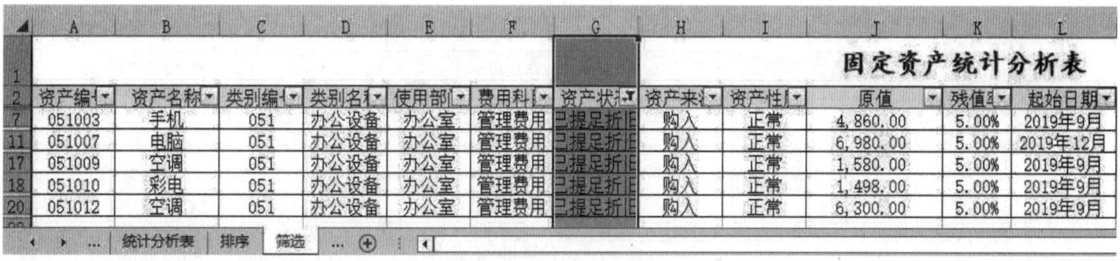

固定资产统计分析表

	资产编	资产名称	类别编	类别名	使用部门	费用科	资产状	资产来	资产性	原值	残值	起始日期
7	051003	手机	051	办公设备	办公室	管理费用	已提足折旧	购入	正常	4,860.00	5.00%	2019年9月
11	051007	电脑	051	办公设备	办公室	管理费用	已提足折旧	购入	正常	6,980.00	5.00%	2019年12月
17	051009	空调	051	办公设备	办公室	管理费用	已提足折旧	购入	正常	1,580.00	5.00%	2019年9月
18	051010	彩电	051	办公设备	办公室	管理费用	已提足折旧	购入	正常	1,498.00	5.00%	2019年9月
20	051012	空调	051	办公设备	办公室	管理费用	已提足折旧	购入	正常	6,300.00	5.00%	2019年9月

图6-55　已提足折旧的固定资产明细表

（四）分类汇总分析

我们还可以对固定资产进行分类汇总分析。例如，按照“使用部门”对固定资产进行统计，汇总计算出各个部门的固定资产的“资产原值”“本月折旧额”。这里需要注意的是，对哪项字段进行统计，先要对该字段进行排序，操作步骤如下：

（1）选择工作表“统计分析表”，单击鼠标右键选择“移动或复制工作表”，复制工作表并重命名为“分类汇总”。

（2）选择A2:S26单元格区域，单击菜单栏“数据”→“排序和筛选”→“排序”命令。在“排序”对话框中，将“主要关键字”设置为“使用部门”、排序方式为“升序”，单击“确定”按钮完成。

(3) 单击菜单栏“数据”→“分类汇总”命令，弹出“分类汇总”对话框。在“分类字段”列表中选择“使用部门”、“汇总方式”列表中选择“求和”，在“选定汇总项”中选择“原值”“本月折旧额”复选框，如图 6－56 所示。

(4) 单击“确定”按钮，完成分类汇总，如图 6－57 所示。这里，为了让界面看起来简洁，已经隐藏了部分列。

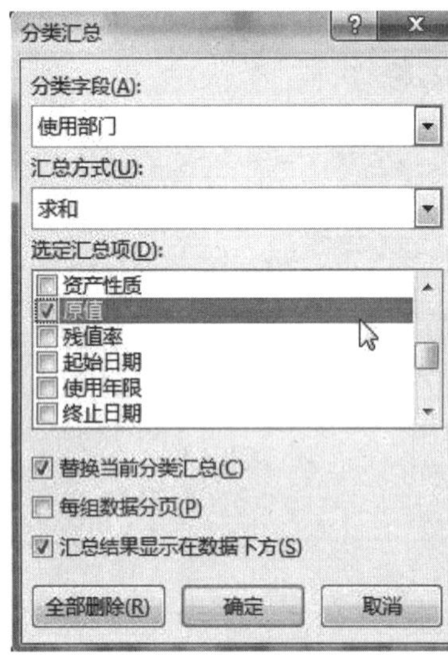

图 6－56 “分类汇总”对话框

	A	B	C	D	E	F	J	S
1	固定资产统计分析表							
2	资产编号	资产名称	类别编号	类别名称	使用部门	费用科目	原值	本年折旧额
12	051009	空调	051	办公设备	办公室	管理费用	1,580.00	0.00
13	051010	彩电	051	办公设备	办公室	管理费用	1,498.00	0.00
14	051011	电脑	051	办公设备	办公室	管理费用	17,390.00	917.80
15	051012	空调	051	办公设备	办公室	管理费用	6,300.00	0.00
16	041001	客车	041	运输工具	办公室	管理费用	350,000.00	76,197.88
17					办公室 汇总		1,726,780.74	140,438.98
18	041002	货车	041	运输工具	后勤部	制造费用	126,000.00	29,925.00
19					后勤部 汇总		126,000.00	29,925.00
20	011002	厂房	011	房屋	生产部	管理费用	5,000,000.00	364,500.00
21	021001	不锈钢筛机	021	生产设备	生产部	制造费用	15,500.00	1,339.20
22	021002	闪蒸机	021	生产设备	生产部	制造费用	200,000.00	25,600.00
23	021003	台秤	021	生产设备	生产部	制造费用	180.00	34.20
24	021004	储存罐	021	生产设备	生产部	制造费用	6,900.00	1,311.00
25	021005	热水器	021	生产设备	生产部	制造费用	3,000.00	570.00
26	021006	蒸车	021	生产设备	生产部	制造费用	1,144.00	217.32
27	021007	减速机	021	生产设备	生产部	制造费用	9,500.00	1,805.04
28	021008	水泵	021	生产设备	生产部	制造费用	3,800.00	722.04
29					生产部 汇总		5,240,024.00	396,098.80
30					总计		7,092,804.74	566,462.78
31		合计					7,092,804.74	566,462.78

图 6－57 按使用部门进行分类汇总

(五) 使用数据透视表编制固定资产折旧费用分配表

数据透视表是一种交互式报表，可以快速分类汇总比较大量的数据，并且可以随时选择其中页、行和列中的不同元素，以快速查看源数据的不同统计结果，有机地综合了数据排序、筛选和分类汇总等常用数据分析方法的优点，可以方便地调整分类汇总的方式，灵活地以多种不同方式展示数据的特征。

在固定资产管理中，由于固定资产的受益对象(使用部门)不同，固定资产折旧费的借记科目也不同，因此需要对固定资产的折旧按受益对象(使用部门)进行分配汇总，我们可以利用数据透视表筛选提取数据。下面介绍如何利用数据透视表来编制折旧费用分配表，操作步骤如下：

(1) 在工作表"统计分析表"中，选择 A2:S26 单元格区域，单击菜单栏"插入"→"数据透视表"命令，在弹出的"创建数据透视表"对话框中，设置"选择放置数据透视表的位置"为"新工作表"，如图 6－58 所示。

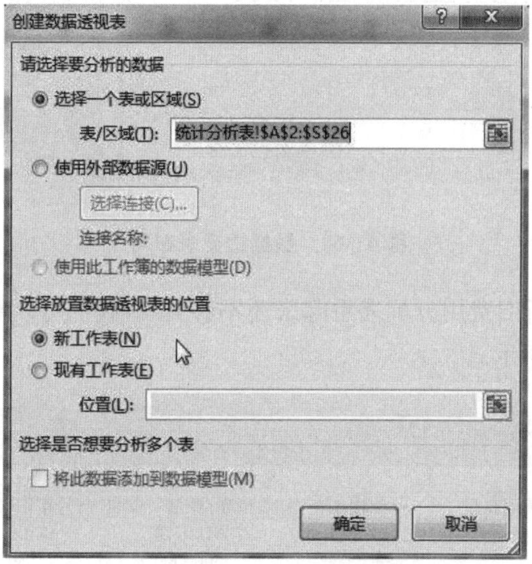

图 6－58　选择待分析数据的数据源类型

(2) 单击"确定"按钮自动新建一张工作表，将该工作表重新命名为"折旧费用分配表"并移动至最后，如图 6－59 所示。

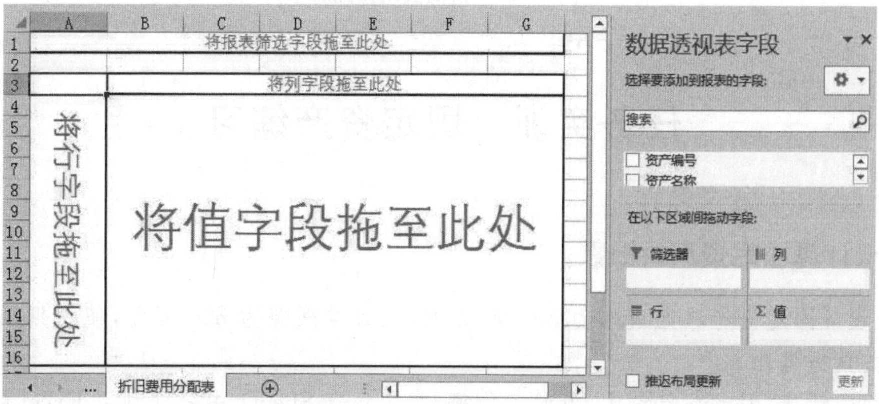

图 6－59　创建数据透视表

（3）在工作表“折旧费用分配表”中对数据进行排列。因为折旧费用分配表是按照“费用科目”和“使用部门”进行分类，对资产的“原值”和“月折旧额”进行汇总，所以将“费用科目”字段和“使用部门”字段拖动到行区域，将“原值”字段和“月折旧额”字段拖动到值区域，如图 6－60 所示。

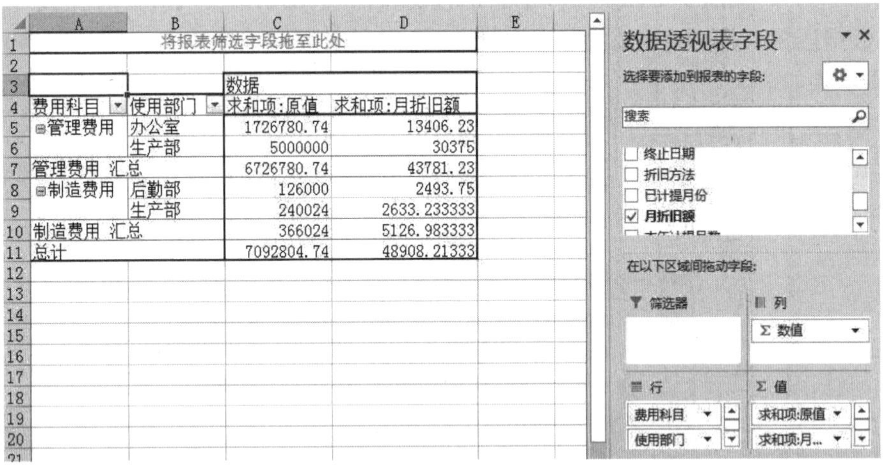

图 6－60　数据透视表布局

（4）上面得到的折旧费用分配表看起来还不够美观，我们可以对格式进行调整，完成后的效果如图 6－61 所示。

折旧费用分配表			
		数据	
费用科目	使用部门	求和项:原值	求和项:月折旧额
管理费用	办公室	1726780.74	13406.23
	生产部	5000000	30375
管理费用 汇总		6726780.74	43781.23
制造费用	后勤部	126000	2493.75
	生产部	240024	2633.233333
制造费用 汇总		366024	5126.983333
总计		7092804.74	48908.21333

图 6－61　折旧费用分配表

任务实训　固定资产练习

一、计算固定资产折旧额

假设某固定资产原始成本为 30 000 万元，预计净残值为 800 万元，使用期限为 10 年，相关数据见表 1。

要求：新建“固定资产练习. xlsx”工作簿，在工作表 Sheet1 中分别利用 Excel 的内置函数直线折旧法SLN、双倍余额递减法DDB、年数总和法SYD计算固定资产折旧额，并用折线图绘制出不同折旧方法下折旧额的对比分析图。

表1　计算固定资产折旧额

折旧额计算

原始成本(万元)　30 000

使用年限(年)　10

预计净残值(万元)　800

年　份	直线法	双倍余额递减法	年数总和法
1			
2			
3			
4			
5			
6			
7			
8			
9			
10			
合 计			

二、计算固定资产折旧明细

已知ABC公司的固定资产原值、残值率、起始日期，该公司采用直线折旧法计提折旧，相关数据见表2。

打开“固定资产练习.xlsx”工作簿，在工作表Sheet2中，按要求完成以下操作：

1. 分别利用函数设置公式并计算出“终止日期”“已计提月份”“本月计提折旧”“累计折旧”“费用科目”(备注：费用科目可以设置管理费用和制造费用)。

2. 设置到期提醒的条件格式，如果某项固定资产计提到期时，该项固定资产所在行显示为红色，以示提醒。

表 2　计算固定资产折旧明细

固定资产折旧计算明细表

单位：ABC 公司　　　　时间：　　　　单位：元

名 称	原 值	残值率	起始日期	使用年限	终止日期	已计提月份	本月计提折旧	累计折旧	费用科目
货车	40 000.00	10.00%	2021/8/28	4					
写字楼	580 000.00	10.00%	2020/10/15	20					
轿车	20 000.00	5.00%	2021/8/28	4					
笔记本电脑	9 280.00	5.00%	2021/10/20	3					
手机	7 680.00	5.00%	2021/10/20	3					
传真机	2 420.00	5.00%	2021/10/20	3					
合 计									

三、建立固定资产系统

打开“固定资产练习. xlsx”工作簿，依次新建“系统参数表”“固定资产明细表”“统计分析表”“固定资产卡片”“折旧费用分配表”五张工作表。

1. 在工作表“系统参数表”中输入某企业进行固定资产管理时的所有固定资产的相关说明信息，可以参照图 1 所示。

	A	B	C	D	E	F	G	H	I	J	K	L	M	N	O
1	类别编号	类别名称		使用部门	费用科目		资产来源		资产去向		资产状态		资产性质		折旧方法
2	011	房屋		办公室	管理费用		购入		报废		未使用		正常		平均年限法
3	021	生产设备		后勤部	销售费用		自建		出售		在用		当月新增		双倍余额递减法
4	031	工具器具		销售部	制造费用		投入		投资转出		已提足折旧		当月减少		
5	041	运输工具		生产部			盘盈		盘亏		正常使用		当月新增并减少		
6	051	办公设备					捐赠		捐赠		报废				
7							内部调拨		内部调拨						
8							其他		其他						

图 1　系统参数表

2. 在工作表“固定资产明细表”中输入某企业固定资产的相关信息，如图 2 所示。

固定资产明细

资产编号	资产名称	使用部门	费用科目	资产状态	资产来源	资产性质	原值	残值率	起始日期	使用年限	折旧方法
011001	办公楼	办公室	管理费用	在用	自建	正常	1,305,600.00	10.00%	2020年5月30日	20	平均年限法
011002	厂房	生产部	管理费用	在用	自建	正常	5,000,000.00	5.00%	2020年3月1日	20	双倍余额递减法
051001	家具	办公室	管理费用	在用	购入	正常	6,500.00	5.00%	2020年2月1日	10	平均年限法
051002	打印机	办公室	管理费用	在用	购入	正常	8,300.00	5.00%	2022年6月1日	5	平均年限法
051003	手机	办公室	管理费用	在用	购入	正常	4,860.00	5.00%	2022年9月1日	3	平均年限法
051004	税控计算机	办公室	管理费用	在用	购入	正常	5,042.74	5.00%	2021年9月1日	5	平均年限法
051005	相机	办公室	管理费用	在用	购入	正常	3,250.00	5.00%	2022年12月1日	5	平均年限法
051006	手机	办公室	管理费用	在用	购入	正常	3,480.00	5.00%	2022年7月1日	3	平均年限法
051007	电脑	办公室	管理费用	在用	购入	正常	6,980.00	5.00%	2022年12月1日	3	平均年限法
021001	不锈钢筛机	生产部	制造费用	在用	购入	正常	15,500.00	5.00%	2021年12月1日	5	双倍余额递减法
021002	闪蒸机	生产部	制造费用	在用	购入	正常	200,000.00	5.00%	2021年2月1日	10	双倍余额递减法
021003	台秤	生产部	制造费用	在用	购入	正常	180.00	5.00%	2021年2月1日	5	平均年限法
021004	储存罐	生产部	制造费用	在用	购入	正常	6,900.00	5.00%	2021年9月1日	5	平均年限法
051008	手机	办公室	管理费用	在用	购入	正常	6,000.00	5.00%	2022年1月1日	3	平均年限法
051009	空调	办公室	管理费用	在用	购入	正常	1,580.00	5.00%	2022年9月1日	3	平均年限法
051010	彩电	办公室	管理费用	在用	购入	正常	1,498.00	5.00%	2022年9月1日	3	平均年限法
051011	电脑	办公室	管理费用	在用	购入	正常	17,390.00	5.00%	2022年2月20日	3	平均年限法
051012	空调	办公室	管理费用	在用	购入	正常	6,300.00	5.00%	2022年9月1日	3	平均年限法
021005	热水器	生产部	制造费用	在用	购入	正常	3,000.00	5.00%	2021年9月1日	5	平均年限法
021006	蒸车	生产部	制造费用	在用	购入	正常	1,144.00	5.00%	2020年12月1日	5	平均年限法
021007	减速机	生产部	制造费用	在用	购入	正常	9,500.00	5.00%	2020年12月1日	5	平均年限法
021008	水泵	生产部	制造费用	在用	购入	正常	3,800.00	5.00%	2020年12月1日	5	平均年限法
041001	客车	办公室	管理费用	在用	购入	正常	350,000.00	5.00%	2021年12月1日	4	平均年限法
041002	货车	后勤部	制造费用	在用	购入	正常	126,000.00	5.00%	2021年12月1日	4	平均年限法

图 2　固定资产明细表

3. 在工作表“固定资产明细表”中新增“类别编号”“类别名称”“终止日期”“折旧方法”“已计提月份”“月折旧额”“本年计提月数”“本年折旧额”等列，并运用公式和Excel所提供的数据有效性及数据区域命名等功能(请自己思考设计)分别填列数据。

4. 在工作表“固定资产卡片”中输入卡片固定部分内容并设计格式，如图3所示。通过公式进行数据填列(数据来源于“固定资产明细表”)，在工作表“固定资产卡片”中只需要输入“卡片编号”、下拉列表选择“固定资产编号”就可以自动显示出该项固定资产其他所有信息。

图3 “固定资产卡片”样式

5. 通过数据链接的方法，根据工作表“固定资产明细表”形成工作表“统计分析表”，在工作表“统计分析表”中根据企业的管理需要可以进行排序、筛选、分类汇总等各种统计分析。

6. 以工作表“统计分析表”为数据源，利用数据透视表功能，形成工作表“折旧费用分配表”，如图4所示。

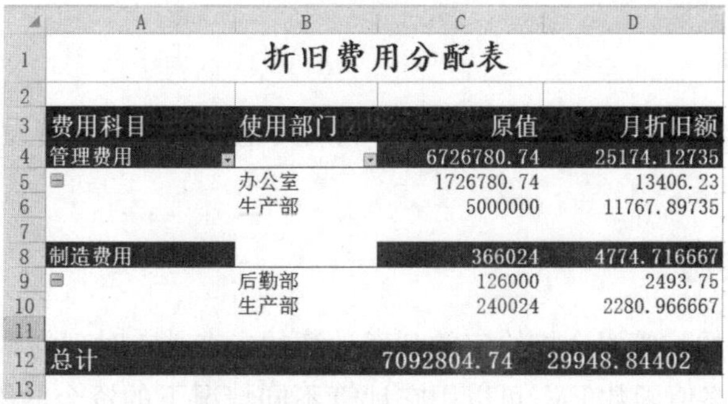

折旧费用分配表			
费用科目	使用部门	原值	月折旧额
管理费用		6726780.74	25174.12735
	办公室	1726780.74	13406.23
	生产部	5000000	11767.89735
制造费用		366024	4774.716667
	后勤部	126000	2493.75
	生产部	240024	2280.966667
总计		7092804.74	29948.84402

图4 “折旧费用分配表”样式

学习情境七　Excel 在资金时间价值计算中的应用

学习目标

学习本情境，能够使用 Excel 中的财务函数计算资金的时间价值。具体如下：

(1) 熟悉 Excel 中与资金时间价值计算有关的函数的使用方法。

(2) 明确 Excel 中与资金时间价值计算有关的函数的种类。

(3) 掌握 Excel 在资金时间价值计算中的应用。

(4) 学会使用 Excel 中的这些函数计算资金的时间价值。

情境导入

在财务会计中，有关资金时间价值的计算历来是一个非常烦琐的问题。而在 Excel 内置的大量函数中，财务函数是其重要的组成部分之一。在日常办公中，如果合理应用 Excel 中的财务函数计算资金的时间价值，就可以极大地减少会计人员的工作量，提高办公效率。

任务一　终值的计算及应用

一、任务描述

【学习任务 7－1】 利用 Excel 建立单利终值模型、复利终值模型、年金终值模型，根据案例录入数据即可得到对应的终值结果。

二、任务分析

本任务中首先要建立各种终值模型，再利用终值函数 FV 通过设置不同的参数计算出对应的终值数据。

三、知识与实施

终值是指现在的一笔资金按给定的利率计算的未来某一时刻的本利和，也称未来值。在 Excel 中提供了终值函数 FV，可以用它计算不同情况下的资金的终值，其功能与语法见表 7－1。

表 7-1　FV 函数的功能与语法

FV 函数的功能	基于固定利率及等额分期付款方式，返回某项投资的未来值
FV 函数的语法	FV(rate,nper,pmt,pv,type)
	rate(必需)：各期利率。 nper(必需)：年金的付款总期数。 pmt(必需)：各期所应支付的金额，在整个年金期间保持不变。通常 pmt 包括本金和利息，但不包括其他费用或税款。如果省略 pmt，则必须包括 pv 参数。 pv(可选)：现值，或一系列未来付款的当前值的累积和。如果省略 pv，则假定其值为 0，并且必须包括 pmt 参数。 type(可选)：数字 0 或 1，用以指定各期的付款时间是在期初还是期末。如果省略 type，则假定其值为 0。 注意： (1) 确保指定 rate 和 nper 所用的单位是一致的。如果贷款为期四年(年利率 12%)，每月还一次款，则 rate 应为 12%/12，nper 应为 4 * 12。如果对相同贷款每年还一次款，则 rate 应为 12%，nper 应为 4。 (2) 对于所有参数，支出的款项，如银行存款，以负数表示；收入的款项，如股息支票，以正数表示

(一) 单利终值与复利终值

1. 单利终值

单利是指仅对本金计算利息，以前各期产生的利息不再计算利息的利息计算方式。单利终值是指一笔资金按一定的利率单利计息时，未来某一时刻的本利和。

2. 复利终值

复利是指不仅对本金计算利息，而且对以前各期所产生的利息也计算利息的利息计算方式。复利终值是指一笔资金按一定的利率复利计息时，未来某一时刻的本利和。可以使用函数 FV 计算。

(二) 年金终值

年金是指某一时期内各期连续发生的一系列相等数额的收付款项。年金终值是指某一时期内各期连续发生的一系列相等数额的收付款项的复利终值。由于年金可按发生的时间和期限不同划分为普通年金、先付年金、递延年金和永续年金等，所以各种年金终值的计算方法也各不相同，下面分别加以介绍。

1. 普通年金终值

普通年金终值是指某一时期内各期期末连续发生的一系列相等数额的收付款项的复利终值之和。可以使用函数 FV 计算，此时参数 pv=0 或省略，参数 type 应为 0。

2. 先付年金终值

先付年金终值是指某一时期内各期期初连续发生的一系列相等数额的收付款项的复利终值之和。可以使用函数 FV 计算，此时参数 pv=0 或省略，参数 type 应为 1。

3. 递延年金终值

递延年金是一定时期以后才开始有的年金，假设前 M 期(称递延期)没有年金，从

(M+1)期起到(M+N)期止，共有 N 期普通年金，则其(M+N)年末的终值完全可以按照 N 期的普通年金终值公式计算，可以使用函数 FV 计算。

4. 永续年金终值

永续年金是指无期限发生的普通年金。由于永续年金没有到期日，所以没有终值。

四、任务实施

(一) 单利终值与复利终值

1. 单利终值

比如，某人现在存入银行 1 000 元，单利年利率 5%，则 5 年后的本利和为多少？

问题分析：因为是单利计息，则 5 年后的本利和为 1 000 * (1+5% * 5)。利用 Excel 计算单利终值非常简单，只需要在相应的单元格中输入公式即可。

操作步骤如下：

(1) 首先建立一个名为“资金时间价值计算系统. xlsx”的工作簿，在此工作簿中建立“单利终值”的工作表。

(2) 在工作表“单利终值”中，设计表格如图 7－1 所示。

(3) 在该工作表 B5 单元格中输入公式：=B2 * (1+B3 * B4)，即可计算出结果，如图 7－2 所示。

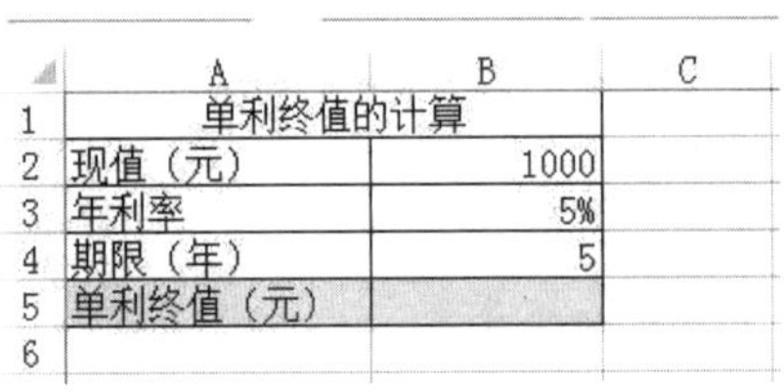

	A	B	C
1	单利终值的计算		
2	现值（元）	1000	
3	年利率	5%	
4	期限（年）	5	
5	单利终值（元）		
6			

图 7－1 单利终值

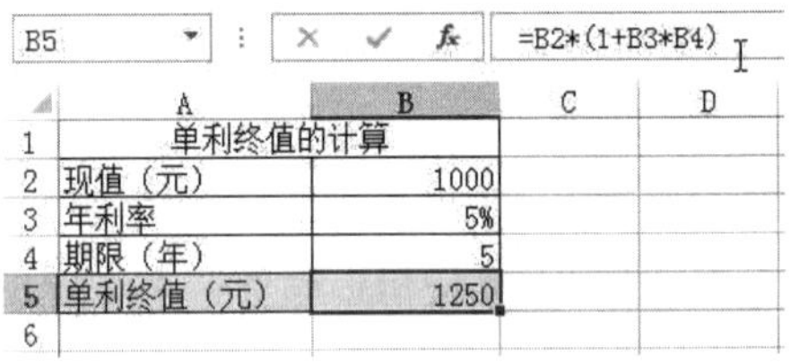

B5 =B2*(1+B3*B4)

	A	B	C	D
1	单利终值的计算			
2	现值（元）	1000		
3	年利率	5%		
4	期限（年）	5		
5	单利终值（元）	1250		
6				

图 7－2 单利终值的计算 1

再如，某人现在存入银行 50 000 元，单利年利率 7%，则 3 年后的本利和为多少？

在 B2:B4 单元格区域依次输入“50 000”“7%”“3”，则可计算 3 年后的本利和，如图 7－3 所示。

B5 =B2*(1+B3*B4)

	A	B	C	D
1	单利终值的计算			
2	现值（元）	50000		
3	年利率	7%		
4	期限（年）	3		
5	单利终值（元）	60500		
6				

图 7－3 单利终值的计算 2

单利终值的模型已建立，只需要替换初始数据，即可得出对应的单利终值。

2. 复利终值

比如，某人现在存入银行 1 000 元，复利年利率 5%，则 5 年后的本利和为多少？

问题分析：从已知条件可以看出，这是已知现值计算终值，可以使用函数 FV 计算，其中参数 rate 为 5%，nper 为 5，pv 为 1 000，其余参数可省略。

操作步骤如下：

（1）在工作簿“资金时间价值计算系统.xlsx”中建立“复利终值”的工作表，并设计表格如图 7－4 所示。

（2）选中 B5 单元格，执行“插入”→“函数”命令，打开“插入函数”对话框。“或选择类别”为“财务”，“选择函数”为“FV”，如图 7－5 所示。

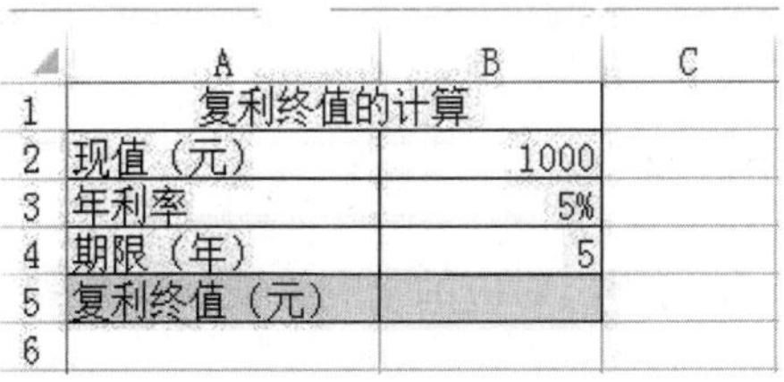

图 7－4　复利终值

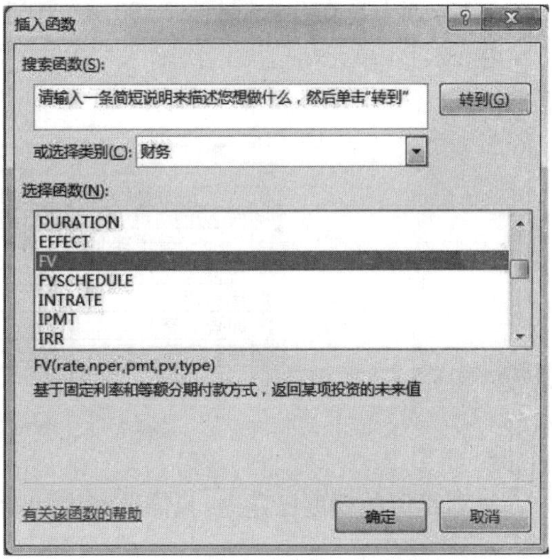

图 7－5　“插入函数”对话框

（3）单击“确定”按钮，打开“函数参数”对话框，在相应的函数参数文本框中选择相应的信息，如图 7－6 所示。

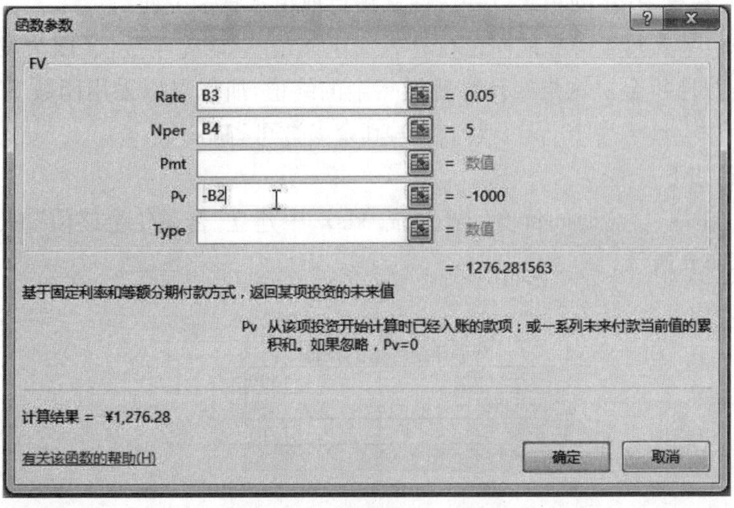

图 7－6　“函数参数”对话框

(4) 单击“确定”按钮，得出计算结果，如图 7－7 所示。

B5 =FV(B3,B4,,-B2)

	A	B	C	D
1	复利终值的计算			
2	现值（元）	1000		
3	年利率	5%		
4	期限（年）	5		
5	复利终值（元）	¥1,276.28		
6				

图 7－7　复利终值的计算 1

再如，某人现在存入银行 50 000 元，复利年利率 7%，则 3 年后的本利和为多少？

在 B2:B4 单元格区域依次输入“50 000”“7%”“3”，则可计算 3 年后的本利和，如图 7－8 所示。

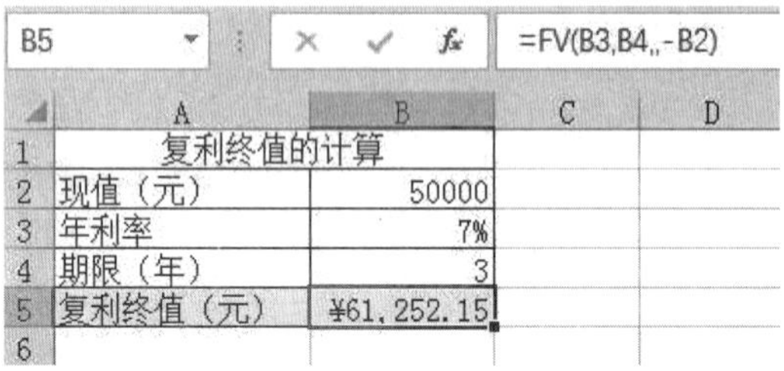
B5 =FV(B3,B4,,-B2)

	A	B	C	D
1	复利终值的计算			
2	现值（元）	50000		
3	年利率	7%		
4	期限（年）	3		
5	复利终值（元）	¥61,252.15		
6				

图 7－8　复利终值的计算 2

复利终值的模型已建立，只需要替换初始数据，即可得出对应的复利终值。

（二）年金终值

1. 普通年金终值

比如，某人在 10 年的期限内每年年末等额地向银行存入 1 000 元，银行按 5%复利计息，那么，此人在第 10 年的年末可一次性从银行取出本息多少钱？

问题分析：某人每年等额地向银行存入 1 000 元，应该为年金，又因为发生在每年的年末，所以是普通年金。这是要计算普通年金的终值，所以可以采用函数 FV 计算，此时参数 rate 为 5%，nper 为 10，pmt 为 1 000，其余参数可省略。

操作步骤如下：

(1) 在工作簿“资金时间价值计算系统.xlsx”中建立“普通年金终值”的工作表，并设计表格如图 7－9 所示。

	A	B	C
1	普通年金终值的计算		
2	年金（元）	1000	
3	年利率	5%	
4	期限（年）	10	
5	年金终值（元）		
6			

图 7－9　普通年金终值

(2) 选中 B5 单元格，插入函数 FV，相关参数设置如图 7－10 所示。

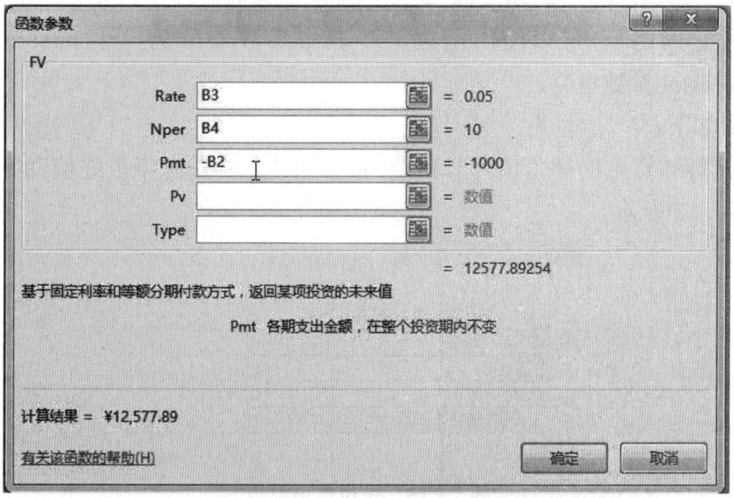

图 7－10　“函数参数”对话框

(3) 单击“确定”按钮，得出计算结果，如图 7－11 所示。

B5　=FV(B3, B4, -B2)

	A	B	C	D
1	普通年金终值的计算			
2	年金（元）	1000		
3	年利率	5%		
4	期限（年）	10		
5	年金终值（元）	¥12,577.89		
6				

图 7－11　普通年金终值的计算 1

再如，某人在 8 年的期限内每年年末等额地向银行存入 50 000 元，银行按 7%复利计息，那么，此人在第 8 年的年末可一次性从银行取出本息多少钱？在 B2:B4 单元格区域依次输入“50 000”“7%”“8”，则可计算 8 年后的本利和，如图 7－12 所示。

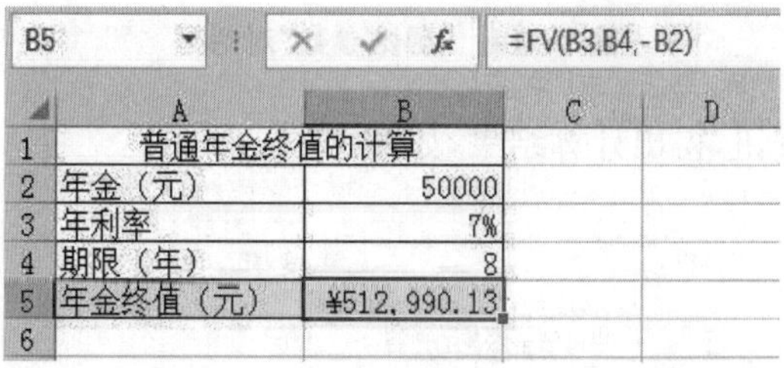

B5　=FV(B3,B4,-B2)

	A	B	C	D
1	普通年金终值的计算			
2	年金（元）	50000		
3	年利率	7%		
4	期限（年）	8		
5	年金终值（元）	¥512,990.13		
6				

图 7－12　普通年金终值的计算 2

普通年金终值的模型已建立，只需要替换初始数据，即可得出对应的普通年金终值。

2. 先付年金终值

比如，某人在 10 年的期限内每年年初等额地向银行存入 1 000 元，银行按 5%复利计息，那么，此人在第 10 年的年末可一次性从银行取出本息多少钱？

问题分析：某人在 10 年的期限内每年年初等额地向银行存入 1 000 元，这属于先付年金。要计算它的终值，可以使用函数 FV，其中参数 rate 为 5%，nper 为 10，pmt 为 1 000，type 为 1，pv 参数省略。

操作步骤如下：

（1）在工作簿“资金时间价值计算系统.xlsx”中建立“先付年金终值”的工作表，并设计表格如图 7－13 所示。

	A	B	C
1	先付年金终值的计算		
2	年金（元）	1000	
3	年利率	5%	
4	期限（年）	10	
5	年金终值（元）		
6			

图 7－13　先付年金终值

（2）选中 B5 单元格，插入函数 FV，相关参数设置如图 7－14 所示。

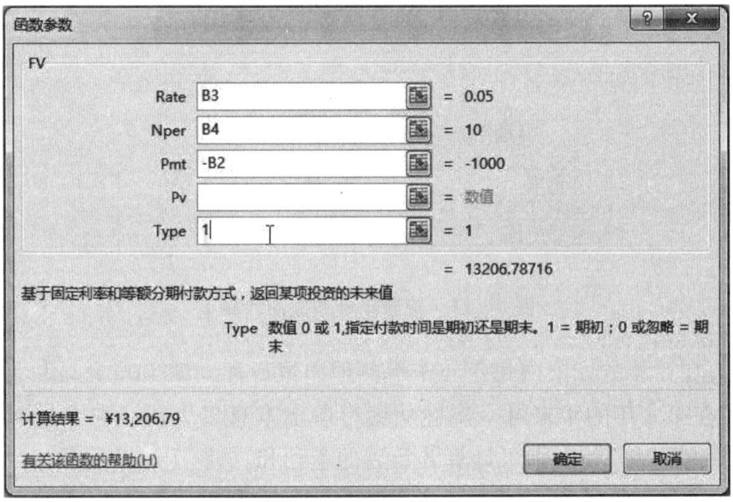

图 7－14　“函数参数”对话框

（3）单击“确定”按钮，得出计算结果，如图 7－15 所示。

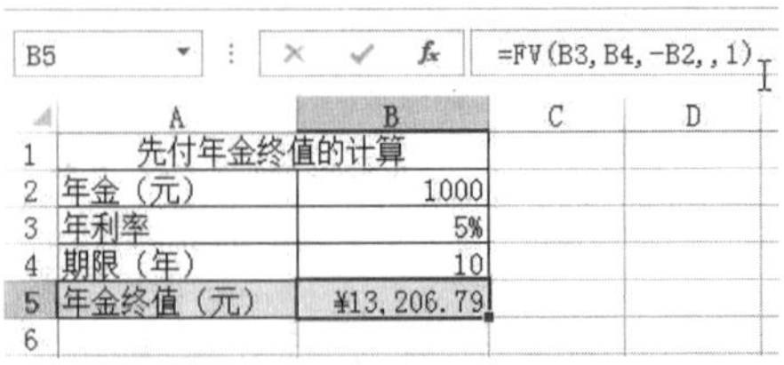

B5　=FV(B3,B4,-B2,,1)

	A	B	C	D
1	先付年金终值的计算			
2	年金（元）	1000		
3	年利率	5%		
4	期限（年）	10		
5	年金终值（元）	¥13,206.79		
6				

图 7－15　先付年金终值的计算 1

再如，某人在8年的期限内每年年初等额地向银行存入50 000元，银行按7%复利计息，那么，此人在第8年的年末可一次性从银行取出本息多少钱？在B2:B4单元格区域依次输入“50 000”“7%”“8”，则可计算8年后的本利和，如图7-16所示。

图7-16　先付年金终值的计算2

先付年金终值的模型已建立，只需要替换初始数据，即可得出对应的先付年金终值。

3. 递延年金终值

比如，某人准备3年后每年年末将1 000元存入银行，如果银行存款的年利率为5%，且复利计息，那么此人存款5年后的本利和为多少？

问题分析：某人准备3年后每年年末将1 000元存入银行，这是递延年金计算终值，可以使用函数FV计算，其中参数rate为5%，nper为5，pmt为1 000，其余参数可省略。

操作步骤如下：

(1) 在工作簿“资金时间价值计算系统.xlsx”中建立“递延年金终值”的工作表，并设计表格如图7-17所示。

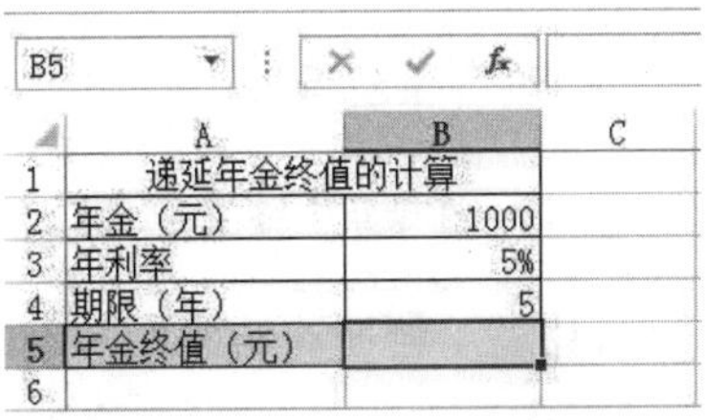

图7-17　递延年金的终值

(2) 选中B5单元格，插入函数FV，相关参数设置如图7-18所示。

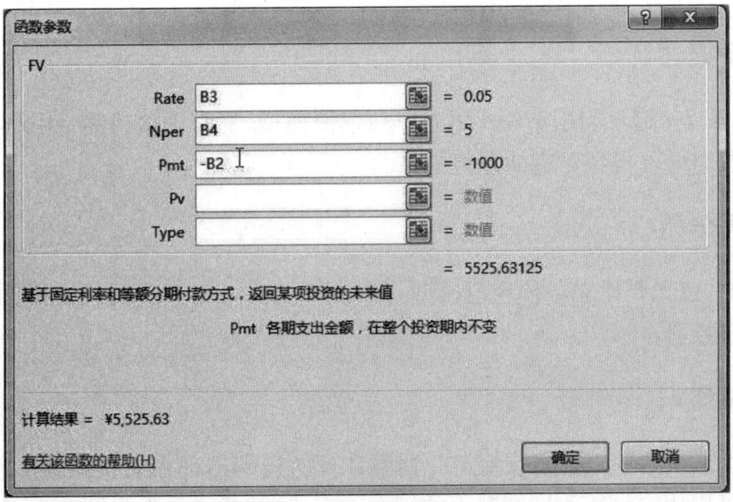

图7-18　“函数参数”对话框

(3) 单击“确定”按钮,得出计算结果,如图 7－19 所示。

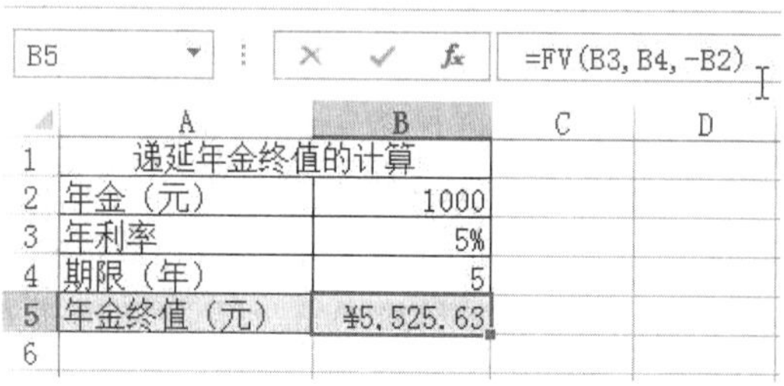

B5 =FV(B3, B4, -B2)

	A	B	C	D
1	递延年金终值的计算			
2	年金（元）	1000		
3	年利率	5%		
4	期限（年）	5		
5	年金终值（元）	¥5, 525. 63		
6				

图 7－19　递延年金终值的计算 1

再如,某人准备 5 年后每年年末将 50 000 元存入银行,如果银行存款的年利率为 7%,且复利计息,那么此人存款 4 年后的本利和为多少? 在 B2:B4 单元格区域依次输入“50 000”“7%”“4”,则可计算存款 4 年后的本利和,如图 7－20 所示。

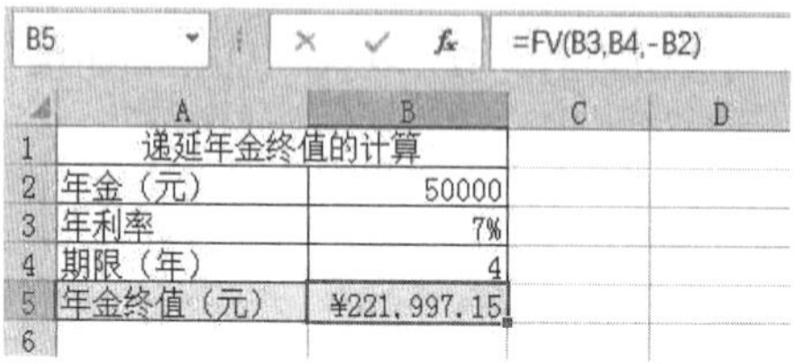

B5 =FV(B3,B4,-B2)

	A	B	C	D
1	递延年金终值的计算			
2	年金（元）	50000		
3	年利率	7%		
4	期限（年）	4		
5	年金终值（元）	¥221, 997. 15		
6				

图 7－20　递延年金终值的计算 2

递延年金终值的模型已建立,只需要替换初始数据,即可得出对应的递延年金终值。

任务二　现值的计算及应用

一、任务描述

【学习任务 7－2】 利用 Excel 建立单利现值模型、复利现值模型、年金现值模型,根据案例录入数据即可得到对应的现值结果。

二、任务分析

本任务中,首先要建立各种现值模型,再利用现值函数 PV 通过设置不同的参数计算出对应的现值数据。

三、相关知识

现值是指未来的一笔资金按给定的利率计算所得到的现在的价值。Excel 提供了现值函数 PV,可以用它计算不同情况下的资金的现值,其功能与语法见表 7－2。

表 7－2　PV 函数的功能与语法

PV 函数的功能	返回某项投资的一系列将来偿还额的当前总值或一次性偿还额的现值
PV 函数的语法	PV(rate,nper,pmt,[fv],[type])
	rate(必需):各期利率。 nper(必需):年金的付款总期数。 pmt(必需):每期的付款金额,在年金周期内不能更改。通常,pmt 包括本金和利息,但不含其他费用或税金。如果省略 pmt,则必须包括 fv 参数。 fv(可选):未来值,或在最后一次付款后希望得到的现金余额。如果省略 fv,则假定其值为 0(如贷款的未来值是 0)。如果省略 fv,则必须包括 pmt 参数。 type(可选):数字 0 或 1,用以指定各期的付款时间是在期初还是期末。 注意: (1) 请确保指定 rate 和 nper 所用的单位是一致的。如果贷款为期 4 年(年利率 12%),每月还一次款,则 rate 应为 12%/12,nper 应为 4 * 12。如果对相同贷款每年还一次款,则 rate 应为 12%,nper 应为 4。 (2) 对于所有参数,支出的款项,如银行存款,以负数表示;收入的款项,如股息支票,以正数表示

(一) 单利现值与复利现值

1. 单利现值

单利现值是指未来时期的一笔资金按单利贴现的现在时刻的价值。

2. 复利现值

复利现值是指未来时期的一笔资金按复利贴现的现在时刻的价值。可以使用函数 PV 计算。

(二) 年金现值

年金现值是指某一时期内各期连续发生的一系列相等数额的年金的复利现值之和。根据年金发生情况的不同,年金现值分为普通年金现值、先付年金现值、递延年金现值和永续年金现值。

1. 普通年金现值

普通年金现值是指某一时期内各期期末连续发生的一系列相等数额的年金的复利现值之和。可以使用函数 PV 计算,此时参数 fv=0 或省略,参数 type 应为 0。

2. 先付年金现值

先付年金现值是指某一时期内各期期初连续发生的一系列相等数额的年金的复利现值之和。可以使用函数 PV 计算,此时参数 fv=0 或省略,参数 type 应为 1。

3. 递延年金现值

递延年金是一定时期以后才开始有的年金,其现值的计算有下面两种不同的方法。

方法一:先假设递延期(M 期)也有普通年金,计算出(M+N)期普通年金现值,然后再减去递延期(M 期)的普通年金现值,即可得到所要计算的递延年金现值。

方法二:假设前 M 期没有年金,(M+1)期至(M+N)期有 N 期普通年金,先将 N 期的普通年金折算为第 M 年年末的价值,然后以此为终值再向前折算 M 期,即可得到所要计算的递延年金现值。

4. 永续年金现值

永续年金现值的计算很简单，其公式为：永续年金现值＝年金÷利率。

四、任务实施

（一）单利现值与复利现值

1. 单利现值

比如，某人打算在 5 年后从银行取出 1 000 元，单利年利率 5%，则现在需要存入银行的金额为多少？

因为是单利计息 5 年后要从银行取出 1 000 元，则现在需要存入银行的金额为 800 元[＝1 000÷(1＋5%×5)]。利用 Excel 计算单利现值非常简单，只需要在相应的单元格中输入公式即可。

操作步骤如下：

(1) 在工作簿“资金时间价值计算系统. xlsx”中建立“单利现值”的工作表，并设计表格如图 7－21 所示。

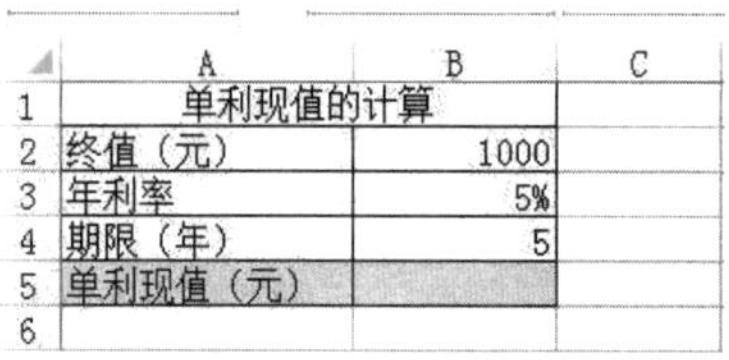

	A	B	C
1	单利现值的计算		
2	终值（元）	1000	
3	年利率	5%	
4	期限（年）	5	
5	单利现值（元）		
6			

图 7－21　单利现值

(2) 在该工作表 B5 单元格中输入公式，即可计算出结果，如图 7－22 所示。

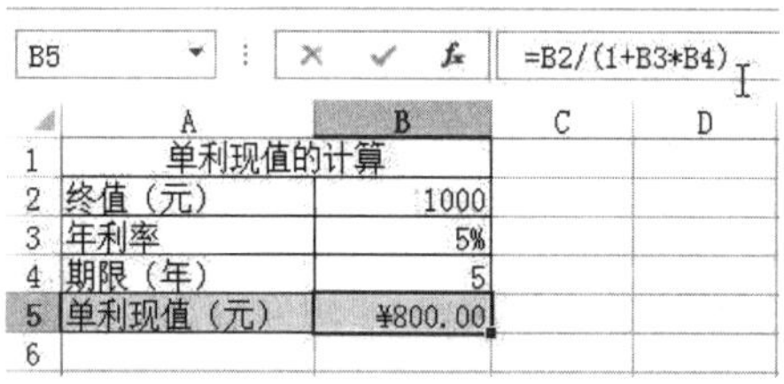

B5　=B2/(1+B3*B4)

	A	B	C	D
1	单利现值的计算			
2	终值（元）	1000		
3	年利率	5%		
4	期限（年）	5		
5	单利现值（元）	¥800.00		
6				

图 7－22　单利现值的计算

(3) 现在只需要替换初始数据，即可得出对应的单利现值。因此，单利现值的模型已建立。

2. 复利现值

比如，某人打算在 5 年后从银行取出 1 000 元，复利年利率 5%，则现在需要存入银行的金额为多少？

问题分析：从已知条件中可以看出，这是已知终值计算现值，可以使用函数 PV 计算，其中参数 rate 为 5%，nper 为 5，fv 为 1 000，其余参数可省略。

操作步骤如下：

(1) 在工作簿“资金时间价值计算系统. xlsx”中建立“复利现值”的工作表，并设计表格如图7－23所示。

	A	B	C
1	复利现值的计算		
2	终值（元）	1000	
3	年利率	5%	
4	期限（年）	5	
5	复利现值（元）		
6			

图7－23　复利现值

(2) 选中B5单元格，执行“插入”→“函数”命令，打开“插入函数”对话框。“或选择类别”为“财务”，“选择函数”为“PV”，如图7－24所示。

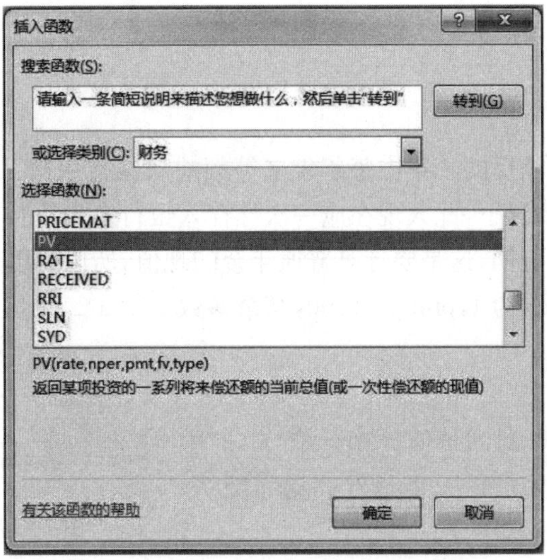

图7－24　“插入函数”对话框

(3) 单击“确定”按钮，打开“函数参数”对话框，相关参数设置如图7－25所示。

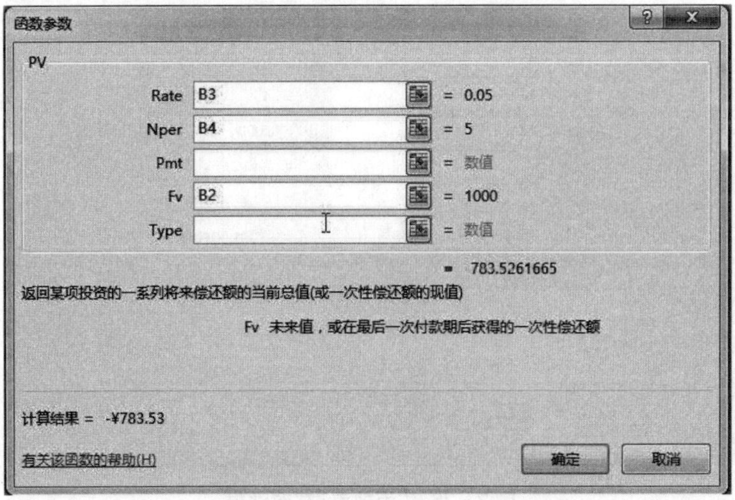

图7－25　“函数参数”对话框

(4) 单击“确定”按钮，得出计算结果，如图 7-26 所示。

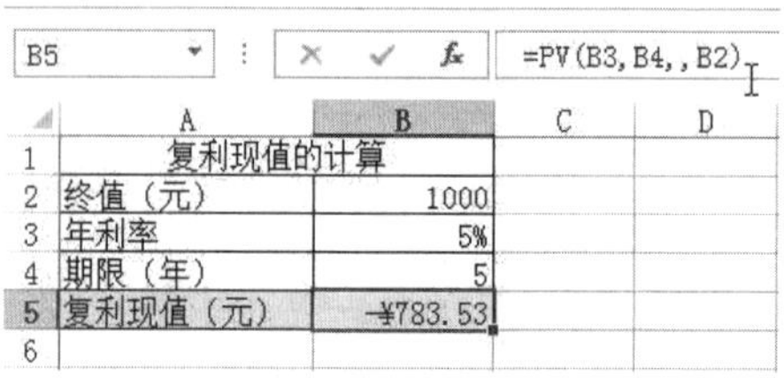

图 7-26　复利现值的计算

(5) 现在只需要替换初始数据，即可得出对应的复利现值。因此，复利现值的模型已建立。

(二) 年金现值

1. 普通年金现值

比如，某人打算在今后的 4 年中每年年末等额地从银行取出 2 000 元，在银行按 5% 的年利率复利计息的情况下，此人现在应一次性存入银行多少钱？

问题分析：从题意可知，这是要计算普通年金的现值，所以可以采用函数 PV 计算，此时参数 rate 为 5%，nper 为 4，pmt 为 2 000，其余参数可省略。

图 7-27　普通年金现值

操作步骤如下：

(1) 在工作簿“资金时间价值计算系统. xlsx”中建立“普通年金现值”的工作表，并设计表格如图 7-27 所示。

(2) 选中 B5 单元格，插入函数 PV，相关参数设置如图 7-28 所示。

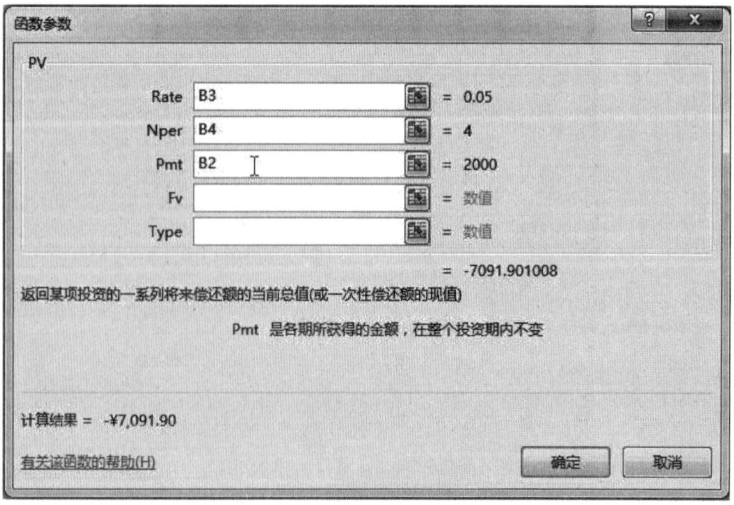

图 7-28　“函数参数”对话框

(3) 单击“确定”按钮,得出计算结果,如图 7-29 所示。

B5 =PV(B3,B4,B2)

	A	B	C	D
1	普通年金现值的计算			
2	年金(元)	2000		
3	年利率	5%		
4	期限(年)	4		
5	年金现值(元)	-¥7,091.90		
6				

图 7-29 普通年金现值的计算

(4) 现在只需要替换初始数据,即可得出对应的普通年金现值。因此,普通年金现值的模型已建立。

2. 先付年金现值

比如,某企业准备在今后的 3 年期限内租用一台设备,按租赁合同的约定,每年年初需要支付租金 6 000 元,若贴现率为 10%,那么全部租金的现值是多少?

问题分析:从题意可知,这属于先付年金。要计算它的现值,可以使用函数 PV,其中参数 rate 为 10%,nper 为 3,pmt 为 6 000,type 为 1,fv 参数省略。

操作步骤如下:

(1) 在工作簿“资金时间价值计算系统.xlsx”中建立“先付年金现值”的工作表,并设计表格如图 7-30 所示。

	A	B	C
1	先付年金现值的计算		
2	年金(元)	6000	
3	年利率	10%	
4	期限(年)	3	
5	年金现值(元)		
6			

图 7-30 先付年金现值

(2) 选中 B5 单元格,插入函数 PV,相关参数设置如图 7-31 所示。

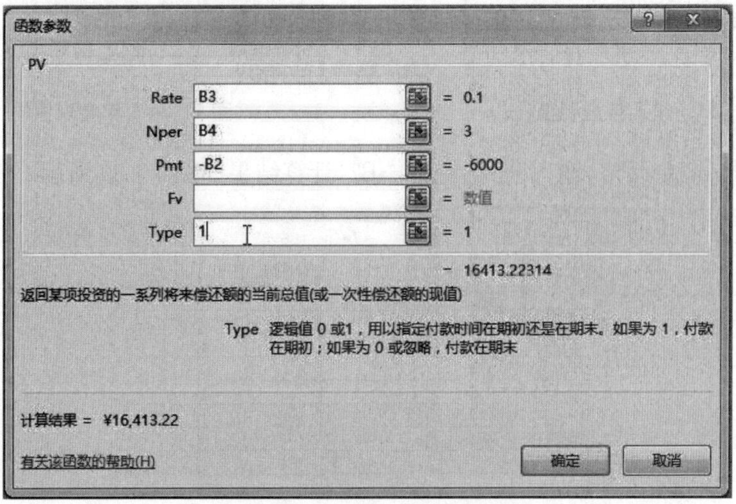

图 7-31 “函数参数”对话框

(3) 单击“确定”按钮,得出计算结果,如图 7-32 所示。

B5 =PV(B3,B4,-B2,,1)

	A	B	C	D
1	先付年金现值的计算			
2	年金(元)	6000		
3	年利率	10%		
4	期限(年)	3		
5	年金现值(元)	¥16,413.22		
6				

图 7-32 先付年金现值的计算

(4) 现在只需要替换初始数据,即可得出对应的先付年金现值。因此,先付年金现值的模型已建立。

3. 递延年金现值

比如,某人准备现在存入银行一笔钱,希望能够在第 5 年至第 10 年年末每年等额地从银行取出 1 000 元。如果银行存款的年利率为 8%,且复利计息,那么此人现在应当一次性存入银行多少钱?

问题分析:从题意可知,这是要计算递延年金的现值,其中递延期 M 为 4 年,年金为 1 000 元,利率为 8%,有期限 N 为 6 年的普通年金,可以按照前面介绍的两种方法进行计算。

方法一的操作步骤如下:

(1) 在工作簿“资金时间价值计算系统.xlsx”中建立“递延年金现值(一)”的工作表,并设计表格如图 7-33 所示。

(2) 分别选中 B6、B7 单元格,插入函数 PV,计算公式如图 7-34 所示。

G16

	A	B	C
1	递延年金现值的计算(一)		
2	年金(元)	1000	
3	年利率	8%	
4	年金期数N(年)	6	
5	递延期数M(年)	4	
6	(M+N)期的年金现值(元)		
7	M期的年金现值(元)		
8	递延年金现值(元)		
9			

图 7-33 递延年金现值(一)

	A	B
1	递延年金现值的计算(一)	
2	年金(元)	1000
3	年利率	0.08
4	年金期数N(年)	6
5	递延期数M(年)	4
6	(M+N)期的年金现值(元)	=PV(B3,B4+B5,B2)
7	M期的年金现值(元)	=PV(B3,B5,B2)
8	递延年金现值(元)	
9		

图 7-34 年金现值的计算

(3) 选中 B8 单元格,输入公式:=B6-B7,计算结果如图 7-35 所示。

B8 =B6-B7

	A	B	C
1	递延年金现值的计算(一)		
2	年金(元)	1000	
3	年利率	8%	
4	年金期数N(年)	6	
5	递延期数M(年)	4	
6	(M+N)期的年金现值(元)	-¥6,710.08	
7	M期的年金现值(元)	-¥3,312.13	
8	递延年金现值(元)	-¥3,397.95	
9			

图 7-35 递延年金现值(一)的计算

(4) 现在只需要替换初始数据，即可得出对应的递延年金现值。因此，递延年金现值的模型已建立。

方法二的操作步骤如下：

(1) 在工作簿“资金时间价值计算系统. xlsx”中建立“递延年金现值(二)”的工作表，并设计表格如图 7－36 所示。

(2) 选中 B6 单元格，插入函数 PV，计算 M 年末的期数为 N 的普通年金现值，结果如图 7－37 所示。

	A	B	C
1	递延年金现值的计算（二）		
2	年金（元）	1000	
3	年利率	8%	
4	年金期数N（年）	6	
5	递延期数M（年）	4	
6	M年末的年金现值（元）		
7	递延年金现值（元）		
8			

图 7－36　递延年金现值(二)

B6　=PV(B3, B4, B2)

	A	B	C
1	递延年金现值的计算（二）		
2	年金（元）	1000	
3	年利率	8%	
4	年金期数N（年）	6	
5	递延期数M（年）	4	
6	M年末的年金现值（元）	-¥4,622.88	
7	递延年金现值（元）		
8			

图 7－37　M 年年末的年金现值

(3) 选中 B7 单元格，插入函数 PV，计算期数为 M 的复利现值，结果如图 7－38 所示。

B7　=PV(B3, B5, , -B6)

	A	B	C
1	递延年金现值的计算（二）		
2	年金（元）	1000	
3	年利率	8%	
4	年金期数N（年）	6	
5	递延期数M（年）	4	
6	M年末的年金现值（元）	-¥4,622.88	
7	递延年金现值（元）	-¥3,397.95	
8			

图 7－38　递延年金现值(二)的计算

(4) 现在只需要替换初始数据，即可得出对应的递延年金现值。因此，递延年金现值的模型已建立。

4. 永续年金现值

比如，某公司欲设立一项职工教育基金，用于职工培训，预计每年的培训费用需要 20 000 元，如果复利年利率为 4%，则企业现在应一次性存入银行多少钱？

问题分析：从题意可知，这是要计算永续年金的现值。利用 Excel 计算非常简单，只需要在相应的单元格中输入公式即可。

操作步骤如下：

(1) 在工作簿“资金时间价值计算系统. xlsx”中建立“永续年金现值”的工作表，并设计表格如图 7－39 所示。

	A	B	C
1	永续年金现值的计算		
2	年金（元）	20000	
3	年利率	4%	
4	永续年金现值（元）		
5			

图 7－39　永续年金现值

（2）在该工作表 B4 单元格中输入公式，即可计算出结果，如图 7－40 所示。

图 7－40　永续年金现值的计算

（3）现在只需要替换初始数据，即可得出对应的永续年金现值。因此，永续年金现值的模型已建立。

任务三　年金、本金与利息的计算

一、任务描述

【学习任务 7－3】 利用 Excel 建立年金计算模型、年金中本金和利息计算模型，根据案例录入数据即可得到对应的结果。

二、任务分析

年金是指某一时期内各期连续发生的一系列相等数额的收付款项。它包括本金和利息，但不包括其他费用及税款。下面分别介绍年金、年金中的本金和利息的计算。

三、相关知识

（一）年金的计算

Excel 提供了年金函数 PMT，可以用它计算每期收付款额，其功能与语法见表 7－3。

表 7－3　PMT 函数的功能与语法

PMT 函数的功能	基于固定利率及等额分期付款方式，返回贷款的每期付款额
PMT 函数的语法	PMT(rate,nper,pv,[fv],[type])
	rate(必需)：贷款利率。 nper(必需)：该项贷款的付款总数。 pv(必需)：现值，或一系列未来付款额现在所值的总额，也叫本金。 fv(可选)：未来值，或在最后一次付款后希望得到的现金余额。如果省略 fv，则假定其值为 0(零)，即贷款的未来值是 0。 type(可选)：数字 0(零)或 1 指示支付时间。 注意： PMT 返回的支付款项包括本金和利息，但不包括税款、保留支付或某些与贷款有关的费用

（二）年金中本金的计算

Excel提供了PPMT函数，可以用它计算每期收付款额中的本金部分，其功能与语法见表7-4。

表7-4　PPMT函数的功能与语法

PPMT函数的功能	基于固定利率及等额分期付款方式，返回投资在某一给定期间内的本金偿还额
PPMT函数的语法	PPMT(rate,per,nper,pv,[fv],[type])
	rate(必需)：各期利率。 per(必需)：指定期数，该值必须在1到nper范围内。 nper(必需)：年金的付款总期数。 pv(必需)：现值，即一系列未来付款当前值的总和。 fv(可选)：未来值，或在最后一次付款后希望得到的现金余额。如果省略fv，则假定其值为0(零)，即贷款的未来值是0。 type(可选)：数字0或1，用以指定各期的付款时间是在期初(1)还是期末(0)，默认为期末

（三）年金中利息的计算

Excel提供了IPMT函数，可以用它计算每期收付款额中的利息部分，其功能与语法见表7-5。

表7-5　IPMT函数的功能与语法

IPMT函数的功能	基于固定利率及等额分期付款方式，返回给定期数内对投资的利息偿还额
IPMT函数的语法	IPMT(rate,per,nper,pv,[fv],[type])
	rate(必需)：各期利率。 per(必需)：指定期数，该值必须在1到nper范围内。 nper(必需)：年金的付款总期数。 pv(必需)：现值，即一系列未来付款当前值的总和。 fv(可选)：未来值，或在最后一次付款后希望得到的现金余额。如果省略fv，则假定其值为0(零)，即贷款的未来值是0。 type(可选)：数字0或1，用以指定各期的付款时间是在期初(1)还是期末(0)，默认为期末

四、任务实施

（一）年金的计算

比如，某企业有一笔贷款，复利年利率12%，5年后到期，若到期一次还本付息，需偿还100万元。问：① 如果每年年末等额偿债，每期应偿还多少？② 如果每年年初等额偿债，每期应偿还多少？

问题分析：从题意可知，这是要分别计算普通年金和先付年金，可以使用函数 PMT 计算，其中参数 rate 为 12％，nper 为 5，fv 为 100 万元。

操作步骤如下：

（1）在工作簿“资金时间价值计算系统. xlsx”中建立“年金”的工作表，并设计表格如图 7－41 所示。

	A	B	C
1	年金的计算		
2	年利率	12%	
3	期限（年）	5	
4	终值（万元）	100	
5	普通年金（万元）		
6	先付年金（万元）		
7			

图 7－41　年金的计算

（2）选中 B5 单元格，插入函数 PMT 计算普通年金，type 为 0 或者省略，结果如图 7－42 所示。

B5　=PMT(B2,B3,,B4)

	A	B	C	D
1	年金的计算			
2	年利率	12%		
3	期限（年）	5		
4	终值（万元）	100		
5	普通年金（万元）	-¥15.74		
6	先付年金（万元）			
7				

图 7－42　普通年金的计算

（3）选中 B6 单元格，插入函数 PMT 计算先付年金，type 为 1，结果如图 7－43 所示。

B6　=PMT(B2,B3,,B4,1)

	A	B	C	D
1	年金的计算			
2	年利率	12%		
3	期限（年）	5		
4	终值（万元）	100		
5	普通年金（万元）	-¥15.74		
6	先付年金（万元）	-¥14.05		
7				

图 7－43　先付年金的计算

（4）现在只需要替换初始数据，即可得出对应的普通年金和先付年金。因此，年金的模型已建立。

（二）年金中本金的计算

在上例中，如果该企业选择每年年末等额偿债，那么每年还款中的本金部分分别为多少？

问题分析：从题意可知，这是要计算年金中的本金，所以可以采用函数 PPMT 计算，此时参数 rate 为 12％，nper 为 5，fv 为 100 万元，其余参数可省略。

操作步骤如下：

(1) 在工作簿“资金时间价值计算系统.xlsx”中建立“年金中的本金和利息”的工作表，并设计表格如图 7-44 所示。

	A	B	C	D
1	年金中本金和利息的计算			
2	终值(万元)	年利率	期限（年）	
3	100	12%	5	
4				
5	本金和利息偿还表			
6	年	偿还本金（万元）	支付利息（万元）	
7	1			
8	2			
9	3			
10	4			
11	5			
12				

图 7-44　年金中的本金和利息

(2) 选中 B7 单元格，插入函数 PPMT，相关参数设置如图 7-45 所示。

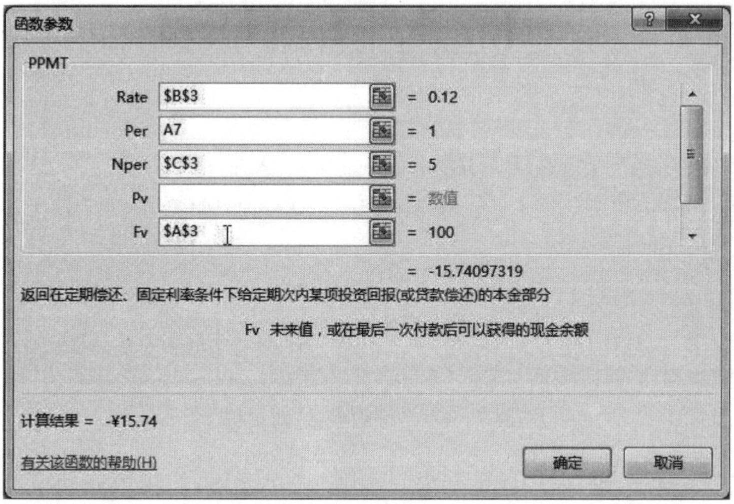

图 7-45　“函数参数”对话框

(3) 单击“确定”按钮，得出计算结果。选中 B7 单元格，使用填充柄填充至 B11 单元格，如图 7-46 所示。

B7　=PPMT($B$3,A7,$C$3,,$A$3)

	A	B	C	D
1	年金中本金和利息的计算			
2	终值(万元)	年利率	期限（年）	
3	100	12%	5	
4				
5	本金和利息偿还表			
6	年	偿还本金（万元）	支付利息（万元）	
7	1	-¥15.74		
8	2	-¥17.63		
9	3	-¥19.75		
10	4	-¥22.11		
11	5	-¥24.77		
12				

图 7-46　年金中本金的计算

(4) 现在只需要替换初始数据，即可得出对应的年金中的本金。因此，年金中本金计算的模型已建立。

(三) 年金中利息的计算

在上例中，如果该企业选择每年年末等额偿债，那么每年还款中的利息部分分别为多少?

问题分析：从题意可知，这是要计算年金中的利息，所以可以采用函数 IPMT 计算，此时参数 rate 为 12%，nper 为 5，fv 为 100 万元，其余参数可省略。

(1) 打开工作簿“资金时间价值计算系统. xlsx”中的“年金中的本金和利息”工作表，选中 C7 单元格，插入函数 IPMT，相关参数设置如图 7－47 所示。

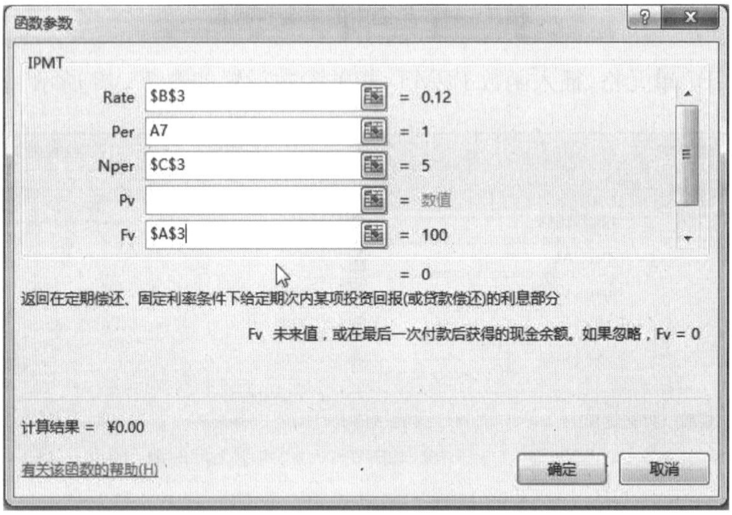

图 7－47 “函数参数”对话框

(2) 单击“确定”按钮，得出计算结果。选中 C7 单元格，使用填充柄填充至 C11 单元格，如图 7－48 所示。

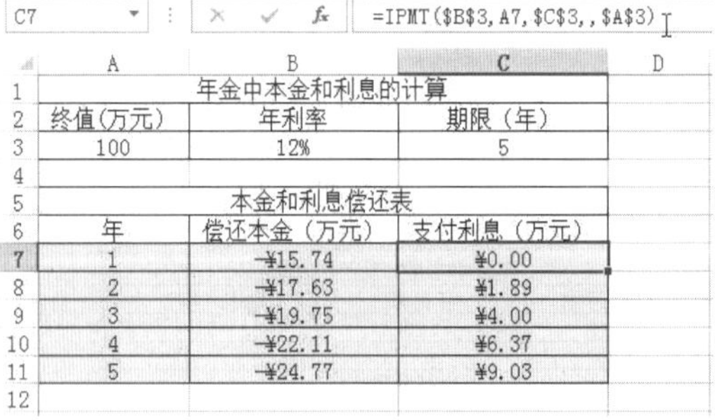

C7 =IPMT($B$3,A7,$C$3,,$A$3)

	A	B	C	D
1	年金中本金和利息的计算			
2	终值(万元)	年利率	期限(年)	
3	100	12%	5	
4				
5	本金和利息偿还表			
6	年	偿还本金(万元)	支付利息(万元)	
7	1	-¥15.74	¥0.00	
8	2	-¥17.63	¥1.89	
9	3	-¥19.75	¥4.00	
10	4	-¥22.11	¥6.37	
11	5	-¥24.77	¥9.03	
12				

图 7－48 年金中利息的计算

(3) 结合本任务中的例子进行分析，该企业的这笔贷款 5 年后应偿还本利和 100 万元。如果该企业选择每年年末等额偿债，那么每年应偿还 15.74 万元。第 1 年其中偿还本金15.74万元，节约利息为0；第2年其中偿还本金17.63万元，节约利息1.89万元；同理，可计算后3年偿还的本金和节约利息。所以，该企业5年内实际偿还78.7万元，节约利息21.3万元。

（4）现在只需要替换初始数据，即可得出对应的年金中的利息。因此，年金中利息计算的模型已建立。

任务四 期数的计算及应用

一、任务描述

【学习任务7-4】 利用Excel建立期数计算模型，根据案例录入数据即可得到对应的结果。

二、任务分析

要利用Excel进行期数计算，首先要明白什么是期数，然后要掌握在计算期数时需要用到的函数有哪些，以及如何使用这些函数。

三、相关知识

期数是指总投资（或贷款）期，即该项投资（或贷款）的付款期总数。Excel提供了NPER函数，可以用它计算总期数，其功能与语法见表7-6。

表7-6 NPER函数的功能与语法

NPER函数的功能	基于固定利率及等额分期付款方式，返回某项投资的总期数
NPER函数的语法	NPER(rate,pmt,pv,[fv],[type])
	rate(必需)：各期利率。 pmt(必需)：各期所应支付的金额，在整个年金期间保持不变。通常pmt包括本金和利息，但不包括其他费用或税款。 pv(必需)：现值，或一系列未来付款额现在所值的总额，也叫本金。 fv(可选)：未来值，或在最后一次付款后希望得到的现金余额。如果省略fv，则假定其值为0(零)，即贷款的未来值是0。 type(可选)：数字0(零)或1指示支付时间

四、任务实施

比如，某公司拟对原有的一台设备进行更新改造，预计现在一次支付10万元，可使公司每年节约成本2.5万元。若现在银行复利年利率为6%，那么这项更新设备至少使用几年才合算？

问题分析：从题意可知，这是要计算期数，可以使用函数NPER，其中参数rate为6%，pv为10，pmt为2.5，其他参数省略。

操作步骤如下：

(1) 在工作簿“资金时间价值计算系统. xlsx”中建立“期数”的工作表，并设计表格如图 7－49 所示。

(2) 选中 B5 单元格，插入函数 NPER，相关参数设置如图 7－50 所示。

	A	B	C
1	期数的计算		
2	年利率	6%	
3	年金（万元）	2.5	
4	现值（万元）	10	
5	期限（年）		
6			

图 7－49　期数

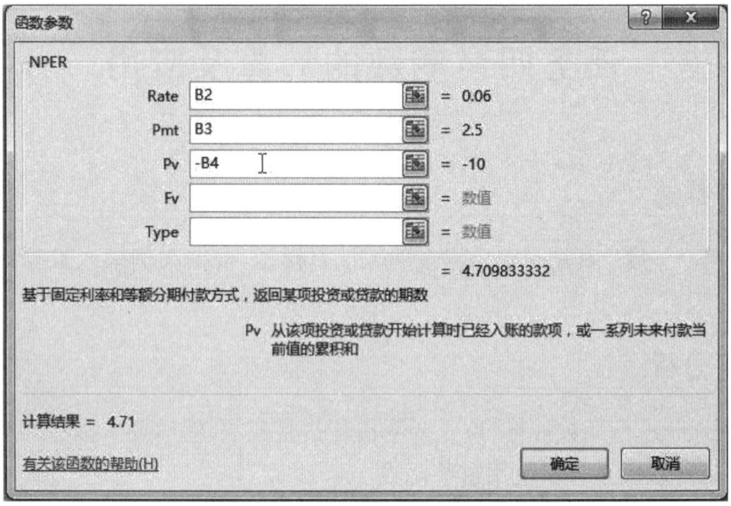

图 7－50　“函数参数”对话框

(3) 单击“确定”按钮，得出计算结果，如图 7－51 所示。

B5　=NPER(B2,B3,-B4)

	A	B	C	D
1	期数的计算			
2	年利率	6%		
3	年金（万元）	2.5		
4	现值（万元）	10		
5	期限（年）	4.71		
6				

图 7－51　期数的计算

(4) 现在只需要替换初始数据，即可得出对应的期数。因此，期数计算的模型已建立。

任务五　利率的计算及应用

一、任务描述

【学习任务 7－5】 利用 Excel 建立利率计算模型，根据案例录入数据即可得到对应的结果。

二、任务分析

要利用Excel进行利率计算，要掌握在计算利率时需要用到的函数有哪些，以及如何使用这些函数。

三、相关知识

(一) 利率的计算

Excel提供了RATE函数，可以用它计算各期的实际利率，其功能与语法见表7-7。

表7-7 RATE函数的功能与语法

RATE函数的功能	返回投资或贷款的每期实际利率
RATE函数的语法	RATE(nper,pmt,pv,[fv],[type],[guess])
	nper(必需)：年金的付款总期数。 pmt(必需)：每期的付款金额，在年金周期内不能更改。通常，pmt包括本金和利息，但不含其他费用或税金。如果省略pmt，则必须包括fv参数。 pv(必需)：现值即一系列未来付款当前值的总和。 fv(可选)：未来值，或在最后一次付款后希望得到的现金余额。如果省略fv，则假定其值为0(如贷款的未来值是0)。如果省略fv，则必须包括pmt参数。 type(可选)：数字0或1，用以指定各期的付款时间是在期初还是期末。 guess(可选)：预期利率。如果省略guess，则假定其值为10%

(二) 名义利率与实际利率

在计算资金的时间价值过程中，通常情况下给定了年利率，并且以年为计息周期，每年计息一次。但在实际经济活动中，有时会出现以半年、季度、月度或更短的时间为计息周期，即每年2次、4次或12次计算复利等情况。如果每年计息的次数超过1次，那么给定的年利率仅是名义利率，按一年的实际年利息与本金之比计算的实际年利率会与给定的名义年利率不一致。

1. 实际利率的计算

当给定名义利率和一年内计息次数，可以利用EFFECT函数计算实际年利率，其功能与语法见表7-8。

表7-8 EFFECT函数的功能与语法

EFFECT函数的功能	利用给定的名义年利率和每年的复利期数，计算有效的年利率
EFFECT函数的语法	EFFECT(nominal_rate,npery)
	nominal_rate(必需)：名义利率。 npery(必需)：每年的复利期数

2. 名义利率的计算

当给定实际年利率和一年内计息次数，可以利用NOMINAL函数计算名义年利率，其功能与语法见表 7－9。

表 7－9　NOMINAL 函数的功能与语法

NOMINAL 函数的功能	基于给定的实际利率和年复利期数，返回名义年利率
NOMINAL 函数的语法	NOMINAL(effect_rate，npery)
	effect_rate(必需)：实际利率。 npery(必需)：每年的复利期数。 注意：如果该函数不可用，请安装并加载“分析工具库”加载宏

四、任务实施

(一) 利率的计算

比如，某人向银行贷款 10 万元购买房子，在今后的 5 年中，每年年末要向银行交还 2.34 万元，问银行贷款的年利率是多少？

问题分析：从题意可知，这是要计算利率，可以使用函数 RATE，其中参数 nper 为 5，pv 为 10，pmt 为 2.34，其他参数省略。

操作步骤如下：

(1) 在工作簿“资金时间价值计算系统.xlsx”中建立“利率”的工作表，并设计表格如图 7－52 所示。

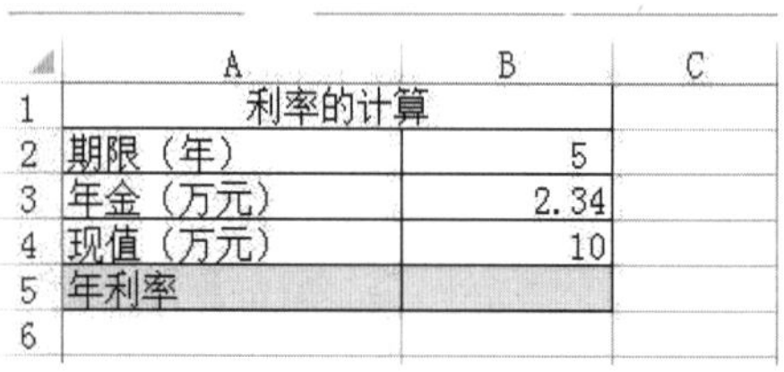

图 7－52　利率

(2) 选中 B5 单元格，插入函数 RATE，相关参数设置如图 7－53 所示。

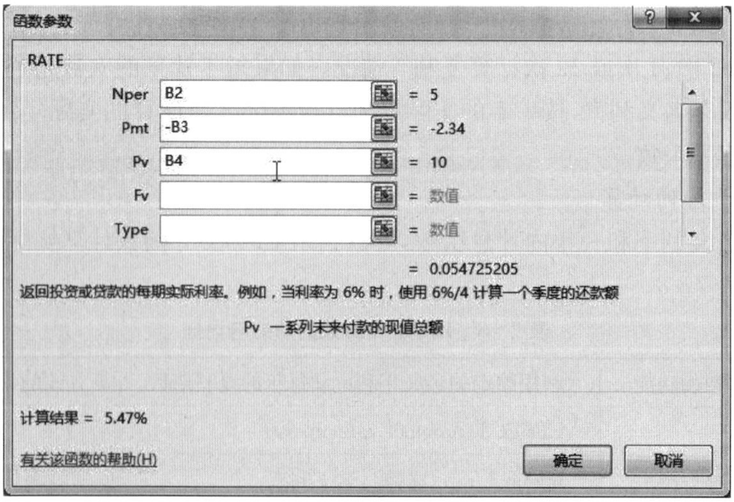

图 7－53　“函数参数”对话框

(3) 单击“确定”按钮，得出计算结果，如图 7－54 所示。

B5　=RATE(B2,-B3,B4)

	A	B	C	D
1	利率的计算			
2	期限（年）	5		
3	年金（万元）	2.34		
4	现值（万元）	10		
5	年利率	5.47%		
6				

图 7－54　利率的计算

（4）现在只需要替换初始数据，即可得出对应的利率。因此，利率计算的模型已建立。

（二）名义利率与实际利率

1. 实际利率的计算

比如，给定的名义利率为12%，按日计息，即一年内365次计息，则实际年利率为多少？

问题分析：从题意可知，这是已知名义利率计算实际利率，可以使用函数EFFECT。

操作步骤如下：

（1）在工作簿"资金时间价值计算系统.xlsx"中建立"实际利率"的工作表，并设计表格如图7－55所示。

	A	B	C
1	实际利率的计算		
2	名义年利率	12%	
3	期限（日）	365	
4	实际年利率		
5			

图 7－55　实际利率

（2）选中B4单元格，插入函数EFFECT，计算结果如图7－56所示。

B4　=EFFECT(B2,B3)

	A	B	C	D
1	实际利率的计算			
2	名义年利率	12%		
3	期限（日）	365		
4	实际年利率	12.75%		
5				

图 7－56　实际利率的计算

（3）现在只需要替换初始数据，即可得出对应的实际利率。因此，实际利率的模型已建立。

2. 名义利率的计算

比如，给定的实际年利率为15%，按月计息，即一年内12次计息，则名义年利率为多少？

问题分析：从题意可知，这是已知实际利率计算名义利率，可以使用函数NOMINAL。

操作步骤如下：

(1) 在工作簿“资金时间价值计算系统.xlsx”中建立“名义利率”的工作表，并设计表格如图 7－57 所示。

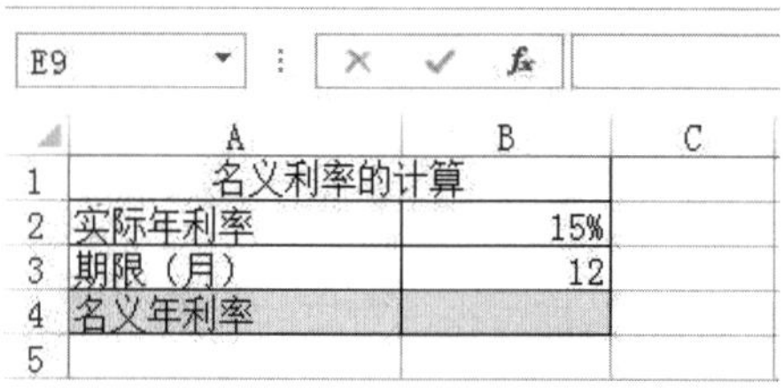

	A	B	C
1	名义利率的计算		
2	实际年利率	15%	
3	期限（月）	12	
4	名义年利率		
5			

图 7－57　名义利率

(2) 选中 B4 单元格，插入函数 NOMINAL，计算结果如图 7－58 所示。

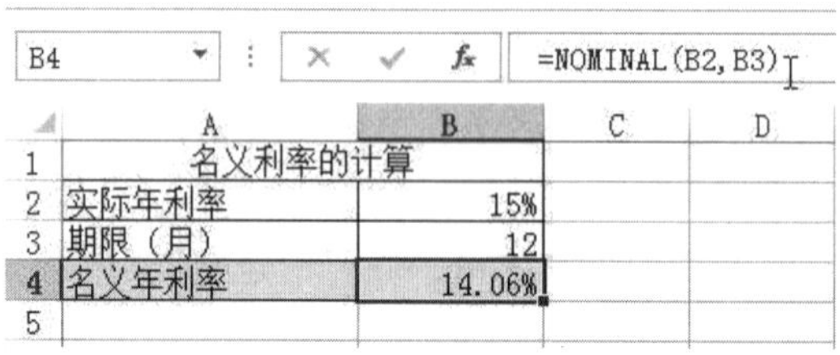

B4　=NOMINAL(B2,B3)

	A	B	C	D
1	名义利率的计算			
2	实际年利率	15%		
3	期限（月）	12		
4	名义年利率	14.06%		
5				

图 7－58　名义利率的计算

(3) 现在只需要替换初始数据，即可得出对应的名义利率。因此，名义利率的模型已建立。

任务实训　资金时间价值练习

新建工作簿“资金时间价值练习.xlsx”，完成以下各模型的建立及计算。

1. 某企业计划在 5 年后获得一笔 100 万元的资金，假设年投资报酬率为 10%，那么现在应该一次性地投入多少资金？

2. 某企业计划从现在起每月月末存入 2 000 元，如果按月利息 0.35%计算，那么 2 年以后该账户的存款余额是多少？

3. 某人按揭购房贷款 60 万元，假设 25 年还清，年利率为 8%，每月月底需要支付的贷款额为多少元？其中本金和利息又各是多少？

4. 某企业现有资金 10 万元，投资的年报酬率为 8%，多少年后可以使现有资金增加到原有资金的 2 倍？

5. 某公司出售一套设备，协议约定采用分期收款方式，从销售当年年末分 5 年分期收款，每年 200 万元，合计 1 000 万元。假定购货方在销售成立日支付货款，付 800 万元即可，那么采用分期付款购买设备条件下的折现率是多少？

学习情境八　Excel 在财务分析中的应用

学习目标

学习本情境，全面了解财务分析的各种方法，能够利用 Excel 进行财务分析。具体如下：

(1) 熟悉财务分析的各种方法及计算公式。

(2) 能够利用 Excel 中的公式与函数、图表进行财务分析。

(3) 能够利用 Excel 建立各种财务分析模型。

情境导入

财务分析是企业财务管理工作的一项重要内容。本学习情境的主要内容就是介绍利用 Excel 创建财务分析模型的方法。对企业的财务状况和经营成果进行分析和评价，以减少财务管理人员的工作量，提高办公效率。

任务一　财务分析概述

一、任务描述

【任务 8－1】 了解财务分析的基本知识，熟悉 A 公司 2023 年 1 月资产负债表和近 3 个月的利润表数据。

二、任务分析

财务报表分析不仅可以为有关各方提供全面、详细的财务信息，而且有助于企业管理层进行正确的经营决策。做好财务分析具有十分重要的意义。

三、知识与实施

(一) 财务分析的概述

财务分析，是以企业财务报表的相关资料为依据，运用一定的方法和手段，对企业财务报表提供的数据进行系统和深入的分析、研究，揭示相关指标之间的相互联系、指标变动情况以及形成原因，评价和剖析企业的财务状况与经营成果。

财务分析的主要依据是财务报表，包括资产负债表、利润及利润分配表和现金流量表，这三大报表包含了大量反映企业生产经营活动各方面情况的高度浓缩的会计信息。

财务分析最基本的功能，就是将大量的报表数据转变成对特定决策有用的信息，减少决策的不确定性。通过财务报表分析，可以全面地了解和评价企业的偿债能力、盈利能力、资产管理能力和发展能力，为有关各方做出决策提供帮助。

财务分析所采用的方法很多，常用的分析方法有比率分析法、趋势分析法、因素分析法、综合分析法。

需要特别指出的是，我们在这里只讲如何创建和使用财务分析模型，重在利用 Excel 表计算各项分析指标，至于指标结果深层次的原因分析，此处不进行研究。

（二）任务引例

A 公司 2023 年 1 月资产负债表和近 3 个月利润表数据如图 8－1 和图 8－2 所示。

	A	B	C	D	E	F
1			资产负债表			
2						2023年1月
3	编制单位：			2023年1月31日		单位：元
4	资产	期末余额	年初余额	负债和所有者权益（或股东权益）	期末余额	年初余额
5	流动资产：			流动负债：		
6	货币资金	32530.00	190440.00	短期借款	160000.00	160000.00
7	交易性金融资产			交易性金融负债		
8	应收票据	53675.00	0.00	应付票据	0.00	0.00
9	应收账款	217700.00	151400.00	应付账款	48590.00	165000.00
10	预付款项			预收款项		
11	其他应收款	0.00	5000.00	合同负债		
12	存货	595664.00	603600.00	应付职工薪酬	28800.00	28000.00
13	合同资产			应交税费	47032.65	25640.00
14	持有待售资产			其他应付款	13000.00	13000.00
15	一年内到期的非流动资产			持有待售负债		
16	其他流动资产			一年内到期的非流动负债		
17	流动资产合计	899569.00	950440.00	其他流动负债		
18	非流动资产：			流动负债合计	297422.65	391640.00
19	债权投资			非流动负债：		
20	其他债券投资			长期借款	0.00	0.00
21	长期应收款			应付债券		
22	长期股权投资			长期应付款		
23	其他权益工具投资			预计负债		
24	其他非流动金融资产			递延收益		
25	投资性房地产			递延所得税负债		
26	固定资产	193224.60	211198.00	其他非流动负债		
27	在建工程			非流动负债合计	0.00	0.00
28	生产性生物资产			负债合计	297422.65	391640.00
29	油气资产			所有者权益（或股东权益）：		
30	无形资产	20000.00	20000.00	实收资本（或股本）	550000.00	550000.00
31	开发支出			其他权益工具		
32	商誉			其中：优先股		
33	长期待摊费用			永续债		
34	递延所得税资产			资本公积		
35	其他非流动资产			减：库存股		
36	非流动资产合计	213224.60	231198.00	其他综合收益		
37				盈余公积		
38				未分配利润	265370.95	239998.00
39				所有者权益（或股东权益）合计	815370.95	789998.00
40	资产总计	1112793.60	1181638.00	负债和所有者权益（或股东权益）总	1112793.60	1181638.00

图 8－1　资产负债表

	A	B	C	D
1	利润表			
2	编制单位：	2023年1月		单位：元
3	项目	2023年1月	2022年12月	2022年11月
4	一、营业收入	157,500.00	140,800.00	139,200.00
5	营业成本	90000.00	82,000.00	75,980.00
6	税金及附加	0.00	0.00	5,600.00
7	销售费用	21328.00	15,000.00	11,080.00
8	管理费用	12341.40	8,615.00	13,000.00
9	研发费用	0.00	0.00	0.00
10	财务费用	0.00	0.00	2,000.00
11	其中：利息费用			
12	利息收入			
13	资产减值损失	0.00	0.00	0.00
14	信用减值损失	0.00	0.00	0.00
15	加：其他收益	0.00	0.00	0.00
16	投资收益（损失以"-"号填列）	0.00	5,000.00	0.00
17	其中：对联营企业和合营企业的投资收益			
18	公允价值变动收益（损失以"-"号填列）	0.00	0.00	0.00
19	资产处置收益（损失以"-"号填列）	0.00	0.00	0.00
20	二、营业利润（亏损以"-"号填列）	33830.60	40185.00	31540.00
21	加：营业外收入	0.00	0.00	0.00
22	减：营业外支出	0.00	0.00	0.00
23	三、利润总额（亏损总额以"-"号填列）	33830.60	40185.00	31540.00
24	减：所得税费用	8457.65	10046.25	7885.00
25	四、净利润（净亏损以"-"号填列）	25372.95	30138.75	23655.00

图 8－2　利润表

任务二　比率分析

一、任务描述

【任务 8－2】 根据任务一中的资产负债表和利润表中的数据，进行比率分析。

二、任务分析

比率分析是把财务报表中某些彼此存在关联的项目加以对比，计算出比率，据以确定经济活动的变动程度的分析方法。比率以相对数的形式揭示了数据之间的内在联系，同时克服了绝对值给人们带来的误区。

比率分析是财务分析的核心。一般来说，企业财务比率分析包括的内容是多方面的，比如偿债能力分析、营运能力分析、盈利能力分析、发展能力分析等。我们在这里只介绍如何利用 Excel 建立相关模型，进行企业的偿债能力、营运能力和盈利能力分析。

三、相关知识

（一）偿债能力分析

偿债能力是指企业偿还到期债务的能力。偿债能力分析包括短期偿债能力分析和长期偿债能力分析。

1. 短期偿债能力分析

短期偿债能力是指企业流动资产对流动负债及时足额偿还的保证程度，是衡量企业当期财务能力，特别是流动资产变现能力的重要标志。短期偿债能力分析的指标主要包括流动比率和速动比率。

(1) 流动比率。

流动比率是企业某期期末流动资产与流动负债的比值，可以衡量企业在某一时点偿付即将到期债务的能力，其计算公式为：

$$流动比率=\frac{流动资产}{流动负债}$$

一般情况下，流动比率越高，说明企业短期偿债能力越强，债权人的权益越有保证。但该指标过高会使企业流动资产占用过多，造成资金闲置，影响资金使用效率；指标过低，则会使企业资金紧张，难以如期偿还到期债务。国际上通常认为，流动比率的下限为 1，而流动比率等于 2 时较为适当。究竟应保持多高水平，主要视企业对待风险与收益的态度予以确定。

(2) 速动比率。

速动比率是企业某期期末速动资产与流动负债的比值，可衡量企业在某一时点运用随时可以变现的资产偿付到期债务的能力，是对流动比率的补充。其计算公式为：

$$速动比率=\frac{速动资产}{流动负债}$$

$$\begin{aligned}速动资产&=货币资金+交易性金融资产+应收账款+应收票据\\&=流动资产-存货-预付账款-一年内到期的非流动资产-其他流动资产\end{aligned}$$

注意：报表中如有应收利息、应收股利和其他应收款项目，可视情况归入速动资产项目。

一般情况下，速动比率越高，说明企业偿还流动负债的能力越强。但该指标过高会使企业现金及应收账款占用过多，而增加企业的机会成本；指标过低，则会使企业面临很大的偿债风险。国际上通常认为，速动比率等于 1 时较为适当。

2. 长期偿债能力分析

长期偿债能力是指企业偿还长期负债的能力。企业长期偿债能力分析的指标主要包括资产负债率和产权比率。

(1) 资产负债率。

资产负债率又称负债比率，是企业某期期末的负债总额与资产总额的比率。它用于反映企业负债水平的高低情况，表明企业的资产总额中有多少是通过负债筹集的，即债权人提供给企业的资源占全部资产的比重，它也可以衡量企业在清算时保护债权人利益的程度。其计算公式为：

$$资产负债率=\frac{负债总额}{资产总额}\times 100\%$$

一般情况下，资产负债率越小，说明企业长期偿债能力越强。但是，也并非说该指标对谁都是越小越好。从债权人的角度来说，该指标越小越好，这样企业偿债越有保证。从企业所有者的角度来说，如果该指标过高，则表明企业的债务负担重，企业资金实力不强；该指标过小，则表明企业对财务杠杆利用不够。保守的观点认为资产负债率不应高于50％，而国际上通常认为资产负债率在60％左右时较为适当。

(2) 产权比率。

产权比率是指企业某期期末的负债总额与资产总额的比率，是企业财务结构稳健与否的重要标志，也称资本负债率。它反映企业所有者权益对债权人权益的保障程度。其计算公式为：

$$产权比率=\frac{负债总额}{股东权益总额}\times 100\%$$

一般情况下，产权比率越低，说明企业长期偿债能力越强，债权人权益的保障程度越高、承担的风险越小，但企业不能充分发挥负债的财务杠杆效应。所以，在评价产权比率指标是否适度时，应从提高获利能力与增强偿债能力两个方面综合进行，即在保障债务偿还安全性的前提下，应尽可能提高产权比率。

(二) 营运能力分析

营运能力是指企业基于外部市场环境的约束，通过内部人力资源和生产资料的配置组合而对财务目标实现所产生作用的大小。营运能力分析主要包括生产资料营运能力分析，具体可以从以下几个方面进行：流动资产周转情况分析、固定资产周转情况分析以及总资产周转情况分析等。

1. 流动资产周转情况

反映流动资产周转情况的指标主要有应收账款周转率、存货周转率和流动资产周转率。

(1) 应收账款周转率。

应收账款周转率也称应收账款周转次数，是指企业一定时期的赊销收入净额与应收账款平均余额的比率，反映应收账款的流动程度。其计算公式为：

$$应收账款周转率=\frac{主营业务收入净额}{平均应收账款余额}$$

$$应收账款平均余额=\frac{期初应收账款及应收票据余额+期末应收账款及应收票据余额}{2}$$

注意：公式中，应收账款包括会计报表中“应收账款”和“应收票据”等全部赊销账款在内。

应收账款周转率反映了企业在一定时期内应收账款的周转次数，也反映了应收账款的利用效率。一般情况下，应收账款周转率越高，周转天数越短，表明企业应收账款的变现速度越快，收账效率越高。

(2) 存货周转率。

存货周转率也称存货周转次数，是指一定时期的主营业务成本与存货平均余额的比率，反映存货的周转速度。其计算公式为：

$$存货周转率=\frac{主营业务成本}{平均存货余额}$$

$$存货平均余额=\frac{期初存货余额+期末存货余额}{2}$$

存货周转率不仅反映出企业采购、储存、生产、销售各环节管理工作状况的好坏，而且对企业的偿债能力及获利能力产生决定性的影响。一般情况下，存货的周转率越高，周转天数越少，表明存货的流动性越强，转换为现金或应收账款的速度越快，存货的利用效率越高。

(3) 流动资产周转率。

流动资产周转率也称流动资产周转次数，是指一定时期的主营业务收入与全部流动资产平均余额的比率，反映企业流动资产的周转速度。其计算公式为：

$$流动资产周转率=\frac{主营业务收入净额}{平均流动资产总额}$$

$$平均流动资产=\frac{期初流动资产总额+期末流动资产总额}{2}$$

在一定时期内，流动资产的周转率越高，表明周转速度越快，会相对节约流动资产，等于相对扩大资产投入，增强企业盈利能力。

2. 固定资产周转情况

反映固定资产周转情况的主要指标是固定资产周转率，它是指一定时期的主营业务收入与固定资产平均净值的比率，反映了企业固定资产的利用效率。其计算公式为：

$$固定资产周转率=\frac{主营业务收入}{平均固定资产净值}$$

$$平均固定资产净值=\frac{期初固定资产净值+期末固定资产净值}{2}$$

注意：区分固定资产原价、固定资产净值和固定资产净额。

一般情况下，固定资产周转率越高，表明单位净值的固定资产创造的主营业务收入越多，固定资产利用效率越高。同时也能表明企业固定资产投资得当，固定资产结构合理，能够充分发挥效率。运用固定资产周转率时，需要考虑固定资产因计提折旧其净值在不断减少，以及更新重置其净值突然增加的影响。

3. 总资产周转情况

反映总资产周转情况的主要指标是总资产周转率，它是指一定时期的主营业务收入与平均总资产的比率，反映了企业全部资产的利用效率。其计算公式为：

$$总资产周转率=\frac{主营业务收入}{平均资产总额}$$

$$平均总资产=\frac{期初资产总额+期末资产总额}{2}$$

一般情况下，总资产周转率越高，表明总资产的周转速度越快，企业运用资产产生收入的能力越强，资产的管理效率越高。总资产周转速度的快慢与各类资产的周转速度以及全部资产的构成情况密切相关。

（三）盈利能力分析

盈利能力是指企业资金增值的能力，通常表现为企业收益数额的大小与水平的高低。

反映企业盈利能力的主要账务比率包括销售利润率、成本费用利润率、总资产报酬率和净资产收益率等。

1. 营业利润率

营业利润率是企业一定时期利润与主营业务收入净额的比率，其中企业利润包括主营业务利润、营业利润、利润总额和净利润。其计算公式为：

$$营业利润率=\frac{营业利润}{营业收入}\times 100\%$$

$$营业净利率=\frac{净利润}{营业收入}\times 100\%$$

$$营业毛利率=\frac{营业收入-营业成本}{营业收入}\times 100\%$$

该类指标越高，表明企业市场竞争力越强，发展潜力越大，盈利能力越强。

2. 成本费用利润率

成本费用利润率是企业一定时期利润总额与成本费用总额的比率。其计算公式为：

$$成本费用利润率=\frac{利润总额}{成本费用总额}\times 100\%$$

$$成本费用总额=主营业务成本+营业税金及附加+营业费用+管理费用+财务费用$$

该指标越高，表明企业为取得利润而付出的代价越小，成本费用控制得越好，获利能力越强。

3. 总资产报酬率

总资产报酬率是企业一定时期内获得的报酬总额与平均资产总额的比率，反映企业资产综合利用效果。其计算公式为：

$$总资产报酬率=\frac{息税前利润总额}{平均资产总额}\times 100\%$$

$$息税前利润总额=利润总额+利息支出$$

总资产报酬率全面反映了企业全部资产的获利水平，企业所有者和债权人对该指标都非常重视。一般情况下，该指标越高，表明企业的资产利用效益越好，整个企业获利能力越强，经营管理水平越高。

4. 净资产收益率

净资产收益率是企业一定时期净利润与平均净资产的比率，反映企业自有资金投资收益水平。其计算公式为：

$$净资产收益率=\frac{净利润}{平均净资产}\times 100\%$$

$$平均净资产=\frac{所有者权益年初数+所有者权益年末数}{2}$$

净资产收益率是评价企业自有资本及其积累获取报酬水平的最具综合性与代表性的指标，反映企业资本运营的综合收益。该指标通用性强，使用范围广，不受行业局限，在国际上的企业综合评价中使用率非常高。一般认为，该指标越高，企业自有资本获取收益的能力越强，运营效益越好，对企业投资人、债权人利益的保证程度越高。

四、任务实施

(一) 偿债能力分析

根据任务一中的相关数据，利用 Excel 计算流动比率、速动比率、资产负债率和产权比率。操作步骤如下：

(1) 首先建立一个名为“财务分析系统. xlsx”的工作簿，在此工作簿中建立“资产负债表”“利润表”的工作表，并利用复制粘贴录入这两个工作表的数据。再建立第三个工作表为“财务比率分析表”，其“偿债能力分析”部分模型设计如图 8－3 所示。

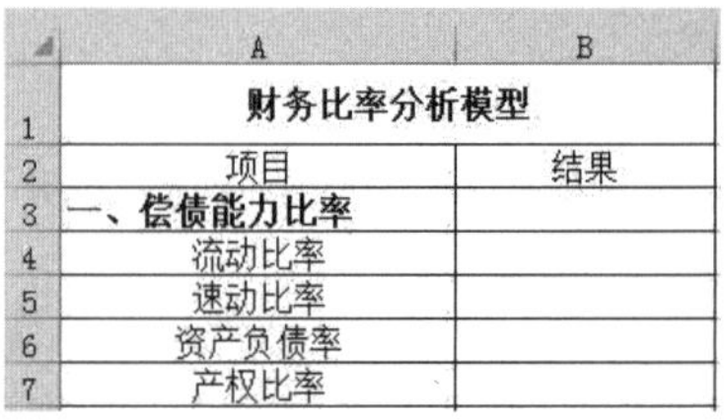

图 8－3 “偿债能力分析”部分

(2) 在工作表“财务比率分析表”中选中 B4 和 B5 单元格，点击右键选择“设置单元格格式”命令。在打开的“设置单元格格式”窗口中，选择“数字”选项卡，设置格式为“数值”，保留两位小数，如图 8－4 所示。

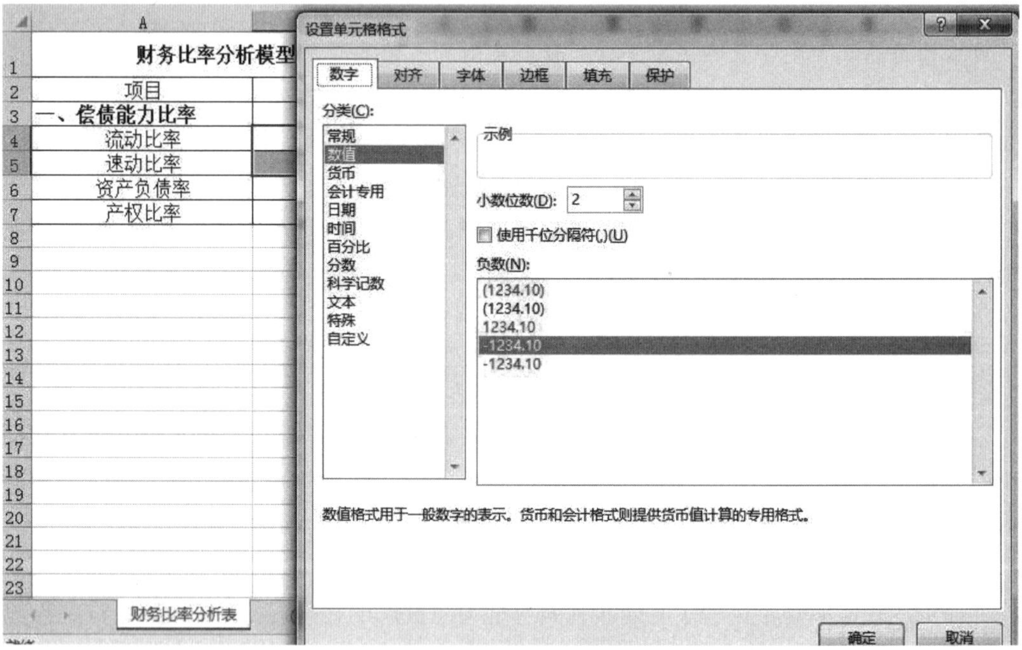

图 8－4 单元格格式设置

(3) 同理，设置 B6、B7 单元格的格式为“百分比”，保留两位小数。

(4) 在工作表“财务比率分析表”中定义有关公式，具体见表 8－1，计算结果如图 8－5 所示。

表 8-1 "偿债能力分析"公式定义

项　目	公　式
流动比率 B4	=资产负债表!B17/资产负债表!E18
速动比率 B5	=(资产负债表!B6+资产负债表!B7+资产负债表!B8+资产负债表!B9+资产负债表!B11)/资产负债表!E18
资产负债率 B6	=资产负债表!E28/资产负债表!C40
产权比率 B7	=资产负债表!E28/资产负债表!E39

	A	B
1	财务比率分析模型	
2	项目	结果
3	一、偿债能力比率	
4	流动比率	3.02
5	速动比率	1.02
6	资产负债率	25.17%
7	产权比率	36.48%

图 8-5 "偿债能力分析"计算

(二) 营运能力分析

根据任务一中的相关数据，利用 Excel 计算应收账款周转率、存货周转率、流动资产周转率、固定资产周转率和总资产周转率。操作步骤如下：

(1) 打开工作簿"财务分析系统. xlsx"，在工作表"财务比率分析表"中增加"营运能力分析"模型，其设计如图 8-6 所示。

(2) 选中 B9:B13 单元区域，执行"开始"→"单元格"→"格式"→"设置单元格格式"命令，选择"数字"选项卡，设置格式为"数值"，保留两位小数。

(3) 定义有关公式，具体见表 8-2，计算结果如图 8-7 所示。

	A	B
1	财务比率分析模型	
2	项目	结果
8	二、营运能力比率	
9	应收账款周转率	
10	存货周转率	
11	流动资产周转率	
12	固定资产周转率	
13	总资产周转率	

图 8-6 "营运能力分析"部分

表 8-2 "营运能力分析"公式定义

项　目	公　式
应收账款周转率 B9	=2 * 利润表!B4/(资产负债表!B9+资产负债表!C9)
存货周转率 B10	=2 * 利润表!B5/(资产负债表!B12+资产负债表!C12)
流动资产周转率 B11	=2 * 利润表!B5/(资产负债表!B17+资产负债表!C17)
固定资产周转率 B12	=2 * 利润表!B4/(资产负债表!B26+资产负债表!C26)
总资产周转率 B13	=2 * 利润表!B4/(资产负债表!B40+资产负债表!C40)

	A	B
1	财务比率分析模型	
2	项目	结果
8	二、营运能力比率	
9	应收账款周转率	0.85
10	存货周转率	0.15
11	流动资产周转率	0.10
12	固定资产周转率	0.78
13	总资产周转率	0.14

图 8-7 “营运能力分析”计算

（三）盈利能力分析

根据任务一中的相关数据，利用 Excel 计算营业利润率、成本费用利润率、总资产报酬率和净资产收益率。操作步骤如下：

(1) 打开工作簿“财务分析系统.xlsx”，在工作表“财务比率分析表”中增加“盈利能力分析”模型，其设计如图 8-8 所示。

	A	B
1	财务比率分析模型	
2	项目	结果
14	三、盈利能力比率	
15	营业利润率	
16	成本费用利润率	
17	总资产报酬率	
18	净资产收益率	

图 8-8 “盈利能力分析”部分

(2) 选中 B15:B18 单元格区域，单击右键选择“设置单元格格式”命令，选择“数字”选项卡，设置格式为“百分比”，保留两位小数。

(3) 定义有关公式，具体见表 8-3，计算结果如图 8-9 所示。

表 8-3 “盈利能力分析”公式定义

项　目	公　式
营业利润率 B15	=利润表!B25/利润表!B4
成本费用利润率 B16	=利润表!B23/(利润表!B5+利润表!B6+利润表!B7+利润表!B8+利润表!B9+利润表!B10)
总资产报酬率 B17	=2*利润表!B23/(资产负债表!B40+资产负债表!C40)
净资产收益率 B18	=2*利润表!B25/(资产负债表!E39+资产负债表!F39)

	A	B
1	财务比率分析模型	
2	项目	结果
14	三、盈利能力比率	
15	营业利润率	16.11%
16	成本费用利润率	27.36%
17	总资产报酬率	2.95%
18	净资产收益率	3.16%

图 8-9 “盈利能力分析”计算

任务三　趋势分析

一、任务描述

【任务 8 - 3】 利用比较分析法和比较百分比法对利润表中的增减额和增减率进行分析，并利用折线图绘制直观的收入成本利润趋势图。

二、任务分析

要对利润表进行趋势分析，首先要了解趋势分析的具体方法和思路，再利用 Excel 中的公式建立分析模型。

三、相关知识

趋势分析法又叫比较分析法、水平分析法，它是通过对财务报表中各类相关数字资料进行整理，将两期或多期连续的相同指标或比率进行定基对比和环比对比，得出它们的增减变动方向、数额和幅度，以提示企业财务状况、经营情况和现金流量变化趋势的一种分析方法。

（一）比较分析法

比较分析法是以本企业实际达到的数据同特定的各种标准相比较，进行差异分析或趋势分析的一种指标对比的分析方法。进行指标对比一般有两种方式：一是将本期实际发生额与前期实际发生额对比，以了解某项业务的发展过程和发展趋势；二是将不同时期的同类指标对比，这是对企业连续几个时期的某个同类指标进行对比，分析该指标的增减变化程度，以评定业务的发展趋势。

（二）比较百分比法

比较百分比法是在比较分析法的基础上发展起来的一种方法，它是将数据用百分比的方式来表示，并借此判断事物的发展趋势。

（三）图解法

图解法是指将企业几个连续会计期间的财务数据或指标绘制成图表，并根据直观的图形发展趋势来判断企业的经营状况及盈利能力，它能够使分析者直观地了解到一些在报表中不易发现的财务关系或现象。

四、任务实施

(一) 比较分析法

根据任务一中的相关数据，利用 Excel 对利润表进行比较分析，操作步骤如下：

(1) 在工作簿“财务分析系统. xlsx”中，建立“趋势分析表”的工作表，其模型设计如图 8－10 所示。

	A	B	C	D	E
1	利润表趋势分析模型				
2	编制单位：			单位：元	
3	项目	2023年1月		2022年12月	
4		增减额	%	增减额	%
5	一、营业收入				
6	减：营业成本				
7	税金及附加				
8	销售费用				
9	管理费用				
10	研发费用				
11	财务费用				
12	其中：利息费用				
13	利息收入				
14	资产减值损失				
15	信用减值损失				
16	加：其他收益				
17	投资收益（损失以“－”号填列）				
18	其中：对联营企业和合营企业的投资收益				
19	公允价值变动收益（损失以“－”号填列）				
20	资产处置收益（损失以“－”号填列）				
21	二、营业利润（亏损以“－”号填列）				
22	加：营业外收入				
23	减：营业外支出				
24	三、利润总额（亏损总额以“－”号填列）				
25	减：所得税费用				
26	四、净利润（净亏损以“－”号填列）				

图 8－10　趋势分析表

(2) 选中 B5:B26 和 D5:D26 单元格区域，单击右键选择“设置单元格格式”命令，选择“数字”选项卡，设置格式为“会计专用”，保留两位小数。

(3) 定义有关公式，具体见表 8－4。

表 8－4　“比较分析法”中公式定义

项　目	公　式
营业收入 2019 年 1 月增减额 B5	＝利润表!B4－利润表!C4
营业收入 2018 年 12 月增减额 D5	＝利润表!C4－利润表!D4

(4) 利用自动填充柄，完成其余表内数据的计算，结果如图 8－11 所示。

	A	B	C	D	E
1	利润表趋势分析模型				
2	编制单位：			单位：元	
3	项目	2023年1月		2022年12月	
4		增减额	%	增减额	%
5	一、营业收入	16,700.00		1,600.00	
6	减：营业成本	8,000.00		6,020.00	
7	税金及附加	-		-5,600.00	
8	销售费用	6,328.00		3,920.00	
9	管理费用	3,726.40		-4,385.00	
10	研发费用	-		-	
11	财务费用	-		-2,000.00	
12	其中：利息费用	-		-	
13	利息收入	-		-	
14	资产减值损失	-		-	
15	信用减值损失	-		-	
16	加：其他收益	-		-	
17	投资收益（损失以"－"号填列）	-5,000.00		5,000.00	
18	其中：对联营企业和合营企业的投资收益	-		-	
19	公允价值变动收益（损失以"－"号填列）	-		-	
20	资产处置收益（损失以"－"号填列））	-		-	
21	二、营业利润（亏损以"－"号填列）	-6,354.40		8,645.00	
22	加：营业外收入	-		-	
23	减：营业外支出	-		-	
24	三、利润总额（亏损总额以"－"号填列）	-6,354.40		8,645.00	
25	减：所得税费用	-1,588.60		2,161.25	
26	四、净利润（净亏损以"－"号填列）	-4,765.80		6,483.75	

图 8－11　"比较分析法"计算

（二）比较百分比法

根据任务一中的相关数据，利用 Excel 对利润表进行比较百分比分析，操作步骤如下：

（1）在工作表"趋势分析表"中，选中 C5：C26 和 E5：E26 单元格区域，单击右键选择"设置单元格格式"命令，选择"数字"选项卡，设置格式为"百分比"，保留两位小数。

（2）定义有关公式，具体见表 8－5。

表 8－5　"比较百分比法"中公式定义

项　目	公　式
营业收入 2019 年 1 月增减百分比 C5	＝B5/利润表!C4
营业收入 2018 年 12 月增减百分比 E5	＝D5/利润表!D4

（3）利用自动填充柄，完成其余表内数据的计算，结果如图 8－12 所示。

利润表趋势分析模型

编制单位： 单位：元

项目	2023年1月		2022年12月	
	增减额	%	增减额	%
一、营业收入	16,700.00	11.86%	1,600.00	1.15%
减：营业成本	8,000.00	9.76%	6,020.00	7.92%
税金及附加	-		-5,600.00	
销售费用	6,328.00	42.19%	3,920.00	35.38%
管理费用	3,726.40	43.25%	-4,385.00	-33.73%
研发费用	-		-	
财务费用	-		-2,000.00	
其中：利息费用	-		-	
利息收入	-		-	
资产减值损失	-		-	
信用减值损失	-		-	
加：其他收益	-		-	
投资收益（损失以“-”号填列）	-5,000.00	-100.00%	5,000.00	
其中：对联营企业和合营企业的投资收益	-		-	
公允价值变动收益（损失以“-”号填列）	-		-	
资产处置收益（损失以“-”号填列）	-		-	
二、营业利润（亏损以“-”号填列）	-6,354.40	-15.81%	8,645.00	27.41%
加：营业外收入	-		-	
减：营业外支出	-		-	
三、利润总额（亏损总额以“-”号填列）	-6,354.40	-15.81%	8,645.00	27.41%
减：所得税费用	-1,588.60	-15.81%	2,161.25	27.41%
四、净利润（净亏损以“-”号填列）	-4,765.80	-15.81%	6,483.75	27.41%

图 8－12 “比较百分比法”计算

（三）图解法

根据任务一中的相关数据，利用 Excel 对利润表绘制收入、成本、利润趋势图，操作步骤如下：

（1）在工作表“趋势分析表”中，执行“插入”→“图表”→“折线图”→“带数据标识的折线图”命令，如图 8－13 所示，创建一个空白的图表，将此图表拖放到合适的空白区域。

图 8－13 “插入折线图”命令

(2) 选择此空白图表,单击鼠标右键选择"选择数据"命令。打开"选择数据源"窗口,选择"图表数据区域＝利润表!＄A＄3:＄A＄5,利润表!＄B＄3:＄D＄5,利润表!＄A＄20,利润表!＄B＄20:＄D＄20,利润表!＄A＄25,利润表!＄B＄25:＄D＄25",且"切换行/列",使图例项为"营业收入、营业成本、营业利润、净利润",如图8－14所示。

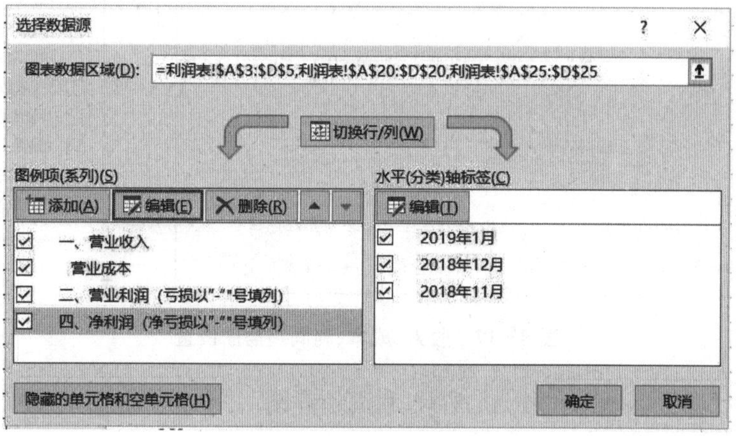

图8－14 选择数据源

(3) 在"选择数据源"窗口中,选择"图例项(系列)"中的"营业利润(亏损以"－"填列)",点击"编辑"按钮。打开"编辑数据系列"窗口,修改"系列名称"中内容为"营业利润",如图8－15所示。同理,修改"一、营业收入"为"营业收入",修改"净利润(亏损以"－"填列)"为"净利润"。

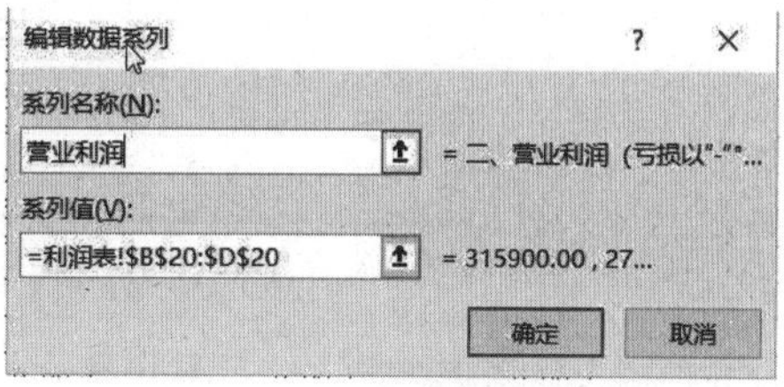

图8－15 编辑数据系列

(4) 单击"确定"按钮,返回"选择数据源"窗口。再单击"确定"按钮,生成图表,如图8－16所示。

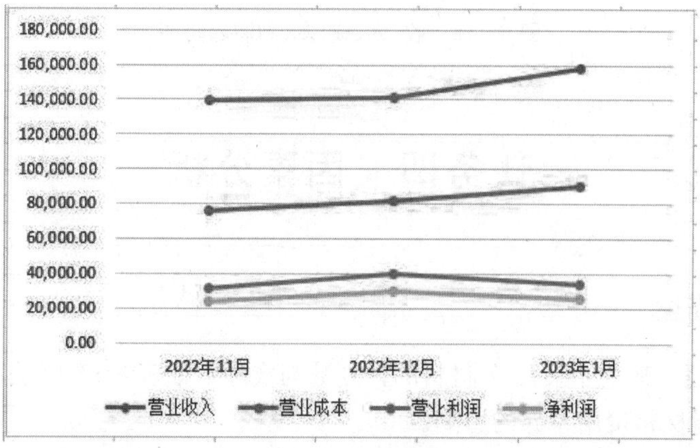

图8－16 图表雏形

(5) 选择图表,单击图表右上方的"图表元素"命令,如图 8-17 所示。

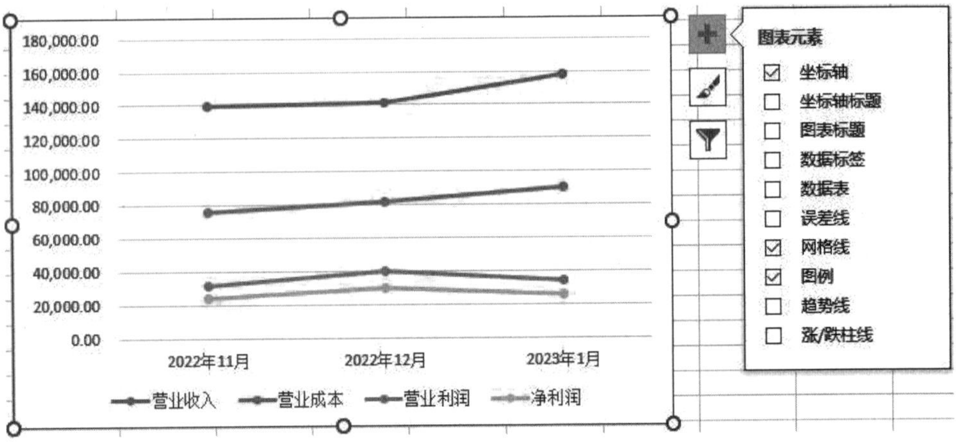

图 8-17 收入、成本、利润趋势图设置

(6) 输入"图表标题"为"收入、成本、利润趋势图"、"纵坐标轴标题"为"金额",勾选"图例",如图 8-18 所示。

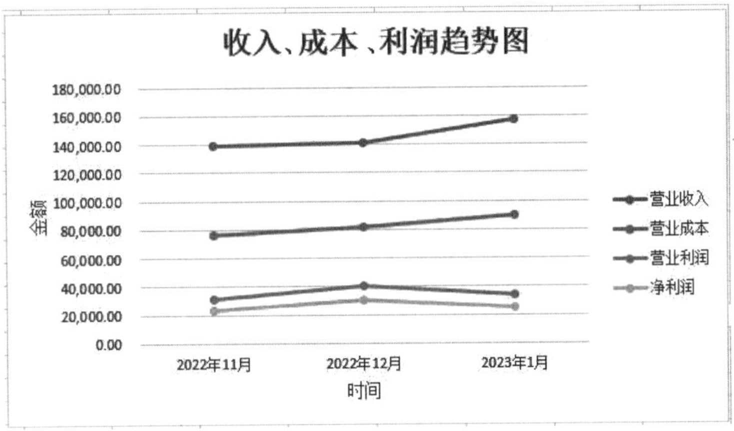

图 8-18 收、入、成、本、利润趋势图

任务四 因素分析

一、任务描述

【任务 8-4】 某企业某月 A 材料的计划数与实际数如表 8-6 所示,要求利用 Excel 分析相关因素对材料费用差异的影响。

表8-6　A材料耗费的相关资料

项　目	计划数	实际数	差　异
产品产量(件)	2 000	2 300	
材料单耗(千克/件)	25	26	
材料单价(元/千克)	50	52	
材料费用(元)			

二、任务分析

因素分析法的分析思路是，当有若干因素对分析指标产生影响时，在假设其他各因素都不变的情况下，顺序确定每个因素单独变化对分析指标产生的影响。具体说，就是将分析指标分解为各个可以计量的因素，并根据各个因素之间的依存关系，顺次用各因素的比较值(通常为实际值)替代基准值(通常为标准值或计划值)，据以测定各因素对分析指标的影响。

因素分析法既可以全面分析各因素对经济指标的影响，又可以单独分析某因素对经济指标的影响，在财务分析中应用较为广泛。

三、相关知识

因素分析法又称经验分析法，是一种定性分析方法。该方法主要指根据项目对象选择应考虑的各种因素，凭借分析人员的知识和经验集体研究确定选择对象。该方法简单易行，要求项目人员对产品熟悉，经验丰富，在研究对象彼此相差较大或时间紧迫的情况下比较适用，缺点是无定量分析、主观影响大。

因素分析法是利用统计指数体系分析现象总变动中各个因素影响程度的一种分析方法，包括连环替代法、差额分析法、指标分解法和定基替代法。

(一) 连环替代法

它是将分析指标分解为各个可以计量的因素，并根据各个因素之间的依存关系，顺次用各因素的比较值(通常即实际值)替代基准值(通常为标准值或计划值)，据以测定各因素对分析指标的影响。

(二) 差额分析法

它是连环替代法的一种简化形式，是利用各个因素的比较值与基准值之间的差额，来计算各因素对分析指标的影响。

(三) 指标分解法

例如，资产利润率可分解为资产周转率和销售利润率的乘积。

(四) 定基替代法

分别用分析值替代标准值，测定各因素对财务指标的影响，如标准成本的差异分析。

四、任务实施

下面利用差额分析法对该企业的 A 材料进行分析，操作步骤如下：

(1) 在工作簿“财务分析系统. xlsx”中，建立“因素分析表”的工作表，其模型设计如图 8－19 所示。

	A	B	C	D	E
1	利用因素分析法对材料费用进行分析				
2	项目	计划数	实际数	差异	
3	产品产量（件）	2000	2300		
4	材料单耗（千克/件）	25	26		
5	材料单价（元/千克）	50	52		
6	材料费用（元）				
7	由于产量变动对材料费用的影响				
8	由于材料单耗变动对材料费用的影响				
9	由于材料价格变动对材料费用的影响				
10	全部因素对材料费用的影响				
11					

图 8－19 “因素分析法”模型

(2) 定义有关公式，具体见表 8－7。

表 8－7 “因素分析法”公式定义

单元格	公　式	单元格	公　式
B6	＝B3 * B4 * B5	C8	＝D4 * C3 * B5
D3	＝C3－B3	C9	＝D5 * C3 * C4
C7	＝D3 * B4 * B5	C10	＝SUM(C7:D9)

(3) 利用自动填充柄，完成 C6 单元格和 D4:D6 区域的计算，结果如图 8－20 所示。

	A	B	C	D	E
1	利用因素分析法对材料费用进行分析				
2	项目	计划数	实际数	差异	
3	产品产量（件）	2000	2300	300	
4	材料单耗（千克/件）	25	26	1	
5	材料单价（元/千克）	50	52	2	
6	材料费用（元）	2500000	3109600	609600	
7	由于产量变动对材料费用的影响		375000		
8	由于材料单耗变动对材料费用的影响		115000		
9	由于材料价格变动对材料费用的影响		119600		
10	全部因素对材料费用的影响		609600		
11					

图 8－20 “因素分析法”计算

任务五　综合分析

一、任务描述

【任务8－5】　根据任务一和任务二中的相关数据，运用杜邦分析法和沃尔比重评分法对财务分析指标进行综合分析。

二、任务分析

财务综合分析就是将各项财务分析指标作为一个整体，系统、全面、综合地对企业财务状况和经营情况进行剖析、解释和评价。财务综合分析的方法很多，其中应用比较广泛的，也是这类方法的主要代表，有杜邦分析法和沃尔比重评分法。下面介绍利用Excel进行这两种分析的方法和步骤。

三、相关知识

（一）杜邦分析法

杜邦分析法是以净资产收益率为核心，将其分解为若干财务指标，利用各项财务指标间的内在关系，对企业综合经营理财及经济效益进行系统分析评价的方法。这种方法由美国著名的杜邦公司创建和运用，故称杜邦分析法。

杜邦分析法是一种分解财务比率的方法，它将有关分析指标按内在联系加以排列，可以直观地反映出企业的财务状况和经营成果的总体面貌。其基本结构如图8－21所示。

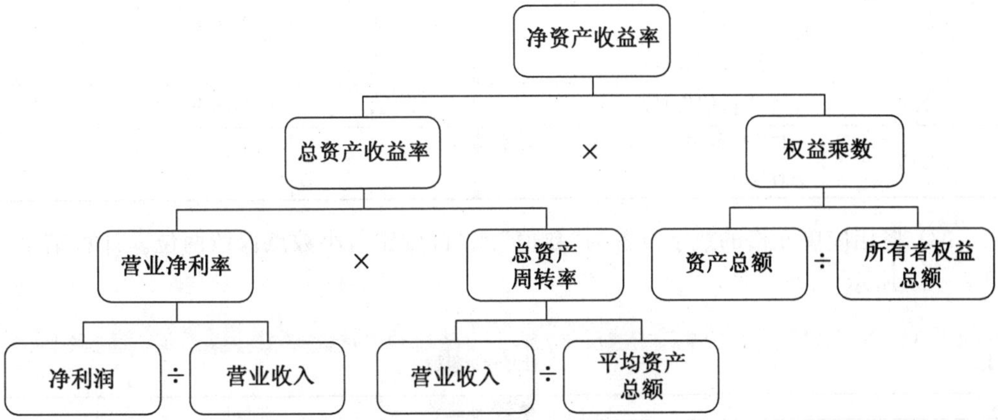

图8－21　杜邦分析结构图

（二）沃尔比重评分法

沃尔比重评分法的基本原理是，把企业相关财务比率用线性关系结合起来，按不同财务比率对企业影响的大小，分别给定各自的分数比重（权数），然后通过与标准比率进行比较，确定各项指标的得分及总体指标的累计分数，从而对企业财务状况进行综合评价。

四、任务实施

（一）杜邦分析法

根据任务一中的相关数据，利用 Excel 建立杜邦分析模型，操作步骤如下：

（1）在工作簿“财务分析系统. xlsx”中，建立“杜邦分析法”的工作表，其模型设计如图 8－22 所示。注意：单击“视图”→“显示”→“网格线”命令，取消勾选“网格线”，即可取消表格的网格线。

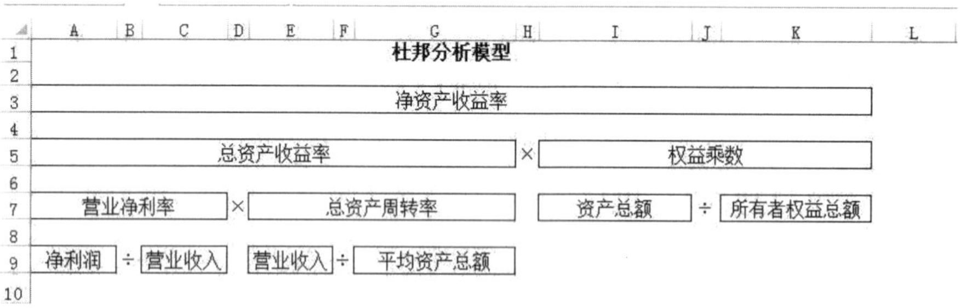

图 8－22 “杜邦分析法”模型

（2）定义有关公式，具体见表 8－8。

表 8－8 “杜邦分析法”公式定义

单元格	公　式	单元格	公　式
A10	＝利润表!B25	A8	＝A10/C10
C10	＝利润表!B4	E8	＝E10/G10
E10	＝利润表!B4	A6	＝A8＊E8
I8	＝资产负债表!B40	I6	＝I8/K8
K8	＝资产负债表!E39	A4	＝A6＊I6
G10	＝(资产负债表!B40＋资产负债表!C40)/2		

（3）将相应单元格的数字设置为“数值”或“百分比”，小数点保留两位。计算结果如图 8－23 所示。

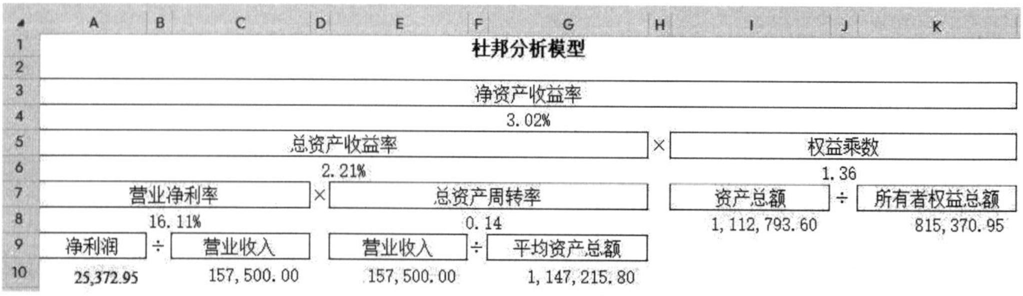

图 8－23 “杜邦分析法”计算

（二）沃尔比重评分法

根据任务二中“财务比率分析表”的相关数据，利用Excel建立沃尔比重评分模型，操作步骤如下：

（1）在工作簿“财务分析系统.xlsx”中，建立“沃尔比重评分表”的工作表，其模型设计如图8-24所示。

	A	B	C	D	E	F	G
1	沃尔比重综合评分表						
2	财务比率	权重比	标准值	实际值	相对比例	评分	
3	流动比率	0.10	2				
4	速动比率	0.10	1				
5	资产负债率	0.20	60%				
6	流动资产周转率	0.10	1.5				
7	总资产周转率	0.10	0.5				
8	营业利润率	0.10	35%				
9	净资产收益率	0.15	25%				
10	总资产报酬率	0.15	15%				
11	合计	1.00					
12							

图8-24　“沃尔比重评分法”模型

（2）定义有关公式，具体见表8-9。

表8-9　“沃尔比重评分法”公式定义

单元格	公　式	单元格	公　式
D3	＝财务比率分析表!B4	D9	＝财务比率分析表!B18
D4	＝财务比率分析表!B5	D10	＝财务比率分析表!B17
D5	＝财务比率分析表!B6	E3	＝D3/C3
D6	＝财务比率分析表!B11	F3	＝E3 * B3
D7	＝财务比率分析表!B13	F11	＝SUM(F3:F10)
D8	＝财务比率分析表!B15		

（3）利用自动填充柄，完成其他单元格的计算，并将相应单元格的数字设置为“数值”或“百分比”，小数点保留两位。计算结果如图8-25所示。

	A	B	C	D	E	F
1	沃尔比重综合评分表					
2	财务比率	权重比	标准值	实际值	相对比例	评分
3	流动比率	0.10	2	3.02	1.51	0.15
4	速动比率	0.10	1	1.02	1.02	0.10
5	资产负债率	0.20	60%	0.25	0.42	0.08
6	流动资产周转率	0.10	1.5	0.10	0.06	0.01
7	总资产周转率	0.10	0.5	0.14	0.27	0.03
8	营业利润率	0.10	35%	16.11%	0.46	0.05
9	净资产收益率	0.15	25%	3.16%	0.13	0.02
10	总资产报酬率	0.15	15%	2.95%	0.20	0.03
11	合计	1.00				0.47

图8-25　“沃尔比重评分法”计算

（4）从计算结果可知，评分合计<1，表明企业的财务状况不佳；反之，表明企业的财

务状况良好。

任务实训　财务分析练习

一、财务比率分析法、趋势分析法和综合分析法

某企业为一家中小型工业企业，2023 年的相关数据如表 1、表 2 所示，打开工作簿“财务分析练习. xlsx”，根据工作表“资产负债表”和“利润表”数据运用财务比率分析法、趋势分析法和综合分析法进行相应的财务状况与经营成果情况的分析。

表 1　资产负债表

2021—2023 年

资　产	2021 年	2022 年	2023 年	负债和所有者权益	2021 年	2022 年	2023 年
流动资产				流动负债			
货币资金	582 559	612 540	805 800	短期借款	280 000	300 000	200 000
短期投资	700 000	800 000	600 000	应付票据	380 000	360 000	402 000
应收票据	256 000	260 000	220 000	应付账款	878 900	865 900	892 600
应收账款	776 771	746 630	847 100	预收账款	0	0	0
预付账款	0	0	0	应付工资	479 240	486 000	522 600
其他应收款	66 400	86 000	58 000	应交税金	59 730	65 700	71 200
存货	2 101 850	2 016 830	2 103 200	应付利润	800 000	891 000	900 000
待摊费用	18 800	12 800	6 400	其他应付款	28 000	23 000	0
一年内到期的非流动资产	0	0	0	其他应交款	1 120	1 000	2 100
其他流动资产	0	0	0	预提费用	15 000	18 000	21 000
流动资产合计	4 502 380	4 534 800	4 640 500	流动负债合计	2 921 990	3 010 600	3 011 500
非流动资产				非流动负债			
长期投资	0	0	0	长期负债			
固定资产	5 530 000	5 500 000	5 695 000	长期借款	2 100 000	2 000 000	2 050 000
在建工程	105 000	125 000	0	应付债券	0	0	
无形及其他资产	200 000	180 000	150 000	长期应付款	109 600	119 400	74 200
递延税款借项	0	0	0	非流动负债合计	2 209 600	2 119 400	2 124 200
非流动资产合计	5 835 000	5 805 000	5 845 000	负债合计	5 131 590	5 130 000	5 135 700

续　表

资　产	2021年	2022年	2023年	负债和所有者权益	2021年	2022年	2023年
				所有者权益			
				实收资本	5 000 000	5 000 000	5 000 000
				资本公积	17 800	17 800	17 800
				盈余公积	172 000	180 000	298 000
				未分配利润	15 990	12 000	34 000
				所有者权益合计	5 205 790	5 209 800	5 349 800
资产总计	10 337 380	10 339 800	10 485 500	负债及所有者权益总计	10 337 380	10 339 800	1 0485 500

表2　利润表

金额单位：元

项　目	上年数	本月数(略)	本年累计数
一、主营业务收入	3 500 000		4 800 000
减：主营业务成本	1 980 000		2 940 000
主营业务税金及附加	105 000		212 000
二、主营业务利润	1 415 000		1 648 000
加：其他业务利润	0		0
减：营业费用	54 000		58 320
管理费用	195 000		179 210
财务费用	33 600		32 600
三、营业利润	1 132 400		1 377 870
加：投资收益	3 000		—30 000
营业外收入	12 300		59 130
减：营业外支出	9 840		5 800
四、利润总额	1 137 860		1 401 200
减：所得税	254 500		407 690
五、净利润	883 360		993 510

二、因素分析法

某企业实行计时工资制度，甲产品耗费工时的计划与实际数据如表3所示，打开工作簿“财务分析中练习.xlsx”中的工作表“因素分析表”，要求运用因素分析法分析各影响因素对直接人工成本差异的影响。

表 3　甲产品计划数与实际数对比表

项　目	计划数	实际数	差　异
产品产量(件)	80	85	
人工单耗(小时/件)	24	20	
工资成本(元/小时)	22	25	
人工费用(元)			

参考文献

1. 钟晓玲，蔡小路. Excel 在财务中的应用[M]. 2 版. 北京：电子工业出版社，2023.

2. 衣光臻. Excel 在财务会计中的应用[M]. 3 版. 北京：中国人民大学出版社，2023.

3. 徐栋，张萌，郑圣慈. Excel 在会计中的应用[M]. 北京：高等教育出版社，2022.

4. 金松河，王旭. Excel 财务与会计标准教程：实战微课版[M]. 北京：清华大学出版社，2021.

5. 桂良军. Excel 会计与财务管理：理论、方案暨模型[M]. 3 版. 北京：高等教育出版社，2021.

6. 李曦，庄潜艺. Excel 在财务管理中的应用[M]. 上海：立信会计出版社，2021.

7. 焦世奇，梁传波. Excel 在经济管理中的应用：任务驱动教程[M]. 北京：电子工业出版社，2023.

8. 徐鸿雁，刘丹. 数据可视化分析：Excel 2016＋Tableau[M]. 2 版. 北京：电子工业出版社，2023.

9. 陈卓然. Excel 2016 高级应用案例教程[M]. 北京：清华大学出版社，2023.

10. 周红缨，潘细香. 基础会计实务[M]. 4 版. 南京：南京大学出版社，2023.

11. 陈强. 财务会计实务[M]. 4 版. 北京：清华大学出版社，2021.

12. 葛杰，钦祥永. 财务管理实务[M]. 北京：高等教育出版社，2023.